経営分析
BUSINESS ANALYSIS

坂本恒夫・鳥居陽介 [編]
現代財務管理論研究会 [著]

税務経理協会

はしがき

　サブプライムローン問題以降，株主価値経営が見直されている。日本においては，バブル崩壊後の株式持ち合い解消の受け皿となった英米機関投資家の台頭以降，機関投資家が日本企業の主要な株主となり，株主利益を求めるようになった。日本企業はそれら株主に十分な利益を配分できるよう経営を刷新し，時には取引先にコスト削減を求め，固定費となる正社員を解雇し，非正規の従業員で賄うようにした。このような経営が問題となり，現在は株主利益だけでなく様々なステークホルダーを考慮した経営が求められるようになっている。マイケル・ポーターが「共通価値経営」を提唱しているように，経済的利益と同時に社会的利益を追求することが求められているのである。

　このように，各時代によって企業に求められるものが異なっている。それは，各時代によって求められる経営分析の手法が異なっていることを意味する。この主要株主の変遷とそれら株主が経営分析に与える影響を考慮した構成になっているのが，本書の特徴である。具体的には，1995年頃までを「規模拡大経営期」，2008年までを「株主価値経営期」，2009年以降を「調和型・共通価値経営期」と区分し，それぞれの時代で重視されていた（されている）分析手法は何かを明らかにしながら，解説している。経営分析にはたくさんの計算方法があり，その計算方法を理解することは重要であるが，それがどのように活用されているのか，どの要素を重視していくべきなのか，を把握せずに数式を覚えるだけでは本質的な理解にはならないだろう。

　本書は5部構成となっている。第1部「経営分析で経営力を見る」では，本書の特徴である時代背景を概説するとともに，経営分析における基本的な分析方法，体系，データ収集方法などを紹介している。

　第2部「企業成長力と経営分析」では，「規模拡大経営期」における経営分析手法を紹介している。六大企業集団による，成長率やシェアの拡大を追求する経営が行われていた時代には，売上・資産・利益の拡大が求められており，経営分析は主に，売上高利益率などの収益性分析やＣＶＰ分析（原価計算），流動比率・自己資本比率などの流動性・安全性分析であった。

1

第3部「株式市場評価力と経営分析」では，冒頭に述べたようにバブル崩壊後に台頭した英米機関投資家が日本企業の支配的株主となった時代における経営分析について述べている。ＲＯＥ，ＥＶＡ，キャッシュフローといった概念がこの時代から重視されるようになった指標である。

第4部「社会的評価力と経営分析」では，リーマンショック以降に株主価値経営に替わる「調和型・共通価値経営期」に求められるポイントを概説している。環境問題，貧困問題に直面する企業やＮＰＯに対する経営分析はどのようなものにすべきか，経営分析における新たな課題である。

第5部「経営分析の限界」では，経営分析では明らかにできない企業倒産やリスクに対する分析，データ収集の限界から分析が難しい中小企業に対し，どのようにその限界を克服すべきかについて言及している。

本書の作成にあたっては，株式会社税務経理協会の社長大坪嘉春氏にお世話になった。また，同社の峯村英治氏には編集および出版に際し多大なるご協力を頂いた。心より御礼申し上げたい。

平成26年3月1日

　　　　　　　　　　　　　　　　　　編者　　坂本　恒夫
　　　　　　　　　　　　　　　　　　　　　　鳥居　陽介

目　　次

はしがき

第1部　経営分析で経営力を見る

第1講　経営力と経営分析……………………………………………3

1. 高度成長・拡大経営期の経営分析／4
2. バブル崩壊後の経営分析／8
3. リーマンショック後の経営分析／13
4. 経営分析の課題／16

第2講　経営分析の体系 ………………………………………… 20

1. 経営分析の分類／21
2. 信用分析／22
3. 経営分析（狭義）／23
4. 投資分析／24
5. 社会的評価力分析／25

第3講　経営分析の方法 ………………………………………… 27

1. 分析方法の分類／28
2. 比較分析／28
3. 数値分析／30
4. 非財務資料分析／32

第 4 講　経営分析とデータ ……………………………………………… 35

- [1] 経営分析のデータとは／36
- [2] 会社のデータ／36
- [3] 一般的な会社データの入手方法／37
- [4] 上場会社のデータの入手方法／39
- [5] 経営分析で用いるデータの変遷／42

第2部　企業成長力（製品力・販売力・資金力）と経営分析

第 5 講　企業成長と経営分析 ……………………………………………… 47

- [1] 企業成長とは何か／48
- [2] なぜ成長は必要か／48
- [3] 企業成長の指標は何か／49
- [4] 指標の基礎となる要素項目の検討／49
- [5] 事例－研究開発費の割合が高い製薬業界／53

第 6 講　ＣＶＰ分析 ……………………………………………………………… 55

- [1] ＣＶＰ分析の概要／56
- [2] 手　　　法／59
- [3] 経営全体の中でのＣＶＰ分析の位置づけと説例によるシミュレーション／63

第 7 講　収益性分析 …………………………………………………………… 68

- [1] 収益性とは／69
- [2] 時代とともに変わる収益性指標の重要度／69
- [3] 利益の種類によって異なる収益性の見方／74

目　次

第8講　流動性分析 …………………………………………… 78

- 1　流動性分析の意義／79
- 2　日本企業の流動性／80
- 3　不確実な時代における手元流動性の重要性／82
- 4　流動性分析に関する各種指標／84

第9講　安全性分析 …………………………………………… 86

- 1　短期支払能力の分析／87
- 2　長期支払能力の分析／92

第10講　D／Eレシオ ………………………………………… 97

- 1　D／Eレシオとは／98
- 2　中期経営計画の目標にかかげられるD／Eレシオ／98
- 3　D／Eレシオによる評価／100
- 4　D／Eレシオの改善方法／101
- 5　攻めと守りの財務戦略／104

第11講　配当，株価と経営分析 …………………………… 106

- 1　配当とは何か／107
- 2　配当と株価の関係／108
- 3　配当水準の決定要因／110
- 4　日本企業の配当政策－過去と現状－／112
- 5　配当政策の今日的役割／118

第12講　セグメント情報分析 ……………………………… 120

- 1　本講の意義・目的と概要／121

- 2 事業の種類別セグメントの収益性分析／121
- 3 事業の種類別セグメントの成長性分析／122
- 4 事業の種類別セグメントの
キャッシュフロー分析／122
- 5 事例研究　－東　芝－／123
- 6 各指標の時代的位置づけ／132

第13講　連結財務諸表分析 …………………………………… 133

- 1 本講の意義・目的と概要／134
- 2 要約連結財務諸表の雛型／134
- 3 連単倍率について／136
- 4 連結財務諸表による収益性分析の指標／136
- 5 連結財務諸表による安全性分析の指標／137
- 6 事例研究　－東　芝－／137
- 7 各指標の時代的位置づけ／141

第3部　株式市場評価力と経営分析

第14講　機関投資家と経営分析 ………………………………… 145

- 1 意義・目的／146
- 2 手　　法／148
- 3 位置付けと評価／151
- 4 事例分析：キヤノン株式会社／152
- 5 株主価値経営から共通価値経営へ／153

目　次

第15講　コーポレート・ガバナンスと経営分析 …………… 155

1. 意義と目的／156
2. コーポレート・ガバナンスの定義と歴史的な流れ／156
3. コーポレート・ガバナンス分析の重要な要素と評価基準／158
4. 個別企業のコーポレート・ガバナンス分析：オリンパス，大王製紙，ＴＤＫ／160
5. 優れたコーポレート・ガバナンスの事例：資生堂／163

第16講　ＰＥＲとＰＢＲ ……………………………………… 166

1. 手法の意義／167
2. 基本的な事項／168
3. ＰＥＲとＰＢＲの求め方／171
4. ＰＥＲ，ＰＢＲの指標としての役割／174

第17講　ＥＶＡ®による企業評価 …………………………… 176

1. 本講の意義・目的と概要／177
2. ＮＯＰＡＴと投下資本の算定要素について／178
3. 資本コスト率の算定方法／179
4. 事例研究　－東　芝－／180
5. 指標の時代的位置づけ／184

第18講　証券化と経営分析 …………………………………… 186

1. なぜ，ソフトバンクはボーダフォン日本法人を買収する必要があったのか／187

　　　　2　ＬＢＯにより膨らむソフトバンクの金利負担／188
　　　　3　リファイナンスとしての証券化／190
　　　　4　ソフトバンクによる買収効果／192

第19講　キャッシュフローと経営分析 ………………………… 195
　　　　1　目的と意義／196
　　　　2　分析と検討／197
　　　　3　経営全体の中での位置付けと評価／201
　　　　4　事　　　例　－キャッシュフロー計算書を用いた
　　　　　　日本航空の支払能力評価－／202

第20講　フリーキャッシュフローと企業価値 ………………… 210
　　　　1　本講の意義・目的と概要／211
　　　　2　フリーキャッシュフローとは何か／211
　　　　3　フリーキャッシュフローによる企業価値の測定／212
　　　　4　企業価値のドライバーとなる運転資本の増減と
　　　　　　投資活動の情報／213
　　　　5　事例研究　－東　芝－／214
　　　　6　各指標の時代的位置づけ／216

第21講　ベンチャー・ビジネスと経営分析 …………………… 219
　　　　1　ベンチャー・ビジネスの意義／220
　　　　2　ベンチャー・ビジネスの財務的特徴／221
　　　　3　新規株式公開
　　　　　　(Initial Public Offerings：ＩＰＯs)／225
　　　　4　事　例－（株）タイセイ／231

第22講 M&Aと経営分析 ……………………………………… 238

1. 経営目標の変遷とM&A／239
2. M&Aにおける企業価値評価の意義／239
3. インカム・アプローチによる評価（DCF法）／240
4. マーケット・アプローチによる評価
   （市場株価法・類似会社比較法）／241
5. 純資産アプローチによる評価（時価純資産法）／242
6. 事例分析／243

第4部　社会的評価力と経営分析

第23講 共通価値経営，調和・循環型経営と経営分析 …… 249

1. 価値創造の時代／250
2. 株主価値経営と企業の社会的責任（CSR）／253
3. 共通価値（CSV）と
   バランススコアカード（BSC）／254

第24講 環境問題と経営分析 ……………………………………… 257

1. 意義・目的－企業活動による環境への影響および
   環境保全活動を分析する／258
2. 手法／259
3. 財務報告から統合報告へ／261
4. 事例－リコー／261

第25講 NPOの経営分析 ……………………………………… 264

1. NPOとミッション／265

2　ＮＰＯの評価基準／266

　　　3　ＮＰＯの財務指標／269

　　　4　ＮＰＯの分析事例／272

　　　5　調和型・共通価値経営とＮＰＯの経営分析／277

第26講　貧困問題と経営分析 …………………………………… 279

　　　1　株主価値経営と現代的貧困／280

　　　2　効率性比率／285

　　　3　共通価値経営と雇用比率／287

　　　4　「現代的貧困」と経営分析／289

第27講　バランススコアカードと経営分析 …………………… 292

　　　1　バランススコアカードとは／293

　　　2　バランススコアカードの特徴／295

　　　3　バランススコアカード可能性と課題／297

第5部　経営分析の限界

第28講　企業倒産と経営分析 …………………………………… 305

　　　1　意義・目的／307

　　　2　倒産分析に必要な分析手法／312

　　　3　経営全体での位置づけ／314

　　　4　事例　小杉産業株式会社／315

第29講　中小企業と経営分析 …………………………………… 317

　　　1　中小企業の定義／318

　　　2　中小企業のデータの特徴／319

- 3 信用調査会社を利用した中小企業のデータの入手方法／320
- 4 中小企業の経営分析の限界／322
- 5 中小企業がデータを公表するメリット／323

第30講 企業のリスク分析 …………………………………… 325

- 1 多くのリスクに囲まれている企業／326
- 2 企業のリスク分析のプロセス／328
- 3 想定外のリスクに対応するために／333

索　引 ………………………………………………………… 335

第1部

経営分析で経営力を見る

第1講

経営力と経営分析

目的と歴史

- 経営分析の目的　企業の経営力を見るもの
- 経営分析の歴史は，アメリカの銀行が企業の返済能力を見るために，自己資本比率を利用したのが最初

1．高度成長・拡大経営期の経営分析

成長力と経営分析
売上高成長率（倍）＝本年度売上高÷昨年度売上高
総資産成長率（％）＝本年度総資産÷昨年度総資産×100
営業利益成長率（％）＝本年度営業利益額÷昨年度営業利益額×100
シェア伸び率（％）＝本年度シェア－昨年度シェア

2．バブル崩壊後の経営分析

市場評価力と経営分析
ＲＯＥ，ＲＯＩ，ＲＯＣＥ＝Return÷Equity 又はInvestment 又はCapital Employed
　　　　　　　　　　　　　　　　　（利益÷自己資本，投資額，使用資本）
ＥＶＡ®＝税引き後営業利益－資本コスト（⇒負債コスト＋株主の期待収益）
ＦＣＦ＝営業キャッシュフロー－現状維持のための投資

3．リーマンショック後の経営分析

社会評価力と経営分析
ステークホルダー分配比率＝経済的価値の総和÷各ステークホルダー分配額×100

4．日本的経営分析の新たな課題

- 外国人保有拡大をどう見るか
- 新・相互保有をどう見るか
- 成長ビジネスおよびグローバル化をどう見るか

高度成長・拡大経営期の経営分析

1 高度成長期の経営力－成長力

　本書では,「経営分析は企業の経営力を見るもの」と位置付けている。
　経営分析は様々な人達に利用されてきたが, 世界の歴史においては, アメリカにおいて, 銀行が企業の返済能力を見るために, 自己資本比率を利用したのが最初とされている。
　日本においては, 銀行や企業の活動が顕著になってきた明治時代まで遡って, 経営分析の歴史を見るべきであるが, 本書においてはさしあたって, 第2次世界大戦後の1950年代にまで歴史を振り返って, 経営分析とは何か, 経営力とは何かを考えて見たい。
　日本企業の戦後の再建は, 戦前の企業社会で大きな存在感を示してきたを財閥本社がGHQにより解体されたため, その財閥本社の傘下に存在した銀行, 商社, 主要メーカーを中心に復興がなされて来た。特に財閥系銀行, いわゆる都市銀行は, 政府・日銀から復興資金が注入されたため, 主導的立場を確立し企業集団の中核として, 日本企業の再建を担ったのである。
　都市銀行, 総合商社, 主要メーカーは, 持株会社の設立が禁止されたため, 株式の持ち合いによって経営権を安定させた。そして都市銀行は成長資金を同系主要メーカーに供給した。これはその後大きな存在になるメインバンク・システム, 系列融資の基幹資金となった。また総合商社は, 同系主要メーカーが必要とする原材料の輸入や欧米の最新技術の導入をはかり製品の販売を手助けするなどした。そして事業の担い手である同系主要メーカーの再建に貢献したのである。
　株式持ち合いと系列融資によって構築されている企業集団の個々の構成員─都市銀行, 総合商社, 主要メーカーの経営力─を評価する視点は,「成長力」であった。資産規模, 売上高規模, 利益規模の大きさとその伸び率が重要なポイントであり, そのことによって, 市場シェアをどれだけとっているかが大切な評価の視点であった。都市銀行, 総合商社, 主要メーカーの経営者は, 対前

年比どれだけ資産，売上高，そして利益規模が伸びたか，自らはもちろん，関連の企業，傘下の企業を注意深く見ていたのである。なぜなら同系主要企業の対前年比の資産規模の伸びは，都市銀行にとっては貸し出し額の増大に繋がったし，総合商社の場合は，取引高の増大に繋がったのである。また主要メーカーにとっても，製品の販売の拡大をもたらしたのである。

こうした「成長力」を企業の経営力として見る評価方法は，1950年代からバブル経済が崩壊して企業集団に代わり外国人機関投資家が活躍する1990年代の初期まで続いた。

●図表1－1　経営力の変遷

年代	欧米―1880・85 日本―1995	～2008	2009～
経営形態	規模拡大経営	株主価値経営	共通価値経営 調和（循環）型経営
主要株主	欧米―個人 日本―銀行・商社・大メーカー	機関投資家 （英米機関投資家）	機関投資家 （公的機関投資家）
経営目標	成長率，シェア	株価の成長（ROE）	企業価値・社会的価値の両方
経営手法	売上・資産・利益の拡大	選択と集中	高付加価値製品の追求
イノベーション	多角化・グローバル化	キャッシュフロー管理，EVA® 管理	リアル販売からバーチャルネット販売へ
経営パワー	成長力	株式市場評価力	社会的評価力

2　規模拡大経営と総資産ランキング

今述べたように，日本では，1950年から1990年頃まで，欧米では，1880年あるいは1885年頃までは，経営の基調は「規模拡大経営」であった。できるだけ経営規模を拡大することによって，マーケット・シェアを取っていこうというものであった。これは新技術，新製品の新たなマーケットで他企業と競争に打ち勝つための必然的な経営手法であったのである。日本では，1950・60年代自動車や家電が，70・80年代は3Ｃ（カラーテレビ，クーラー，カー）が新マー

ケットであった。この新マーケットでどれだけ早く確実にシェアをとれるか，これは企業の死活問題であったのである。マーケットが誕生し拡大している時には企業はシェアをとるために，積極的な在庫投資を展開する。多少過剰的であっても安全在庫という考え方で製品・商品を用意したのである。もし製品・商品の供給が遅れてしまえば，それは他社に市場を奪われてしまうからである。ゼロ在庫とかかんばん方式とかいう在庫政策が登場するのは80年代に入ってからである。

ところでこうした規模拡大経営を推進・保証していたのは，日本では同一企業集団の都市銀行，総合商社，主要メーカーの経営者であった。また欧米では，個人株主・投資家が分散し相対的に経営権を把握していた専門的な経営者であった。日本の場合，規模拡大経営は，都市銀行の貸し出しビジネス，預金獲得に貢献したし，総合商社は製品，部品，原材料の供給，仕入れに資するものであったので大いに流通ビジネスを拡大したのである。また主要メーカーも販売のマーケットが拡大するので，この規模拡大経営は大いに自らにも貢献したのである。

したがって，1990年のバブル崩壊までは，日本企業は成長率・シェア拡大を経営目標にして売り上げ，資産，利益を伸ばしていった。当初は新技術導入による技術革新，新製品がイノベーションの主力であったが，70・80年代は多角化・グローバル化という外延的拡大へと変化をしていったのである。こうした時代の経営力は，マーケットに対してどれほど製品，サービスを提供できるかの製品・サービス供給力であり，拡大するマーケットの中で新製品・新サービスを販売していく販売促進力であった。また所要資本を支える資金力であった。

当時の企業ランキングを見れば，したがって規模を示す「総資産ランキング」が，企業の経営パワーを示す代表的なものとして取り上げられたのである。

● 図表1−2　上位10銀行（総資産額基準）推移

(単位＝百万ドル)

年度	1980年 銀行名	国	資産額	1985年 銀行名	国	資産額	1991年 銀行名	国	資産額
1	シティコープ	米国	109,551	シティコープ	米国	167,201	第一勧業銀行	日本	445,707
2	バンク・オブ・アメリカ	米国	106,803	第一勧業銀行	日本	157,659	住友銀行	日本	427,102
3	クレディ・アグリコル	仏国	106,646	富士銀行	日本	142,128	三菱銀行	日本	424,679
4	パリ国立銀行	仏国	105,584	住友銀行	日本	135,388	さくら銀行	日本	420,348
5	クレディ・リヨネ	仏国	98,833	三菱銀行	日本	132,939	富士銀行	日本	418,956
6	ソシエテ・ジェネラル	仏国	70,794	パリ国立銀行	仏国	123,081	三和銀行	日本	411,704
7	バークレイズ	英国	88,474	三和銀行	日本	123,008	クレディ・アグリコル	仏国	309,203
8	ドイツ銀行	独国	88,242	クレディ・アグリコル	仏国	122,891	農林中金	日本	306,933
9	ナットウェスト	英国	82,447	バンク・オブ・アメリカ	米国	114,751	クレディ・リヨネ	仏国	306,335
10	第一勧業銀行	日本	79,451	クレディ・リヨネ	仏国	111,458	日本興業銀行	日本	302,418

(出所)　『THE BANKER』各年版により作成。

3　成長力と経営分析

　大戦後からバブル崩壊までの高度成長期における都市銀行，総合商社，主要メーカーを中心とする企業集団関連企業を評価する視点は，「成長力」というものであった。資産規模，売上高規模，利益規模の伸び率，また市場シェアをどれだけとっているかが大切な評価の視点であった。経営者は，対前年比どれだけ資産，売上高，そして利益規模が伸びたか，注意深く関連の企業，傘下の企業を見ていたのである。なぜならば，対前年比の資産規模の伸びの大きさは，都市銀行にとっては貸し出し額の増大に繋がったし，総合商社の場合は，取引高の増大に繋がったからである。さらに主要メーカーでは売上，利益の増加に貢献した。

　「成長力」を示す代表的な指標は次のようなものである。

　　　売上高成長率（倍）＝本年度売上高÷昨年度売上高

　　　総資産成長率（％）＝本年度総資産÷昨年度総資産×100

　　　営業利益成長率（％）＝本年度営業利益額÷昨年度営業利益額×100

　　　シェア伸び率（％）＝本年度シェア−昨年度シェア

　売上高が伸びれば高く評価されるが，しかし同業他社も伸びている可能性がある。特に高度成長期には市場規模全体が伸びているので，すべての企業が成

長している可能性もある。したがって，同業他社の成長率と比較して評価しなければならない。また，無理をして伸ばしても持続性がないということもあるので，ある程度長期的な視点で見る必要もある。

　総資産も同様でただ伸びればいいというものではない。在庫，設備などがバランスよく伸びているか，企業間信用などの残高の伸びが貢献しているだけで取引や決済面で実際に伸びているのか，そうした点検も必要である。

　営業利益の伸びは高く評価されるが，問題はそれが売り上げの伸びなのか，仕入れ原価の削減によるものなのか，また人件費・一般管理費の節減か，充分に点検が必要である。全体的に見て無理がないかどうかチェックが必要である。

　シェア伸び率は企業にとって重要だが，市場規模が拡大している中でのシェアの伸びか，停滞もしくは縮小の中での伸びか，考慮しなければならない。市場規模の拡大の中での伸び率上昇であれば評価できるが，停滞・縮小の中であればそれは手放しで是とするわけにはいかない。製品・サービス市場の中での該当品目の評価の内容の中で検討すべきである。

　このような問題点は存在するものの，高度成長期・拡大経営のなかでは，これらの指標が注目され，また活用されたのである。

2　バブル崩壊後の経営分析

1　バブル崩壊後の経営力－株式市場評価力

　バブル崩壊後，都市銀行，総合商社，主要メーカーの株式持ち合いやメインバンク・システムが弛緩して来ると，投資収益性を重視する外国人機関投資家が日本の株式市場を席捲してくるようになった。

　外国人機関投資家の実態は，英米を中心とする保険・年金・投資信託であり，株式投資の目的は投資リターンであった。投資リターンは，株価の成長と支払い配当額の和で決まるが，特に重要なのが株価の成長である。株価が長期的・持続的に値上がりしていけば，機関投資家は大きな投資リターンを手に入れることができるからである。

　株価の成長や配当支払いを保証するものは，株式市場の景気などの環境を無

視すれば，企業の利益率，とりわけ自己資本営業利益率（ＲＯＥ）の上昇である。自己資本営業利益率は，まず営業利益を拡大することであるが，これは①売上高を大きくすること，②売上原価を抑えること，③営業経費を削減することなどで実現する。

自己資本営業利益率（ＲＯＥ）＝営業利益÷自己資本×100

ＲＯＥを引き上げるためには，営業利益を拡大することの他に，自己資本を縮小して相対的に利益率を引き上げる方法もある。自己株式の取得や資産の証券化など，様々な手段で自己資本の圧縮がはかられる。

ＲＯＥの引き上げを促進するために，機関投資家は株式市場から，あるいは社外取締役などを送り込んで，経営陣を監視する。これをコーポレートガバナンスという。この機関投資家のガバナンスにあって，様々な経営分析手法が考え出されるが，その典型的なものが，効率性比率である。

効率性比率＝営業費用÷売上高×100

この比率は，前期と比較して低ければ，経営努力がなされていると見ることができる。なぜなら営業費用を節約してある一定の売り上げや，営業利益を達成するということは経営効率が向上していることを意味するからである。

営業費用は，人件費，営業経費，減価償却費などが考えられるが，ここでは人件費が重要である。しかし人件費を削減することは，そう簡単なことではない。そこでまず考え出されたのが，正規労働者を非正規やアルバイト，そして派遣労働者に換えていく方法である。人件費という固定費をアルバイト料などの変動費に置き換えていくのである。固定費の変動費化である。そして人件費を最終的には解雇によって削減していく。労働力市場には派遣労働者やフリーターが急増していく。

派遣労働者やフリーターが増加しても，中小企業が成長し，ベンチャー企業が起ち上がって，正規雇用が拡大すればよいが，それが相対的に少なければ，街にはどんどん失業者が溢れるということになる。

人件費の削減に続いてＲＯＥを引き上げる方法は，分母の自己資本を小さくする方法である。これには証券化や自己株式の取得などが活用される。

証券化は，金融債権や建物などを特別会社に売却し，特別会社はそれをもとに証券を発行，調達資金を売却先に支払い，企業や銀行はそれによって負債，などを圧縮したり，自己株式を取得して，自己資本を小さくするのである。

このようなＲＯＥの引き上げ競争は，もちろん社長（ＣＥＯ）や財務担当重役（ＣＦＯ）を中心にしている経営執行委員会によって展開されるが，この経営執行委員会の働き振りを見ているのが，社外取締役やファンドである。

機関投資家，ファンド，社外取締役などの評価のポイントは，株式市場からの評価の視点である。株価の持続的な成長に貢献するか，あるいは機関投資家の株式運用に資するかどうかである。すなわち「株式市場評価力」である。

こうした「株式市場評価力」を企業の経営力として見る手法は，1990年代からリーマンショックまでの2008年まで続いたということができる。

② 株主価値経営と経営分析

バブル崩壊以降，経営力の基準は一変した。株式市場からの評価である。株式市場からの評価は，株価の成長に凝縮されているが，株価の成長を支えるのは，自己資本利益率（ＲＯＥ）である。

ＲＯＥは，売上高の伸びによってももたらされるが，バブルが崩壊し，市場規模が急速に伸びない現状では，コストを削減して利益率を上昇させて行かねばならない。人件費を始とするコスト・カットが幅広く展開されたのである。

まず最初は営業キャッシュフローを拡大するために純利益の上昇がはかられたが，そのうちキャッシュフロー管理によって，在庫管理，企業信用管理が展開された。また，現状を維持する投資の節約のためや高い利益率分野に経営資源を集中するために，選択と集中も展開された。

こうした株価成長を中心とする株式市場からの評価を推進した主要株主は，欧米においても，また日本でも都市銀行，総合商社，主要メーカーに変わって日本の主要株主に台頭してきた英米の機関投資家であった。英米の機関投資家は，株価の成長のためにファンドを使い，社外取締役を送り込んで，コーポレートガバナンスと称してキャッシュフロー管理やＲＯＥ管理を徹底させたのである。

そして次には，ＥＶＡ®管理によって，株主の期待収益を獲得するために資本

コストの概念を導入して，投資収益の拡大をはかったのである。したがって，当時の企業ランキングは規模を示す総資産ランキングではなく，市場での評価を示す「時価総額ランキング」が企業の経営パワーを示す代表的なものとして取り上げられたのである。

● 図表 1 − 3　世界の時価総額トップ30（2012年3月30日時点）

順位	企業	所在地	業種	時価総額 （億ドル）
1	アップル	米国	ハードウェア・機器	5,590.02
2	エクソンモービル	米国	石油・ガス	4,087.77
3	ペトロチャイナ	中国	石油・ガス	2,789.68
4	マイクロソフト	米国	ソフトウェア・コンピュータ	2,706.44
5	ＩＢＭ	米国	ソフトウェア・コンピュータ	2,417.55
6	中国工商銀行	中国	銀行	2,363.35
7	ロイヤル・ダッチ・シェル	英国	石油・ガス	2,224.25
8	チャイナ・モバイル	香港	移動通信	2,209.79
9	ゼネラル・エレクトリック	米国	コングロマリット	2,123.18
10	シェブロン	米国	石油・ガス	2,119.51
11	ウォルマート	米国	小売	2,083.58
12	ネスレ	スイス	食品	2,073.76
13	バークシャー・ハサウェイ	米国	損害保険	2,011.35
14	中国建設銀行	中国	銀行	1,931.51
15	ＡＴ＆Ｔ	米国	固定通信	1,851.55
16	Ｐ＆Ｇ	米国	生活用品	1,851.23
17	サムスン電子	韓国	ハードウェア・機器	1,817.74
18	ジョンソン・エンド・ジョンソン	米国	製薬・バイオテクノロジー	1,813.90
19	ウェルズ・ファーゴ	米国	銀行	1,801.78
20	ＢＨＰビリトン	豪州／英国	鉱業	1,795.23

（出所）　FT Global 500 2012 (http://www.ft.com/intl/cms/a81f853e-ca80-11e1-89f8-00144feabdc0.pdf)

③ 市場評価力と経営分析

株式市場からの評価が注目されたバブル崩壊以降の1990年から2008年においては，次のような「利益率中心の指標」が利用された。

ROE，ROI，ROCEは，いずれも機関投資家の立場から見ての投資の収益性を示すものであるが，ROAではなくて資本金，自己資本という視点からリターンを分析している。

$$ROE，ROI，ROCE＝Return \div Equity 又は Investment 又は Capital Employed$$
$$（利益\div自己資本，投資額，使用資本）$$

次はEVA®（Economic Value Added，経済付加価値）である。これは「資本コスト」から投資の効率性・収益性を見ていこうとするものである。

$$EVA®＝税引き後営業利益－資本コスト（\Rightarrow 負債コスト＋株主の期待収益）$$

これで重要なのは，株主の期待収益である。機関投資家が株式市場から企業を評価する際に，株主の期待収益を実現するように，企業経営を見ていこうとするもので，機関投資家のコンサルタント業務をやっていたスターン スチュワート社が開発したものである。

次は，フリーキャッシュフロー（FCF）に関わるものである。

$$FCF＝営業キャッシュフロー－現状維持のための投資$$

これは「営業キャッシュフロー」から，企業の業績を見ていこうとするものである。売り上げを増やし，営業コストを減らせば，まず当期純利益を増やすことができる。次に在庫を減らせば，無駄にキャッシュを使わずに済む。そして売り上げ債権の回収を早め，仕入れ債務の支払いを長くすれば，キャッシュを無駄に用意せずに済む。この営業キャッシュの獲得能力が，フリーキャッシュフローの源泉である。営業キャッシュフローが大きければ，現状維持のための投資に使用したキャッシュを差し引いたフリーキャッシュフローが増加する。

フリーキャッシュフローは，借入金の返済など財務体質の改善，増配や自社株買いなどの株主還元に使うことができるし，さらに積極的に新規事業や企業買収などの戦略的事業投資に活用することもできる。

したがって，キャッシュフローの分析は，機関投資家にとってきわめて大切な企業評価方法なのである。ＮＰＶ（Net Present Value，正味現在価値），ＩＲＲ（Internal Rate of Return，内部収益率法），ＰＰＭ（Payback Period Method，回収期間法）などは，このキャッシュフローをベースにして投資を評価するものである。また，VaR（Value at Risk）は，投資家が投資をする場合にその市場リスクを統計的手法で測定する手法で，これもまた機関投資家の投資手法の一つである。

以上のように，この時期の主たる経営分析手法は，機関投資家が株式市場から，企業の経営内容を投資収益の観点から見ていくものであり，自己資本利益率（ＲＯＥ），資本コスト，営業キャッシュフローなどが主要項目であった。

3 リーマンショック後の経営分析

1 リーマンショック後の経営力－社会的評価力

2007年リーマンブラザースが破綻して，株主価値経営が見直されることになった。これまで機関投資家は投資リターンに最大の関心を持っていたが，こうした姿勢が社会から強く批判されることになって，企業の経営者も株主だけではないステークホルダー，取引先，従業員，債権者，政府などの利害関係者にも強い配慮を示すようになってきた。また環境問題，社会問題にも一定の関心を示すようになってきた。

これまでの株価の成長のみの評価方法を改め，ステークホルダーへの配慮への指標，企業における経済価値の分配にも気を配るようになってきた。具体的には，取引先に配慮して売上原価，販売費などの適正水準を考えること，また従業員の給与水準にもただ減額すれば良いというのではなく配慮するなどである。そして，社会問題にも配慮して社会貢献に対する支出も積極的に検討するとしている。さらに環境問題にも取り組み環境会計での環境保全費用の適切な

考慮も行うようになっている。図表1-4は、「東芝のＣＳＲレポート」に示されたステークホルダーへの経済的価値分配であるが、企業の評価基準における利害関係者、社会、環境への配慮を読みとることができる。

●図表1-4　ステークホルダーへの経済的価値分配

ステークホルダー	2012年度分配額（億円）	2011年度分配額（億円）	金額の算出方法
取引先	56,060	58,936	売上原価（人件費を除く），販売費・一般管理費（人件費を除く）
従業員	2,866	2.933	有価証券報告書記載の従業員数に平均給与を乗じたもの
株主	425	370	キャッシュフロー計算書の配当金の支払
債権者	327	318	営業外費用のうちの支払利子
政府・行政	598	642	法人税など
社会	29	30	社会貢献に関する支出を投資を東芝が独自に集計
環境	431	547	環境に関する支出を東芝が独自に集計
企業内部	436	405	当期純利益から配当金支払い分を除いたもの

（出所）　東芝「ＣＳＲレポート2013」
(http://www.toshiba.co.jp/csr/jp/report/files/report2013_digest.pdf)

　こうしたステークホルダーへの経済的価値分配に示されていることは、企業の評価が、株式市場から社会的な評価の視点に移行したことを意味している。ここでは株主の評価は相対的に低下して、顧客・取引先、従業員、社会、環境などの評価が重要になってきていることを意味している。

　したがって、重視される経営分析指標は、効率性指標やＲＯＥ、そして株価の成長指標ではなく、顧客貢献指標や社会的評価指標が前面に出てくるのである。

2　社会評価力と経営分析

　リーマンショック以降経営分析の内容は大きく変わってきた。機関投資家から見た投資収益のみではなくて，ステークホルダーや環境，社会という観点も重視されるようになってきた。

　まず従業員への配慮，雇用の確保という観点から，雇用比率が注目されるようになってきた。

　雇用比率は次のように計算される。

雇用比率＝正規雇用者数÷売上高×100

　これは，一定の売上高を実現する企業は，ある程度の雇用を確保すべきだという比率である。しかし労働集約的な企業はこの比率は大きく現れてくる。逆に資本集約的な企業はこの比率は小さくなってしまう。したがって，従業員を抱え込めば抱え込むほど，比率が大きくなるが，効率の悪い企業の存続を助長しかねない。そこでわれわれは，次のように修正する。

修正雇用比率＝正規雇用者数÷営業利益×100

　このようにすれば，労働集約・資本集約とは関係なしに，この比率を利用することができる。そして，この比率が高ければ高いほど，雇用貢献度が高いということになる。

　そして大事なことは，営業利益を向上させて，雇用者数を増加させることが必要であるということである。雇用比率を高めに維持するため，営業利益を向上させないのではないかと危惧する人もいるが，それはあり得ない。なぜなら企業は基本的には営業利益を上昇させるために活動しているからである。

　また営業利益が上がるとこの比率は下がるが，その時は雇用比率を上昇させるように，雇用者を増やせばいいのである。もし雇用者を増やさなければ，そのような企業は雇用貢献が低いということで社会的批判を受けることになる。

　次に最近注目されているのが，「ステークホルダーへの経済的価値分配」である。これは，①人件費を除く売上原価，人件費を除く販売費・一般管理費，②従業員数×平均給与，③配当金支払，③支払利子，④法人税，⑤社会貢献額，

⑥環境保全費用，⑦純利益—配当金，の総合計を取引先，従業員，株主，債権者，政府・行政，社会，環境，企業内部のステークホルダーで除すことによって，分配比率を見ていくものである。

$$\text{ステークホルダー分配比率}=\text{各ステークホルダー分配額}\div\text{経済的価値の総和}\times 100$$

この算式を採用すれば，極端な分配箇所を見ることができるし，推移を見れば，極端な分配が行われた年度を知ることができるので，その抑制をはかることができる。つまりそれぞれのステークホルダーへの配慮を数字によって，認識することができるのである。

4 経営分析の課題

本書では，経営分析は企業の経営力を見るものと，位置付けている。

日本では，時代区分として，第2次大戦後からバブル崩壊までの第1期（1947〜1990年），バブル崩壊期からリーマンショックまでの第2期（1990から2007），そしてリーマンショックから今日までの第3期（2008〜今日）として分けることができるが，第1期の企業の経営力は「成長力」としている。これは当時，都市銀行，総合商社，主要メーカーが企業集団を形成して，相互依存のなかで企業・経営の拡大を図ってきたからである。具体的には資産規模や売上規模の成長である。

第2期の企業の経営力は，英米の機関投資家が株式市場から見た「市場での評価力」である。時価に具体化されているように株価で表現されているものは，ＲＯＥが資本還元されたマーケットの価格である。

第3期の企業の経営力は，「社会評価力」である。企業は第2期の強い株主価値経営指向の限界を反映して，ステークホルダーへの配慮を示している。そして，それだけではなく社会の経済的発展・社会的発展も同時に指向している。これは，共通価値経営と呼ばれている。こうした時代では，資産規模や株価ではなく社会性が企業の経営力として評価されるのである。

日本の経営分析はこのように，第1期では企業の「成長力」，第2期では企業の「株式市場での評価力」，そして第3期では企業の「社会評価力」の分析のツールとして発展してきたが，近年のグローバル化の進展，社会インフラビジネスの成長を見ると，外国人機関投資家の動向や社会インフラビジネスでの巨大企業連携のダイナミズムも視野に入れて，現代企業の経営力を検証しなければならない時代にきている。

そこで最後に，日本企業の経営分析を行う上で，今後の課題について考えて見よう。

1 外国人の保有が拡大する日本株投資

まず第1は，各企業の株主構成において，外国人株主・投資家の保有が増大しているということと関連付けて考えて見よう。

このことの意味することは，日本の企業が，業績や市場の動向に敏感な投資家，つまり流動的な外国人投資家に所有の多くを依存しているということである。また逆に，外国人保有が日本企業に定着し，投資先としての日本の企業の存在が定着してきたことを意味している。

したがって日本の企業の経営者は，常にグローバルな視点，国際的な視点で自分達が晒されている，評価されているという視線を認識しておかねばならないということである。

こうしたグローバル企業，国際的企業としては，経営判断において国際的なステークホルダーの利害関係を念頭において，経済的価値分配を考えねばならない。利害関係者の国籍をチェックして，偏りがないか充分な配慮をしていかねばならないことを意味している。

　　　国籍別ステークホルダー分配比率
　　　＝国籍別各ステークホルダー分配額÷経済的価値の総和×100

● 図表１−５　三菱ＵＦＪフィナンシャルグループの10大株主

順位	三菱銀行 1987年3月末 発行済株式 2,323,528千株 株主名	持株比率(%)	東京三菱銀行 2001年10月末 発行済株式 4,675,455千株 株主名	持株比率(%)	三菱ＵＦＪ 2012年10月末 発行済株式 14,158,585千株 株主名	持株比率(%)
1	明治生命保険	6.1	明治生命保険	4.9	日本トラスティ信託口	6.2
2	東京海上火災	4.6	日本生命保険	3.6	日本マスター信託口	4.6
3	第一生命保険	4.0	住友信託銀行信託口	2.7	ＳＳＢＴオムニバス	2.6
4	三菱重工業	3.5	東京海上火災	2.6	日本生命保険	1.9
5	日本生命保険	3.4	第一生命保険	2.5	日本ＴＳ信託口	1.8
6	太陽生命保険	1.9	三菱重工業	2.0	ステート・Ｓ・ＢＴ	1.6
7	三菱商事	1.9	三菱信託銀行信託口	1.6	日本マスター信託口（明治安田生命）	1.2
8	三菱信託銀行	1.6	太陽生命保険	1.3	チェース・ロンドン	1.2
9	新日本製鉄	1.6	ヒーロー＆カンパニー	1.1	ＢＯＮＹメロンフォーデポジタリーホルダーズ	1.1
10	旭硝子	1.5	三菱商事	1.0	トヨタ自動車	1.0
	外国人持株比率		外国人持株比率	11.9	外国人持株比率	31.6

（出所）　東洋経済新報社『会社四季報』各年版。

２　新・相互保有と経営分析への影響

　今後の課題の第２は、「預かり資産」をどう見るかということである。

　預かり資産の実態は、各企業集団の信託銀行の信託財産による「相互保有」である。かつては、それぞれの企業集団内部で相互保有をしていたが、その持ち合い比率は低下し、現在では「預かり資産」による企業集団間の相互保有によって国内企業、国内企業集団は連携・協調をとっているのである。

　かつては企業集団内での資金のやり取りのみを自己資金の取引と見たが、これからは、三菱ＵＦＪ、三井住友、みずほの３グループの資金のやり取りを、自己資金のやり取りと見なくてはならない側面も出てきた。企業集団間の競争

と協調である。国内では激しく競争しながら，しかし同時に大きなビジネスチャンスにおいては，国際競争の場で協調をするということもあるという多様な側面を考えておかねばならない。例えば新興国における原子力事業の受注においては，三菱とアレバの連携，東芝とＧＥの連携など端的なものである。

③ 成長ビジネスと経営分析

　経営分析を企業の経営力を評価すると見るならば，現代の企業社会において成長ビジネスは何かということを見ておかねばならない。これが，第3の課題である。われわれは，現代の企業社会においての成長ビジネスは，社会インフラビジネスであるということを念頭において分析のあり方を考えてきたが，こうした成長ビジネスは時代と共に変化していくので，いまの成長ビジネスが何か，そのビジネスを分析するツールは何が有効かを考えることが必要である。

　現代のグローバル時代にあっては，連結財務諸表を分析資料として経営分析は行われるが，国別・エリア別の財務データも求められるであろう。国際分業とアウトソーシングが活発な多国籍企業では，分析の前に企業経営の実態と動向をしっかりと見つめておかねばならない。

　今日の経営分析では成長ビジネスという歴史的な経営のダイナミズムとグローバルな経営のダイナミズムの両面を明確に把握して分析することが必要なのである。

注）本講は，明治大学経営学研究所『経営論集』第61巻第2号，2014.3.31に加筆・修正したものである。

（坂本　恒夫）

第2講

経営分析の体系

1. 経営分析の分類

誰が，何のために分析を行うかで分類される。銀行が融資の判断を行うため，経営者が自社の経営管理を行うため，投資家が株式投資をするかの判断を行うため，など。

2. 信用分析

- 銀行による企業への融資の際に行われる，返済能力を確認するための分析
- 銀行による信用分析で最も基本的なものが「流動比率」。流動資産と流動負債に注目して，流動負債を返済するための能力が十分にあるか，短期的な支払能力を示す指標。

3. 経営分析（狭義）

- 現時点だけでなく将来の支払い能力を維持・管理するために行われたのが，「収益性分析」
- 経営者が行う自社の分析は，「内部分析」と呼ばれ，「管理会計」の分野である。
- 規模拡大経営期には成長力が重視されたが，株主価値経営期には株式市場評価力を重視した分析がなされた。

4. 投資分析

- 企業経営者によって行われる投資分析…企業による株式や社債等への投資，M＆A
- 投資家によって行われる投資分析…株式投資者や株主が株式売買を行う際に，インカムゲイン（配当）やキャピタルゲイン（値上がり益）が得られるか，社債投資者が社債の売買を行う際に，元本の償還がなされるか，利息は支払われるか
- 英米機関投資家は，投資に見合うだけの利益が得られるか，言い換えると株式市場で高い評価が得られる企業であるかどうか，についての分析を行っている（株式市場評価力分析）。

5. 社会的評価力分析

- サブプライムローン問題以降，株主利益だけでなく，さまざまなステークホルダーも考慮した経営が求められるようになっている。
- ステークホルダーとは，株主，従業員，取引先，債権者，顧客，地域社会なども含む利害関係者のこと
- 現代の企業に対する経営分析は，株主価値だけでなく，社会的な価値も同時に創造しているかを評価することが求められている。

第2講 経営分析の体系

1 経営分析の分類

　本書における経営分析は事業会社の経営力をはかるものと捉えているが，広義に経営分析を捉えるならば，誰が，何のために分析を行うかで分類することができる。具体的には，銀行が融資の判断を行うため，経営者が自社の経営管理を行うため，投資家が株式投資をするかの判断を行うため，などが挙げられる。本書は，日本企業の主要株主の変遷と関連させ，企業の評価形態を1995年頃までの規模拡大経営期，2008年までの株主価値経営期，2009年からの調和型・共通価値経営期に分類し，各時代において，誰がどのような分析手法を主要なものとしていたのか，を意識した構成となっている。そこで本講では，この経営分析の体系について，歴史的に見ながらそれぞれの時代において経営分析に何を求められていたか，信用分析・経営分析（狭義）・投資分析・社会的評価分析という分析内容の変遷という観点から確認していく。

●図表2-1　経営分析の体系

		分析内容	分析主体	分析対象	評価指標	主要検討項目
経営分析（広義）	内部分析	経営分析（狭義）	事業会社	自社	企業成長力／株式市場評価力	業績（CVP分析，売上高利益率など）／株主による評価（ROE，ROAなど）
	外部分析	信用分析	銀行	融資先企業	企業成長力	元本返済，利息の支払い（流動性分析：流動比率など，安全性分析：固定比率，自己資本比率など）
		投資分析	株主	投資先・投資対象企業	株式市場評価力	キャピタルゲイン（PER，PBR）株主価値向上（ROE，ROA，EVA®，キャッシュフロー）
		社会的評価力分析	株主	全企業	社会的評価力	株主価値向上に加え，ステークホルダーへの価値分配（環境，社会貢献を含む）

（出所）　日本証券経済研究所編（1987），10ページをもとに作成。

2 信用分析

　経営分析の起源は，歴史を辿ると，アメリカの銀行が融資の際，融資先の支払能力を見極めるために行った信用分析に見ることができる。

　富裕層からの資金を高利で貸し付けていた前近代的銀行が，1900年頃から，一般の預金者の貯蓄資金を元手に低利の融資を行う近代的銀行に変化していった。企業は，産業構造の変化に伴い軽工業から重工業へ移行し，重工業に類する企業は巨額の設備投資を必要とした。その資金をいかに長期的・安定的に調達するかが課題となった。銀行は，このようなリスクの高い企業への融資を行う際に，必ず返済されるかをチェックする必要があった。そこで活用されたのが財務諸表である。財務諸表への関心が高まった契機が，アメリカにおいて，1913年に制定された連邦準備法（Federal Reserve Act）である。同法が，「加盟銀行が貸付先に対して割り引いた手形を連邦準備銀行が再割引するに際し，連邦準備銀行は財務諸表提出済であるとする記載なき手形は，これを再割引もしくは購入しないとした」[1] ことにより，財務諸表の重要性が認識されるようになったのである。

　銀行による信用分析で最も基本的なものが「流動比率」である。流動比率とは，流動資産と流動負債に注目して，流動負債を返済するための能力が十分にあるか，短期的な支払能力を示す指標である。流動資産／流動負債×100（％）で計算される。なお，当初は200％が理想とされてきたが，現在は130％～140％程度であれば，資金の余裕度から支払い能力は良好であると考えられている。

　規模拡大経営期における日本では，銀行を中心とした六大企業集団が日本経済の中心を担っていた。ＧＨＱによって財閥が戦争の経済的基盤であるとして解体させられた後，陽和不動産の株式買い占め事件，資本の自由化などが影響し，買収の危険性を認識した旧財閥系の同系企業が株式持ち合いを行って株主の安定化を図った。同系企業集団の株式を多数保有していたのが銀行（都市銀行）であり，事業会社が株式を保有する際には購入資金を融資していた。

　1970年代後半，企業集団における都市銀行は，「系列大企業生産物需要補完

融資」という融資形態をとっていた。都市銀行の資金は国債の購入，中小企業への貸出，消費者への貸出へと流れ，それらの資金を使って，政府は有効需要政策を実施，中小企業は銀行と同系の大企業の設備・機械を購入，消費者は同系大企業が販売する住宅・耐久消費財を購入した。このようにそれぞれの収益が大企業へと流れ，大企業が得た利益は預金として同系の都市銀行へと還元されていった。

1980年代中盤からは，上記の資金使途が一巡し，都市銀行の資金は財テク・土地テク融資を行う大企業・中小企業・消費者へと流れた。銀行による融資先企業の信用分析は基本であるが，企業集団の中で銀行が中心的な地位を占めていた時代（規模拡大経営期）においては，同系企業集団への融資行動や，バブル期の過剰融資といった特殊な点も考慮する必要があろう。

3 経営分析（狭義）

前述の通り，産業構造の変化に伴い，企業は設備投資のための巨額資金を調達する必要に迫られた。長期資金を調達した企業は，現時点だけでなく将来の支払い能力を維持・管理しなければならなくなった。これが収益性分析である。収益性分析は，言い換えると企業の利益獲得能力を評価するもので，売上高利益率や総資本利益率，自己資本利益率などがこれに当たる[2]。企業外部者が行うものと企業内部者が行うものに分けられるが，経営者が行う自社の分析は，内部分析と呼ばれ，現在でいう管理会計の分野である。このような企業内部者の分析を経営分析と呼ぶ場合があるが，これは狭義の経営分析である。

六大企業集団が日本経済の中心であった規模拡大経営期には，将来の収益能力を見る成長力，収益性分析が，経営者だけでなく銀行においても，流動性分析に加えて盛んに行われていた。当時は他企業集団との競争が主要な経営課題であったため，売上・資産の成長や利益の伸び，市場シェアがどれくらいなのか，といった成長力，収益性をはかる指標が重視されていたのである。これが，株主価値経営期には，株式市場からの評価を得るための分析へとシフトしていくこととなる。

4 投資分析

　投資分析は，文字通り投資家が投資をする際に行われるものだけでなく，企業の経営者によって行われるものもある。企業経営者によって行われる投資分析は，企業による株式や社債等への投資だけでなく，M&Aも含まれる。買収対象企業の選定の際には，当該企業の財務状況だけでなく非財務情報も集めて，買収するメリットがあるかを精査する。

　投資家は，株式投資者や株主が株式売買を行う際に，インカムゲイン（配当）やキャピタルゲイン（株価の値上がり益）が得られるか，社債投資者が社債の売買を行う際に，元本の償還がなされるか，利息は支払われるか，を検討事項として分析を行う。

　前述の通り，バブル崩壊以前は，六大企業集団がそれぞれ所属する企業間で株式持ち合いを行い安定株主を確保しており，外部の株主から圧力を受けることがなかった。株式持ち合いとは，企業同士がお互いの株式を所有することであり，この時代においては同系企業集団の多数の企業と持ち合いを行っていた。経営目標は他企業集団との競争で，いかに自身が所属する企業集団の売上高，シェアを獲得するか，であり，成長力が重視されている時代であった。

　しかし，バブル崩壊後，株価が急落する中で持ち合い株式を保有し続ける余力がなくなり売却へ動き，銀行（メインバンク）は多額の不良債権を抱え，貸し渋りをするなど企業と距離を置いた。これら市場に放出された株式の受け皿となったのが，英米機関投資家[3]である。これらの投資家が求めているのが投資に見合うだけの利益が得られるかであり，言い換えると株式市場で高い評価が得られる（株式市場評価力が高い）企業であるかどうか，である。英米機関投資家は，預かった資金を確実に運用して利益をあげていく受託者責任があるため，投資先企業に十分な株主利益を求めるのである。この評価指標として，具体的には，ROEやROA，EVAといったものが重視されるようになった。英米機関投資家はこれらの指標を主要な判断材料として，株式市場評価力が不十分な企業に対して株主総会において議決権を行使する（取締役再任案件に反対票を投じる）ことによって企業に働きかけた。主要株主がこれら英米機関投

資家に変わったため，日本企業は株主を意識した経営を行うようになった。

5 社会的評価力分析

　株主価値経営時代においては，株主，特に機関投資家による分析・評価が圧倒的な力を持っていた。しかし，サブプライムローン問題以降，その状況に変化が生じている。機関投資家から効率的な経営を求められた企業は，資産の圧縮を目的として，証券化商品を組成し，2000年代中盤頃からの世界的なカネ余りの状況から，それら証券化商品など複雑な金融商品を機関投資家やファンドが購入していた。また，機関投資家に株主利益を求められた銀行も購入した。

　後に証券化商品が破綻するのであるが，このような商品が巨額に組成・販売されたのは，機関投資家やファンドの力（資金力）が強大になりすぎた結果であると言われており，サブプライムローン問題を引き起こした「行き過ぎた株主価値経営」が見直されるようになった。今日においては，株主利益だけでなく，さまざまなステークホルダーも考慮した経営が求められるようになっているのである。

　ステークホルダーとは，株主，従業員，取引先，債権者，顧客，地域社会なども含む利害関係者のことである。現在，企業は環境問題，貧困問題など，利益追求だけでない問題への対処が求められている。現代の企業においては，株主価値だけでなく，社会的な価値も同時に創造することが求められているのである。

【注】
1) 日本証券経済研究所編（1987）『経営分析ハンドブック』6ページ。
2) 総資本経常利益率（ＲＯＡ）＝経常利益／総資本×100（％），自己資本利益率（ＲＯＥ）＝当期純利益／自己資本×100（％）。自己資本は株主資本とも呼ばれ，自己資本利益率は株主資本利益率とも言う。これらの指標の計算時，場合によって分子は営業利益などが使われることもある。何を求めたいかによって使い分けられるものであり，固定されているものではない。
3) 機関投資家とは，年金基金，生命保険，損害保険など，加入者から資金を預かって運用する機関の総称である。

【参考文献】

青木茂男『〔四訂版〕要説 経営分析』森山書店,2012年。
坂本恒夫『企業集団財務論』泉文堂,1990年。
坂本恒夫『成長財務の軌跡』T＆Sビジネス研究所,2000年。
日本証券経済研究所編『経営分析ハンドブック』中央経済社,1987年。
松田修一『ビジネスゼミナール 会社の読み方』日本経済新聞出版社,2006年。
森田松太郎『ビジネスゼミナール 経営分析入門』日本経済新聞出版社,2002年。

（鳥居　陽介）

第3講

経営分析の方法

1. 分析方法の分類

- 分析資料に財務資料を用いるかどうか,単一の時期か複数の時期か,個別企業のみで行うか相互比較をしながら行うか,実数を用いるか算出された比率を用いるのか,といった視点から,詳細に分類できる。
- 主に「企業成長力」「株式市場評価力」を測定するために用いられる「財務資料分析」(定量的分析)と,「社会的評価力」も含めて測定するために用いられる「非財務資料分析」(定性的分析)

2. 比較分析

① 単一時期による個別企業の分析
② 単一時期による相互比較分析
③ 複数時期による個別企業の分析
④ 複数時期による相互比較分析

3. 数値分析

「実数分析」
① 単純分析…ある一時点における数字を用いた方法
② 増減分析…2つ以上の時点における数字の増減を把握し,その原因を考察する方法
③ 均衡分析…収益−費用,収入−支出といった相互に関連する数値の分析

「比率分析」
① 関係比率分析…それぞれ独立しているが関係する財務諸表の数値を用いた分析
② 構成比率分析…特定の項目を基準として,それに対する各項目の割合を算出するもの
③ 指数分析(趨勢比率分析)…ある一時点の数値を基準値100として,他の時点の数値の増減を見る方法

4. 非財務資料分析

- 財務データに現れない,会社の将来性や技術力,事業に関わるリスクといった定性的分析。社会的評価力を重視する時代においては重要な項目となる。
- 有価証券報告書の中に見ることができる項目は,主に以下の通り。
  ①沿革(企業史),②関係会社の状況,コーポレート・ガバナンスの状況(経営組織),③従業員の状況(人事・労務),④業績等の概要,対処すべき課題,事業等のリスク(経済情勢,経営環境,業界動向),⑤生産,受注及び販売の状況,研究開発活動(生産,マーケティング),⑥株式等の状況(財務),⑦役員の状況(トップ・マネジメント)

1 分析方法の分類

　経営分析の方法には，分析資料に財務資料を用いるかどうか，単一の時期か複数の時期か，個別企業のみで行うか相互比較をしながら行うか，実数を用いるか算出された比率を用いるのか，といった視点から，詳細に分類できる。それを表したのが図表3-1である。
　一番大きな区分は，貸借対照表や損益計算書などの財務データを使用する「財務資料分析」と，それら財務資料を使用しない「非財務資料分析」である。経営分析は基本的には財務データに基づいた分析を主に行うものであり，銀行による信用分析や投資家による収益性分析といった企業成長力，株式市場評価力を測る場合に用いられる。
　ただし，それだけでなく，財務データに現れない，会社の技術力，事業に関わるリスク，環境への配慮といった分析も同時に行う必要がある。これは，社会的評価力の測定の際に重要になる分析である。以下，詳細に分けられる経営分析の方法について，順を追って説明していく。

2 比較分析

　経営分析の出発点は，比較することである。比較分析は，半月や単年度などの1時点について分析する単一時期分析（単期分析），異なる時点・期間について時系列に分析する複数時期分析（複期分析）に分けられる。これらの基準は，個別企業1社の比較なのか，他企業，他グループなどと比較して分析するのかという視点でさらに細分化される。前者は個別企業の分析，後者は相互比較分析であるが，相互比較分析を行う際の対象は，他企業，他グループだけでなく，所属する産業（業界），標準指標との比較も重要である。同じ分析手法から導き出される数字・比率でも，業界によって水準が高かったり低かったりするので，同業他社・同業界と比較することが，より正確な分析結果を導く鍵となる。この比較の補助となるのが，標準指標である。標準指標とは，各種機関が公表している業界・産業別の指標であり，業界・産業ごとの平均等が記載

第3講　経営分析の方法

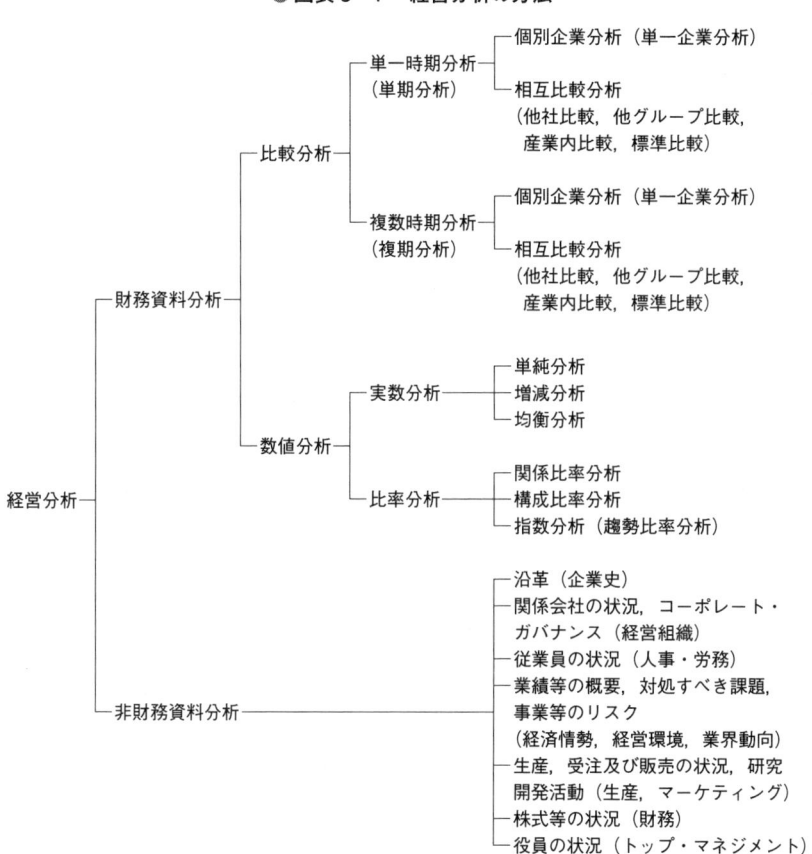

● 図表 3 - 1　経営分析の方法

```
                                    ┌─ 個別企業分析（単一企業分析）
                      ┌─ 単一時期分析 ─┤
                      │  （単期分析）  └─ 相互比較分析
                      │               （他社比較, 他グループ比較,
                      │                産業内比較, 標準比較）
          ┌─ 比較分析 ─┤
          │           │               ┌─ 個別企業分析（単一企業分析）
          │           └─ 複数時期分析 ─┤
          │             （複期分析）  └─ 相互比較分析
          │                           （他社比較, 他グループ比較,
 財務資料分析─┤                            産業内比較, 標準比較）
          │           ┌─ 単純分析
          │  ┌─ 実数分析 ─ 増減分析
          │  │        └─ 均衡分析
          └─ 数値分析 ─┤
                      │           ┌─ 関係比率分析
                      └─ 比率分析 ─ 構成比率分析
                                  └─ 指数分析（趨勢比率分析）
経営分析 ─┤
                       ┌─ 沿革（企業史）
                       ├─ 関係会社の状況, コーポレート・
                       │   ガバナンス（経営組織）
                       ├─ 従業員の状況（人事・労務）
                       ├─ 業績等の概要, 対処すべき課題,
         非財務資料分析 ─┤   事業等のリスク
                       │   （経済情勢, 経営環境, 業界動向）
                       ├─ 生産, 受注及び販売の状況, 研究
                       │   開発活動（生産, マーケティング）
                       ├─ 株式等の状況（財務）
                       └─ 役員の状況（トップ・マネジメント）
```

（出所）　日本証券経済研究所編（1987）『経営分析ハンドブック』12ページをもとに作成。

されている。標準指標を調査できる資料には，主に下記のものがある[1]。

○大企業（上場企業）
・日本経済新聞社『日経経営指標．全国上場会社版』
・日本経済研究所『産業別財務データハンドブック』
○中小企業（未上場企業）
・帝国データバンク『全国企業財務諸表分析統計』
・ＴＫＣ全国会『ＴＫＣ経営指標』

29

・東京商工リサーチ『ＴＳＲ中小企業経営指標』

分析の際の「期間」と「個別・相互」は，下記のように組み合わされる。

① 単一時期による個別企業の分析
② 単一時期による相互比較分析
③ 複数時期による個別企業の分析
④ 複数時期による相互比較分析

①単一時期による個別企業の分析は，個別企業をある一時点で分析する方法である。経営分析のスタートであり，例えば特定年度の損益計算書により，営業利益や経常利益，当期純利益といった業績がプラスであったかマイナスであったかを確認する。また，資本利益率の計算も単一時期の分析の代表例である。

次に，②単一時期による相互比較分析では，同一時点での複数企業の財務諸表を用いて，それらと比較しての分析である。他社と比べての業績の高低や，業界の平均や基準との比較も考えられる。

③複数時期による個別企業の分析は，個別企業を異なる時点や期間で分析する方法である。過去の実績との比較や，目標と実績の比較などで，対象とする個別企業の財務体質の傾向が分析できる。

最後の④複数時期による相互比較分析は，異なる時点・期間を時系列に，複数企業と比較しながら分析する方法である。特定の他社，あるいは所属する産業内の企業などの，ある一定期間の財務諸表を用意し，それらと比較することにより，時系列的な傾向の違いを明らかにするものである。例えば業界内企業の５年間の財務諸表と比較し，業界の業績のトレンドと見比べることで，分析対象企業の業績の伸びが高い，あるいは低いといったことがわかる。

３ 数値分析

この分析は，財務諸表の数値をそのまま使用する「実数分析」と，それらの

数値を様々な計算で比率化する「比率分析」に分けられる。実数分析には，損益計算書の売上高，営業利益，経常利益，当期純利益といった数値や，計算結果が％で表示されない1株当たり当期純利益[2]や従業員1人当たり売上高[3]なども，こちらに該当する。一方，比率分析は，流動比率，固定比率といった計算結果が％で表示される，経営分析における基本ともいえる分析方法である。

1 実数分析

実数分析は，①単純分析，②増減分析，③均衡分析に細分化される。

①単純分析は，ある一時点における数字を用いた方法である。具体的には，流動資産から流動負債を引いて，正味運転資本を算出する，売上高から変動費を引いて限界利益を算出する，といった場合に用いられる。特定企業の絶対値が求められるため，企業間比較には向いていない。

②増減分析は，2つ以上の時点における数字の増減を把握し，その原因を考察する方法である。例えば，複数期の貸借対照表，損益計算書の数字を比較し検討する場合が挙げられる。

③均衡分析は，損益分岐点分析のような，収益—費用，収入—支出といった相互に関連する数値の分析である。

2 比率分析

比率分析は，①関係比率分析，②構成比率分析，③指数分析（趨勢比率分析）に細分化される。

①関係比率分析は，例えば貸借対照表と損益計算書といった，それぞれ独立しているが関係する財務諸表の数値を用いた分析である。貸借対照表の自己資本，損益計算書の当期純利益を用いてROE（自己資本利益率）を，貸借対照表の資産，損益計算書の経常利益を用いてROA（総資産経常利益率）を算出する，といった場合である。

②構成比率分析は，特定の項目を基準として，それに対する各項目の割合を算出するものである。これは，例えば損益計算書に見られる，売上高を基準とした各利益の割合である。売上高総利益率，売上高営業利益率，売上高経常利益率などが挙げられる[4]。

③指数分析（趨勢比率分析）は，ある一時点の数値を基準値100として，他の時点の数値の増減を見る方法である。

財務諸表分析においては，比較分析と数値分析を相互に連携させながら，検討していく必要がある。

4 非財務資料分析

これまでは財務資料を用いた分析を見てきたが，前述の通り，財務諸表の数値は過去の結果であり，その会社の将来性や潜在能力までは完全に反映されていない。そこで必要なのが非財務資料分析である。非財務資料は，上場企業であれば有価証券報告書の中に見ることができる。検討すべき主な非財務の項目は，同報告書の順番で並べると，以下１～７のようになる[5]。

1 沿革（企業史）

社歴が長い企業かどうか，業務内容の変遷はあるか，経営難に陥った時期があったか，などを概観する。頻繁に業務内容が変わっている企業や，工場の閉鎖や事業の撤退が多く見られる場合は，注意が必要であろう。有価証券報告書では，「第一部　企業情報」「第１企業の概況」の「沿革」「事業の内容」がこれに当たる。

2 関係会社の状況，コーポレート・ガバナンスの状況（経営組織）

ここでは，分析対象会社の組織構造を確認する。ガバナンス体制が不十分な企業であれば，不祥事が起こる可能性も高くなる。形式が整っていても不祥事が起こることはあるが，監査役会設置会社なのか委員会設置会社なのか，といった組織構造（ガバナンス・システム）などは把握すべき項目と言える。また，どのような会社が連結子会社や関連会社として名を連ねているか，についても確認すべき事項の１つであろう。有価証券報告書では，「第一部　企業情報」「第１企業の概況」の「事業の内容」「関係会社の状況」，「第４提出会社の状況」の「コーポレート・ガバナンスの状況等」がこれに当たる。

3 従業員の状況（人事・労務）

　従業員が働かなければ売上は上がらないのは当然のことであるが，従業員がどのような環境・条件で働いているのかを知ることは，当該企業の従業員のやる気の度合いを測る参考になろう。

　有価証券報告書の「第一部　企業情報」「第1企業の概況」の「従業員の状況」では，従業員数，平均従業員数，平均勤続年数，平均年間給与について記載されている。平均勤続年数が短い場合は，従業員の入れ替えが多いということであり，注意すべき場合がある。また，従業員の給与が適正水準か，あるいは低すぎないか，についても確認事項である。

4 業績等の概要，対処すべき課題，事業等のリスク（経済情勢，経営環境，業界動向）

　金利・為替相場の動きや他国の経済危機等，マクロ的な経済環境の動向は，把握しておかなければならない。その上で，業界が抱える問題，個別企業が抱える問題を認識することで，将来性も含めたより正確な分析となる。

5 生産，受注及び販売の状況，研究開発活動（生産，マーケティング）

　どのような生産体制をとっているかは近年重要な項目になっている。アップル社のように自社工場を持たず，生産はアウトソーシングするといった企業が増えてきているからである。また，いかに優れた商品を生産していたとしても，販売体制が非効率であれば利益が上がりにくく，顧客に認知してもらうためのマーケティング活動を疎かにしてはならない。さらに，これらの点における活動の確認とともに，研究開発の状況も見ておくべき項目である。販売企業は常に新しい商品・サービスを提供し続けなければ，生き残ることはできない。

6 株式等の状況（財務）

　財務数値は財務諸表で確認できるが，それ以外にも確認すべき項目が，株式等の状況である。誰がその会社の株式を多く保有しているのか，については「大株主の状況」の項目である。議決権の割合が高い，言い換えると会社に対する影響力が強い人物（団体・企業）は誰か，が分かる。創業者が上位株主に

名を連ねている企業や，銀行・事業会社が上位の企業，英米機関投資家が上位の企業もあり，これらの株主が企業に与える影響は大きい。

7 役員の状況（トップ・マネジメント）

誰が経営を担っているのか，を知ることも必要であろう。「第4 提出会社の状況」「役員の状況」で，その会社に所属する取締役，監査役，社外取締役，社外監査役全員の略歴を見ることができる。

以上，有価証券報告書と関連させて，非財務資料分析の方法について説明したが，もちろん，これ以外の非財務情報も集め，分析に加える必要はある。社会的評価力を重視する時代においては，これらに加えて環境への配慮，社会貢献といった項目の評価が重要となる。

このように，経営分析は，財務資料と非財務資料を総合的に検討して行われるものである。

【注】
1) 各資料の詳細，標記以外の資料については，国立国会図書館リサーチ・ナビ（http://rnavi.ndl.go.jp/research_guide/entry/theme-honbun-102862.php）を参照のこと。
2) 当期純利益／発行済み株式総数 で計算される。単位は円。
3) 売上高／従業員数 で計算される。同じく単位は円。
4) 損益計算書百分比という。ちなみに，表記の比率の計算式は以下の通り。売上高総利益率＝売上総利益／売上高×100％，売上高営業利益率＝営業利益／売上高×100％，売上高経常利益率＝経常利益／売上高×100％。
5) 本講では，財務資料（財務諸表）の使用の有無で分類したが，定量・定性で分類することも可能である（非財務資料には，定量的，定性的データの双方が存在する）。この分類については，第4 講を参照のこと。

【参考文献】
青木茂男『〔四訂版〕要説 経営分析』森山書店，2012年。
日本証券経済研究所編『経営分析ハンドブック』中央経済社，1987年。
松田修一『ビジネスゼミナール 会社の読み方』日本経済新聞出版社，2006年。
森田松太郎『ビジネスゼミナール 経営分析入門』日本経済新聞出版社，2002年。

（鳥居　陽介）

第4講

経営分析とデータ

1. 経営分析のデータとは

- 内部分析…経営者や会社内部の者が実施
- 外部分析…投資家,取引先,金融機関など会社外部から分析
  ⇒ 外部分析をする場合,データ入手方法が課題

2. 会社のデータ

- 定量的データ…数値として把握可能なデータ
- 定性的データ…数値では表せないデータ
  → 定量的データと定性的データ両方を利用して分析

3. 一般的な会社データの入手方法

- 訪問調査(ヒアリング,インタビュー調査)
- 出版物を利用したデータ収集
  『会社四季報』,『日経会社情報』,『会社年鑑』,『東商信用録』

4. 上場会社のデータ入手方法

- ＥＤＩＮＥＴにアクセスし,入手希望する会社の有価証券報告書をダウンロードする方法
- 各社のホームページの"投資家情報"から有価証券報告書や決算短信をダウンロードする方法

5. 経営分析で用いるデータの変遷

- 貸借対照表,損益計算書→キャッシュフロー計算書→ＣＳＲに基づく「環境報告書」や「社会貢献活動」
- 利益の最大化→キャッシュフローの最大化→環境,社会貢献
  ⇒ 会社を見る"目"の変化に伴い利用するデータも変化

1 経営分析のデータとは

　会社の経営分析を行う際,分析する立場によって内部分析と外部分析とに分類できる。会社の経営者など会社内部もしくは会社の内部的な立場で行うものを内部分析といい,投資家,取引先,金融機関等の会社の外部の立場で行うものを外部分析という。内部分析の場合,会社の機密事項や財務情報などは会社内部の情報であるため容易に入手できる。しかし,会社の外部の者が会社の情報を入手しようとすると内部の者よりも困難となり,またその情報も限定的なものとなる（情報の非対称性）。本講では,会社の財務情報などのデータを外部の者がどのように入手するかを学んでいく。

2 会社のデータ

　経営分析をするには分析するためのデータが必要である。会社を分析する際に用いるデータは,定量的データ（定量情報）と定性的データ（定性情報）とに分類できる。
　定量的データとは数値として把握可能なデータであり,売上高,資本金の額といった財務諸表から入手できる財務データや従業員数,設立経過年数などが代表的なものである（会計情報ともいう）。
　一方の定性的データとは数値では表せないデータであり,会社の沿革や経営者の情報,株主,商品や製品,取引先,会社組織,メインバンク,ＳＷＯＴ分析で用いる会社の強み弱みなどがあげられる（図表4-1）。
　定量的データ,定性的データともに会社の経営分析をする際には重要なデータである。どちらか一方のデータを用いるのではなく,定量的なデータと定性的なデータの分析を同時に利用することが,対象企業の経営状況を的確に把握するためには欠かせない。

● 図表 4 - 1　データの分類

データ	定量的データ	財務データ（貸借対照表，損益計算書などの数値） 従業員数 設立経過年数 発行株式数　など
	定性的データ	沿革 経営者 株主 商品や製品 取引先 メインバンク 本支店の状況 会社の強み・弱み 企業の社会貢献活動　など

3　一般的な会社データの入手方法

　会社の情報を入手する方法はいくつかある。ここでは，定量的データのうち財務データを中心に見ていくことにしよう。

　財務データを収集するには，会社の財務諸表を入手すればよい。分析したい対象が株式会社である場合，会社法により全ての株式会社は貸借対照表，損益計算書，株主資本等変動計算書，注記表，事業報告と付属明細書の作成と報告が義務づけられているので，これらを入手すれば分析が可能である[1]。

　1つ目の入手方法として，調査対象の会社に直接赴き，入手したい情報の閲覧もしくは聞き取るという方法である。これには事前に対象会社に手紙や電話にて依頼し，入手したい情報，項目をあらかじめ伝達し，訪問して聞き取り調査を行う。ただし，すべての会社が調査に応じてくれるとは限らず，また，調査に応じてくれたとしても知りたい情報全てを入手することはできないこともある。

　次に公表されたデータを用いる方法であり，これが最も現実的な方法といえる。会社のデータが公表される媒体は出版物とインターネットを通じたものがある。代表的な出版物には，『会社四季報』，『日経会社情報』，『会社年鑑』，『東

商信用録』などがある。

1 『会社四季報』

『会社四季報』は㈱東洋経済新報社が出版しており，年4回発行される。『会社四季報』では証券市場に上場している会社（上場会社）を扱っており，記載内容は，設立年や決算月，業種や会社の特色，代表的な財務指標（ＲＯＥやＲＯＡ）などである。

2 『日経会社情報』

『日経会社情報』は㈱日本経済新聞出版社が出版し，会社の基本情報，売上や利益，代表的な財務指標（自己資本比率など）の業績，株価データなどが記載されている。こちらも『会社四季報』と同じく上場会社を扱っており，年4回発行される。

3 『会社年鑑』

『会社年鑑』は㈱帝国データバンクが毎年度発行し，会社の所在地，設立年，事業内容，資本金，役員，株主などが記載されている。こちらは上場会社に限定されておらず，全国の会社のうち約14万社が記載されている[2]。会社の業種別ランキングも記載されている。

4 『東商信用録』

『東商信用録』は㈱東京商工リサーチが毎年度発行し，会社の概要，役員，株主，取引銀行，業績などが記載されている。全国を8ブロック10巻に分けて出版されている。また，対象企業の格付けも記載されている。

上記のうち『会社四季報』と『日経会社情報』は上場会社を対象とし，『会社年鑑』と『東商信用録』は上場会社だけではなく未上場会社も含まれる。ただ，これらは代表的な出版物であり，この他にも会社の情報が記載されたものは数多く出版されている。必要なデータは何か，対象とする会社はどんな会社かを考慮し，図書館などで必要な情報が入手できる図書を検索することを推奨

する。

●図表4-2　代表的な出版物と扱っている会社の比較

出版物	発行	対象とする会社
『会社四季報』	年4回	上場会社のみ
『日経会社情報』	年4回	上場会社のみ
『会社年鑑』	年1回	上場会社・未上場会社
『東商信用録』	年1回	上場会社・未上場会社

4　上場会社のデータの入手方法

　これまでの資料は対象会社の概要や抜粋された一部のデータという特徴がある。また，加工された財務指標や計算された指標が掲載されている場合が多い。経営分析を学ぶにあたって，詳細な元データ（一次資料）を入手して自ら計算し企業を分析することが必要である。そこで，ここでは元データを入手する方法を学ぶ。

　証券取引所に株式を上場している上場会社については，われわれは詳細なデータを入手可能である。そこで上場会社に関するデータの入手方法について検討してみよう。

　既に学んだように，株式会社は会社法により全ての会社が計算書類の作成を要求されている。さらに，上場会社は金融商品取引法により投資家が投資先の会社の的確な情報を把握するために財務諸表を公表することと規定されており，有価証券報告書の作成および公表をする情報公開制度が設けられている（ディスクロージャー制度）。

　有価証券報告書とは上場会社が毎事業年度ごとに作成するもので，その会社について事業の概況などを記載した報告書のことである[3]。上場会社は有価証券報告書に会社の概況，事業の概況，営業の状況，設備の状況，経理の状況などを記載し，事業年度の終了後3か月以内に内閣総理大臣に提出することが義務づけられている（図表4-3）[4]。有価証券報告書には上場会社単独だけでは

なく，企業グループを形成している場合にはそれらについても記載され，提出する会社の財務諸表（個別財務諸表）と，子会社など関係会社を含めた企業グループに関する財務諸表（連結財務諸表）とが記載される。また，有価証券報告書には，毎年1回決算期に作成する有価証券報告書，3か月ごとに作成する四半期報告書，臨時的な事象（有価証券の募集・売出，合併，分割など）が発生した場合に作成する臨時報告書がある。

●図表4-3　T社の平成25年度3月期の有価証券報告書の項目

```
第一部　企業情報
  第1  企業の概況
   1  主要な経営指標等の推移
   2  沿革
   3  事業の内容
   4  関係会社の状況
   5  従業員の状況
  第2  事業の状況
   1  業績等の概要
   2  生産，受注及び販売の状況
   3  対処すべき課題
   4  事業等のリスク
   5  経営上の重要な契約等
   6  研究開発活動
   7  財政状態，経営成績及びキャッシュフローの状況の分析
  第3  設備の状況
   1  設備投資等の概要
   2  主要な設備の状況
   3  設備の新設，除却等の計画
  第4  提出会社の状況
   1  株式等の状況
   (1) 株式の総数等
   (2) 新株予約権等の状況
   (3) 行使価額修正条項付新株予約権付社債券等の行使状況等
   (4) ライツプランの内容
   (5) 発行済株式総数，資本金等の推移
   (6) 所有者別状況
   (7) 大株主の状況
   (8) 議決権の状況
   (9) ストックオプション制度の内容
```

	2	自己株式の取得等の状況
	3	配当政策
	4	株価の推移
	5	役員の状況
	6	コーポレート・ガバナンスの状況等
第5		経理の状況
	1	連結財務諸表等
	2	財務諸表等
第6		提出会社の株式事務の概要
第7		提出会社の参考情報
	1	提出会社の親会社等の情報
	2	その他の参考情報
第二部		提出会社の保証会社等の情報
監査報告書		
確認書		
内部統制報告書		

　分析したい対象会社の有価証券報告書を入手するには2つの方法がある。まず1つ目は各会社のホームページの「投資家情報」や「IR情報」などにアクセスする方法である。そこには複数年分の有価証券報告書，四半期報告書などが掲載されており無料でダウンロードできる。

　2つ目は，金融庁が運営するＥＤＩＮＥＴ（Electronic Disclosure for Investors' NETwork）である（http://info.edinet-fsa.go.jp/）[5]。ＥＤＮＩＥＴは，『金融商品取引法に基づく有価証券報告書等の開示書類に関する電子開示システム』のことで，会社から提出された有価証券報告書等をインターネット上で誰でも自由に閲覧できる仕組みである。

　また，決算短信も各上場会社のホームページで閲覧およびダウンロード可能である。決算短信は上場会社が証券取引所に対して提出する決算概要を記した証券取引所の内規によって決められた書類である。有価証券報告書と同じく財務諸表などが掲載されているため，決算短信のデータを利用して分析することもできる。

　以上のように上場会社に関しては有価証券報告書や決算短信を入手し，財務諸表や会社の概況などあらゆるデータの中から必要なデータを用いてわれわれは分析をすることが可能である。

5 経営分析で用いるデータの変遷

　経営分析で用いられるデータは，時代の移り変わりとともに変化している。経営拡大期では，利益の最大化が企業の目標であると考えられていたため，経営分析を行う際に用いるデータは，貸借対照表と損益計算の2つの財務諸表を中心に，利益の額や利益率を中心に会社の財政状態と経営成績を分析することが主流であった。

　しかし，1980年代後半からは欧米で株主価値経営の概念が主流となったことを背景として，キャッシュフローの最大化が企業価値の増加につながると考えられるようになった。そのため，現金の流れ（キャッシュフロー）が経営上の重要な指標として注視され，それに伴いキャッシュフロー計算書が作成されるようになった。日本でもその動きはバブル崩壊後から起こり，2000年3月期から上場会社はキャッシュフロー計算書を作成し公表することが義務付けられ，キャッシュフローも経営分析する際にデータとして用いられるようになった。

　2000年代に入るとＣＳＲ（企業の社会的責任）が問われるようになり，さらに，2008年のリーマンショック以降は，特に株主価値だけではなく，ステークホルダー全体を意識した経営が求められるようになった。そのため，財務諸表の分析による評価だけではなく，会社の社会貢献や環境問題への取り組みといった活動も，会社を分析する上で重要なデータとなり，会社も積極的にそれらの情報を開示している。たとえばトヨタ自動車は，環境保全への配慮や取り組み，基本方針について「環境報告書（サステイナビリティレポート）」で公表したり，世界各地で行っているボランティアや環境保護，人材育成などの社会貢献活動を公表して，社会的評価を得られるように行動している。

　このように，現在では会社を分析する場合，貸借対照表や損益計算書，キャッシュフロー計算書で把握できる定量的データだけではなく，ＣＳＲに基づく会社の活動内容といった定性的データも評価する上で重要な要素となってきている。

【注】

1) 会社法第435条第2項に規定されている。貸借対照表，損益計算書，株主資本等変動計算書，注記表のことを会社法では計算書類と呼ぶ。
2) ㈱帝国データバンク『会社年鑑』については以下のURLを参照（http://www.tdb.co.jp/lineup/publish/nenkan.html）
3) 有価証券報告書の作成および報告義務のある会社は上場会社だけではなく，過去に公募で1億円以上の有価証券（社債など）を発行した会社も対象となる。
4) 金融商品取引法第24条に規定。
5) ＥＤＩＮＥＴにアクセスするにはインターネットエクスプローなど，特定のブラウザを使用しないと閲覧できない。

【参考文献】

青木茂男『要説経営分析〔四訂版〕』森山書店，2012年。
桜井久勝『財務諸表分析〔第5版〕』中央経済社，2012年。

（林　幸治）

第2部

企業成長力（製品力・販売力・資金力）と経営分析

第5講

企業成長と経営分析

1．企業成長とは何か
- 形態的あるいは量的な変化。より高い段階に進むこと
- 高度成長期は量的側面に注目
- 企業は質的成長をも含んだ変革を図りながら成長

2．なぜ成長は必要か
- 経営資源の集中集積を促し市場支配力を確保するためには，競合する他社以上の企業成長が不可欠

3．企業成長の指標は何か
- 成長要因が何であるかを見極めることは困難であるが，違いを見極めることが重要
- 健康診断と同様に多角的な分析が必要

4．指標の基礎となる要素項目の検討
- 経営分析は財務諸表に関わる分析が中心
- 今後は非財務的指標の分析が重要性を増す
  ① 総資産
  ② 資本金
  ③ 売上高　売上高の伸びの検討
  ④ 利益額　営業利益の伸びの検討
  ⑤ 研究開発投資　売上高に対する割合の検討
  ⑥ 付加価値　売上高に対する割合の検討
  ⑦ 生産性　労働生産性の検討

5．事例－研究開発費の割合が高い製薬業界

1 企業成長とは何か

　一般に成長とは，形態的あるいは量的な増大を伴う変化や，物事が発展し，より高い段階に進むことを指す言葉である。確かに，われわれ自身のことを振り返ってみても，成長とは単に量的な変化だけではなく質的な変化を指すことが多い。「一人前に成長した」のように，能力など質的に変化した場合に使われることもしばしばである。

　しかし，企業の成長を語るとき，特にわが国の場合は，量的側面に注目することが多かったように思われる。それは，第二次世界大戦を経て，廃墟からの復興が当面の目標であったことが大きく影響している。絶対的な物資の不足が社会全体を量的拡大にかりたて，長らく政策課題としてきたことが理由のひとつである。

　そしてその後の高度経済成長期においても，わが国企業が世界でその存在を拡大してきたのは，量的な成長によるものであった。しかし，一方でそうした量的成長と同時に，新たな技術開発やビジネスモデルの構築によって，市場では新たなプレーヤーも誕生している。一定の環境に適応する中で質的成長も遂げてきている。わが国企業は，幾度となく成長の限界を指摘されながら，個別企業はいわば進化という質的成長をも含んだ変革を図りながら今に至っている。企業の成長を議論する際，見逃すことのできない重要な視点である。

2 なぜ成長は必要か

　企業はこのように，一定の環境に適応しながら持続的成長を目指して企業活動を行なっている。企業の新たな質的成長が市場において相対的に有利に働くとき，量的拡大がもたらされる。そして量的成長がさらに質的成長を促すという循環ができれば，その企業は飛躍的な成長が期待できる。逆に，企業は常に成長を目指さなければ衰退し，いずれ市場から退出を余儀なくされる。現代の経済社会は競争環境の中で不断に変化していて，その変化に対応できなければ成長どころか継続企業すら望めなくなる。

また，企業はさまざまな資源が集中集積する場である。そこでは企業がどのように評価され信頼されているかが重大な要件となる。利害関係者の評価が低ければ資金調達は困難になるし，評価が高まれば資本市場での評価も高まり株価の上昇も期待できる。そのことによって従業員のモラルも高まり人材にも恵まれ，競争優位にもつながるに違いない。経営資源の集中集積を促し，市場支配力を確保するためには，競合する他社以上の企業成長が不可欠な条件となる。

3 企業成長の指標は何か

企業行動を過去から現在に至るまで，その姿を企業成長の事実として確認できても，成長要因が何であるかを見極めることは多くの困難が予想される。人的，物的，財務的要因が複雑に絡まっていたであろうことは容易に想像できる。しかし，それらがどのように構成され，成長に貢献していたかを計測することは簡単ではない。

経営分析は競争の要件を除けば人の健康診断に似ている。医学の進歩によってさまざまな検査数値を体調管理や投薬で改めることは多くの場合可能となってきている。しかし，健康な人がなぜ健康なのかを要因分析するのは容易ではない。さらに体力増進や長寿の秘訣となると，どのような処方箋が提示できるであろうか。企業経営の場合は，これに競争という要因が加わる。

経営分析において企業成長を語るとき，多くの場合，最大の関心事は将来の成長予測である。企業成長は不可欠であるが，将来の企業成長を予想することは不可能に近い。それでは原動力である成長要因を何で測るのか。ここでは，多くの制約条件を受け入れながら，多角的にしかも限定的に論じざるを得ない。

4 指標の基礎となる要素項目の検討

経営分析では，財務諸表に関わる分析を中心として検討されてきている。財務諸表は，公認会計士等の第三者が介在した信頼性ある情報であることから，それを利用して判断していくことの意義は大きい。しかし，財務諸表に示された情報は，企業行動を一定の認識測定基準に従って貨幣数値で公表されたにす

ぎない。そのため経営実態がそのまま忠実に投影されているかについては，限界があると認識しなければならない。

また，非財務的要因が財務情報に影響を及ぼしていることも十分考えられる。そのため，財務的指標を中心とする分析のみならず，今後は，非財務的指標を基礎とする分析がますます重要となってくる。

●図表5－1　企業成長を分析するための指標

	量的評価	質的評価
財務的指標	・総資産 ・売上高 ・利益額　など	・研究開発投資 ・付加価値　など
非財務的指標	・従業員数 ・市場占有率 ・生産能力　など	・生産性 ・製品品質 ・顧客満足度 ・ブランド ・社会貢献度 ・環境経営　など

企業成長を議論し分析する場合は，ある一定の期間で比較する方法や時系列で比較する方法がとられる。以下ではいくつかの項目の特徴を検討してみることにしよう。

1　総　資　産

従来の経営分析では，企業規模の量的拡大の程度を測定するための指標として利用されてきた。しかし，その資産の中には棚卸資産や不良債権も含まれている。企業成長の指標として使う場合は質的充実も考慮することが必要不可欠であることから，中身の評価抜きに指標とすることは問題がある。また，どのような減価償却方法を選択するかによっても数値が異なってくるので，注意が必要である。

2　資　本　金

従来から資本金の額は規模別に分類・評価する場合の指標として用いられて

きた。したがって，その額の変化は企業成長の指標として利用できそうに思える。しかし，資本金は，設立または株式の発行に際して，株主となる者が会社に払い込んだ額であって，その額の2分の1を超えない額は資本準備金とすることもできる。また，準備金等からの資本金への組み入れも認められている。資本金の規定は，株主有限責任の原則により，会社財産を堅持する上で基準とされているものであって，厳密には会社の規模を測る基準とはなりえない。企業成長と関連づけることはあまり意味のあることではない。

③ 売上高

売上高の大きさは企業の販売力を表すものとして重要な指標である。短期間での企業成長をみる場合には，前年度との売上高の対比による増減率でみる見方がある。しかし，昨今の外部の経済環境の変化が激しい時代には，より長期の安定した趨勢を分析する売上高成長率を求める必要がある。ある年度を基準として指数化する方法や，その期間の平均成長率を求める方法である。

なお，売上高は企業成長を測る指標として広く使われているが，異なる業種・業態間での比較には注意が必要である。同一企業でも従来とは異なる事業による売り上げが加わった場合も同様である。例えば，商品仕入れのある小売業のような業種の企業が，サービス業のように仕入れのない事業を始めたか，もしくは行っている場合である。

例えば，小売業A社とサービス業B社がともに売上高が1億円であっても，その意味するところは全く異なる。少なくとも後述する売上総利益は大きく異なる。損益構造が異なるので，単純に比較しても意味がない。まして，両社が同じく売上高が1千万円増加したからといって，同様の企業成長として扱うには無理がある。企業は多角化していることも多く，部門別に分析する必要がある。

④ 利益額

利益額は，企業活動において獲得されたプラスの成果を意味し，企業活動の主要な目的として重要な指標となる。売上高から売上原価を控除して求められる売上総利益は，企業の収益獲得力の高さを示すものである。その売上総利益

から販売費・一般管理費を差し引くと営業利益が求められる。これはその企業の本業からの利益がどれぐらいあるかを示すもので，営業利益の段階で利益が出ないような企業は，事業活動の継続が困難となる。

5 研究開発投資

企業の研究機関が研究開発のために使用する額で，その企業の将来の成長を判断する有力な指標である。企業における研究開発費管理や研究開発費の企業別・業種別比較には，対売上高比率が広く用いられている。

6 付加価値

付加価値とは，企業が新たに生み出した価値を言い，企業活動による経営成果を指す。付加価値の計算方法にはいくつかの種類があるが，大きく控除法と加算法に分けられる。

・中小企業庁方式

粗付加価値＝生産高－外部購入価額

・日本銀行方式

付加価値額＝経常利益＋人件費＋金融費用＋賃借料＋租税公課＋減価償却費

中小企業庁方式は，売上高から外部購入分の価値を差し引いたものという考え方に対し，日本銀行方式は，製造過程で積み上げられていくという考え方になっている。

また，売上高に占める付加価値の割合を付加価値率という。

・付加価値率＝付加価値／売上高

例えば，ある企業Ｃ社が，売上高1億円で，材料費等外部への支払費用が4千万円である場合，Ｃ社の経営成果は1億円ではなく，6千万（1億円－4千万円）とするのが付加価値の考え方である。材料費等外部への支払費用は他の企業の経営成果であるという考え方である。

なお，付加価値の算出過程からも分かるとおり，例えば，同一製品の生産段階を垂直統合すると付加価値が増大する。また，労働節約的な合理化・資本投

下が行われると総付加価値は減少することになる。

　大企業は一般に付加価値が大きくなるが，売上高に占める付加価値の割合すなわち付加価値率でみると，日本の大企業は子会社や系列会社に外注する割合が高いため，付加価値率は低くなる。アメリカ企業のように比較的自社加工度が高い場合は，付加価値率は高くなる。

　また，例えば業績が低迷している企業が，利益額を上積みするため，いわゆるリストラを断行するケースがあるが，一時的には利益額が改善されても，付加価値額に影響を及ぼすことはない。

　付加価値は企業が新たに生み出した価値であるから，算出過程にやや難点はあるものの，異業種間の比較も可能なので有用な指標である。

7　生　産　性

　付加価値は，例えば製造業と卸売業を比較すると，一般に製造業の方が大きくなるのが普通である。製造業は技術力や加工費を費やして生産活動を行うため高い付加価値を加えることが可能だからである。このように業種・業態によって付加価値に差が出る場合は，一人あたりの付加価値をみる労働生産性の指標が有効である。

　生産性とは，生産活動に投入された生産要素が，財・サービスの生産にどれだけ貢献したかを示す指標である。資本について測られるのが資本生産性であり，労働について測られるのが労働生産性である。

　生産性が高まれば経営効率が高まるので収益性も高まる。生産性は競争力の根源でもあるから，企業成長の指標ともなりうる。

5　事例－研究開発費の割合が高い製薬業界

　研究開発費が極めて大きな割合を占める製薬会社は，製品（新薬）が市場に出るまで長い期間を要する反面，市場導入後は特許で守られるためハイリスクな業界ともいわれている。近年，効率よく研究成果を取り入れようとM＆Aを繰り返し規模の拡大を図っている。業界大手3社の有価証券報告書をもとに，簡単な経営比較をしてみよう。上述のように，市場占有率，製品品質，顧客満

足度，ブランド，社会貢献度，環境経営などの質的，非財務的評価についての検討が不可欠であるが，ここでは項目を絞ってみてみよう。

データからも明らかなように，武田製薬の売上高は他社に比べて飛び抜けて高い。研究開発費の売上高に占める割合が高いといわれる製薬業界にあって，その割合は他社と比べてもほとんど変わらない。しかし，売上高に占める付加価値の割合，すなわち付加価値率は他社に比べて明らかに高い割合を示している。各社とも莫大な研究開発費を投じているものの，より確実に成果に結び付けていることを表している。特に注目されるのは労働生産性の高さである。これは競争力の根源でもあり武田製薬の強い成長性をうかがわせるものである。

●図表5－2　製薬会社大手3社の経営比較

	武田薬品	アステラス製薬	第一三共
23年度売上高（百万円）	1,508,932	969,387	938,677
売上伸び（23／22年度％）	106.3	101.6	97.0
23年度営業利益（百万円）	265,027	131,519	98,202
営業利益伸び（23／22年度％）	72.2	110.4	80.4
23年度経常利益率（％）	17.9	13.9	8.1
23年度研究開発費／売上高（％）	18.7	19.6	19.7
23年度付加価値額（百万円）	400,556	233,688	191,408
23年度付加価値額／売上高（％）	26.5	24.1	20.4
従業員数（人）	6,565	5,836	5,908
労働生産性（付加価値額／従業員数（百万円））	61.01	40.04	32.4

（出典）　各社有価証券報告書の連結財務諸表より作成。
（注）　表中の付加価値額には租税公課と減価償却費は含まれていない。

【参考文献】

青木茂男『要説　経営分析』4訂，森山書店，2012年。
森田松太郎『ビジネスゼミナール　経営分析入門』4版，日本経済新聞出版社，2009年。

（大坂　良宏）

第6講

CVP分析

1．CVP分析の概要

　企業内部者が行う自社の利益管理手法。原価（cost）・営業量（volume）・利益（profit）を分析。
　損益分岐点（Break-Even Point）…収益（売上高などの営業量）と費用とが等しくなる点であり，利益がゼロとなる売上高水準。
　変動費…営業量の増減に応じて比例的に増減する原価要素
　固定費…営業量の増減にかかわらず変化しない原価要素
　限界利益（または貢献利益）…売上高から変動費を差し引いた利益。限界利益から固定費を差し引いて営業利益が算定される。
　限界利益率（限界利益／売上高）…売上高に占める限界利益の割合
　変動費率（変動費／売上高）…売上高に占める変動費の割合

2．手　　法

　損益分岐点分析とは，狭義では，損益分岐点の売上高，売上数量の算定を目的とした分析を意味する。

① 損益分岐点売上高 = $\dfrac{\text{固定費}}{1 - \dfrac{\text{変動費}}{\text{売上高}}} = \dfrac{\text{固定費}}{1 - \text{変動費率}} = \dfrac{\text{固定費}}{\text{限界利益率}}$

② 損益分岐点売上量 = $\dfrac{\text{固定費}}{\text{販売単価} - \text{単位当たり変動費}} = \dfrac{\text{固定費}}{\text{単位当たり限界利益}}$

③ 目標利益額を得るための売上高 = $\dfrac{\text{固定費} + \text{目標利益額}}{1 - \dfrac{\text{変動費}}{\text{売上高}}} = \dfrac{\text{固定費} + \text{目標利益額}}{\text{限界利益率}}$

④ 目標利益額を得るための売上量 = $\dfrac{\text{固定費} + \text{目標利益額}}{\text{販売単価} - \text{単位当たり変動費}} = \dfrac{\text{固定費} + \text{目標利益額}}{\text{単位当たり限界利益}}$

⑤ 目標利益率を得るための売上高 = $\dfrac{\text{固定費}}{1 - \left(\dfrac{\text{売上高}}{\text{変動費}} + \text{目標利益率}\right)} = \dfrac{\text{固定費}}{1 - (\text{変動費率} + \text{目標利益率})}$

⑥ 安全余裕率 = $\dfrac{\text{売上高} - \text{損益分岐点の売上高}}{\text{売上高}} \times 100$　　⑦ 損益分岐点比率 = $\dfrac{\text{損益分岐点売上高}}{\text{売上高}} \times 100$

⑧ オペレーティング・レバレッジ係数 = $\dfrac{\text{限界利益}}{\text{営業利益}}$

3．経営全体の中でのCVP分析の位置づけと説例によるシミュレーション

　CVP分析は，企業の短期利益計画策定のときに用いられ，企業のコスト・ビヘイビア（cost behavior）を把握した上で，原価・営業量・利益の関係を分析して，企業の採算点を明らかにし，将来の経営計画に役立てようとするものである。

1 CVP分析の概要

　企業の経営管理者が自社の利益計画を考える場合，原価（cost）・営業量（volume）・利益（profit）の関係を十分に分析して利益管理を行う必要がある。この分析をCVP（Cost Volume Profit）分析という。基本的なCVP分析では，損益分岐点の売上高もしくは売上量を計算する。損益分岐点（Break-Even Point）とは，収益（売上高などの営業量）と費用とが等しくなる点であり，利益がゼロとなる売上高水準である。この関係の分析を損益分岐点分析という。CVP分析に用いる原価とは，変動費と固定費を意味する。変動費とは，営業量の増減に応じて比例的に増減する原価要素である。これに対して，固定費とは，営業量の増減にかかわらず変化しない原価要素である。売上高から変動費を差し引いた利益を限界利益（または貢献利益）という。限界利益から固定費を差し引いて営業利益が算定される。売上高に占める限界利益の割合を限界利益率（限界利益／売上高）という。また，売上高に占める変動費の割合を変動費率（変動費／売上高）という。上記の関係を損益計算書に示すと図表6-1のようになる。

●図表6-1　損益計算書

売上高	×××
変動費	×××
限界利益	×××
固定費	×××
営業利益	×××

　損益分岐点図表は，原価・営業量・利益の関係を総合的に表した図表で，図表6-2のように示される。横軸に営業量，縦軸に収益・原価を設定する。そして原点から45度のところに売上高線をひく。売上高線と総費用線が交わった点が損益分岐点である。総費用線は固定費のうえに変動費をのせて設定されている。

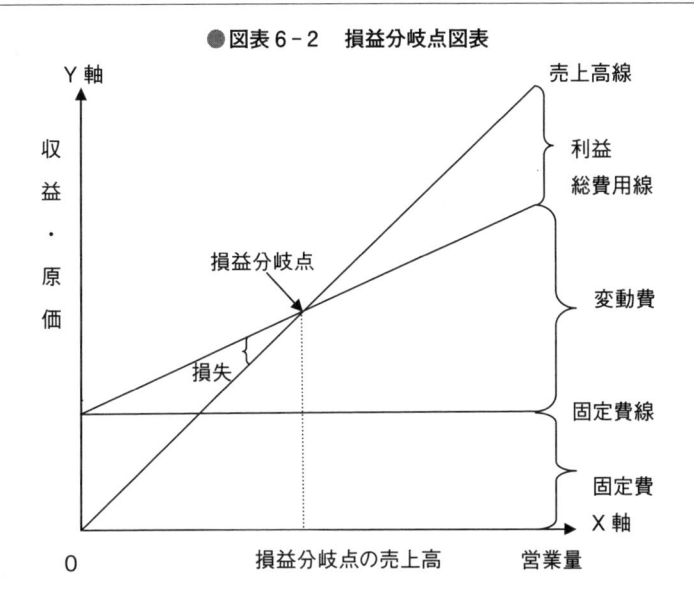

●図表6-2　損益分岐点図表

[図表：横軸に営業量（X軸）、縦軸に収益・原価（Y軸）をとり、売上高線、総費用線、固定費線を描き、売上高線と総費用線の交点を損益分岐点とする。交点より左下の領域が損失、右上が利益。総費用線は変動費と固定費からなる。]

1　変動費と固定費の分解

　ＣＶＰ分析を行うには，費用を営業量の増減に応じて比例的に増減する原価要素である変動費（variable costs）と営業量の増減にかかわらず変化しない原価要素である固定費（fixed costs）とに分解する必要がある。費用を固定費と変動費に分解する方法には，勘定科目法，総費用法，統計的方法（最小二乗法）などがある。

　勘定科目法とは，損益計算書の費目についてひとつひとつ検討して変動費か固定費に分解する方法である。勘定科目法は，粗さはあるが最も簡便な方法なので実務的には有用な方法である。

　総費用法は，2期間の売上高と総費用を比較して，変動費と固定費を求める方法である。2期間のデータだけで費用を分解するので，この2期間に販売価格や固定費の額などに大きな変動がない場合に適用できる。

　統計的方法（最小二乗法）では，一定期間（1年間）の総費用（Y）を1次式 $Y = aX + b$ であらわし，aは（傾き）変動費率を，bは（切片）固定費を表す。また，Xは売上高をあらわし，nはその月数を示す。

$$a\ (変動費率) = \frac{\Sigma X \Sigma Y - n\Sigma XY}{(\Sigma X)^2 - n\Sigma X^2}$$

$$b\ (固定費) = \frac{\Sigma Y - a\Sigma X}{n}$$

2 損益分岐点図表

損益分岐点図表は，原価・営業量・利益の関係を総合的に表した図表で，図表6-3・図表6-4のように示される。図表6-3では，横軸に営業量，縦軸に収益・原価を設定する。そして原点から45度のところに売上高線をひく。Y軸上の切片bのところにX軸の営業量と平行して固定費線がひかれる。総費用線は，固定費線のうえに傾きa（変動費率）の角度で変動費線がひかれる。

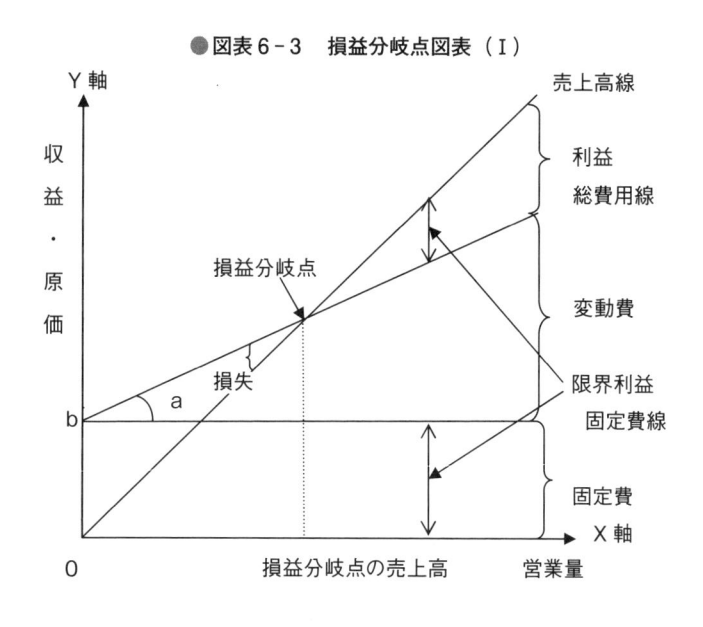

●図表6-3　損益分岐点図表（Ⅰ）

●図表 6-4　損益分岐点図表（Ⅱ）

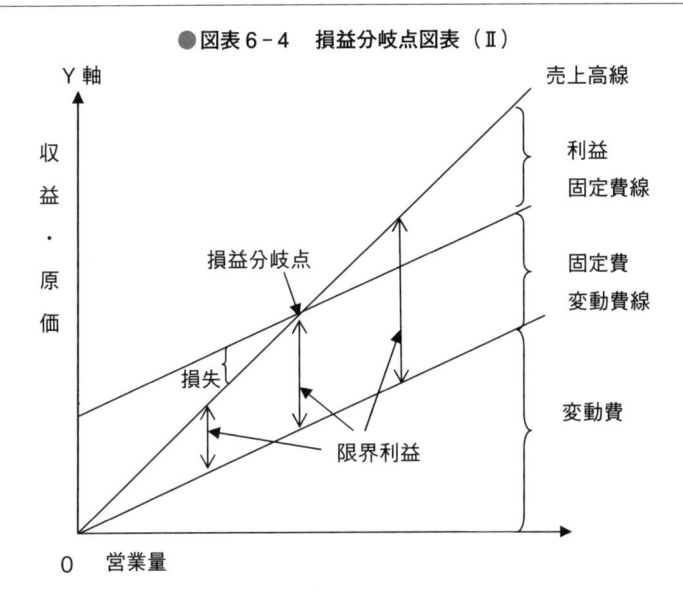

　図表 6-3 の損益分岐点図表（Ⅰ）では，限界利益が分離されてはっきりしない。そこで変動費線を先にひき，そのうえに平行して固定費線をひくと図表 6-4 のように限界利益が明示されやすくなる。売上高から変動費を差し引いたものが限界利益であるので，売上高線と変動費線との挟まれた部分の縦の長さが限界利益をあらわす。損益分岐点では，限界利益＝固定費であることがわかる。また，損益分岐点より右の領域では限界利益が固定費を上回る部分が利益となることをあらわし，損益分岐点より左の領域では限界利益が固定費の一部を回収できているが，回収しきれていない部分が損失としてあらわされる。

2　手　　法

1　損益分岐点分析

　損益分岐点分析とは，狭義では，損益分岐点の売上高，売上数量の算定を目的とした分析を意味する。

1 損益分岐点の売上高

売上高＝変動費＋固定費＋営業利益　　　-----　①　式　　である。

次のように記号を定めると

S：売上高　　　　　　　　　　　P：販売単価

V：変動費（V＝v_1・S）　　　　X：売上量

V_1：変動費率（$V_1 = \dfrac{変動費}{売上高}$）　　　V_2：製品単位当たり変動費（$V_2 = \dfrac{変動費}{売上量}$）

F：固定費

g：営業利益

上記①式を記号であらわすと①式は，S＝V＋F＋gとなる

損益分岐点では，営業利益＝0であるから，

　売上高＝変動費＋固定費　となる。

　　したがって，S＝V＋Fとなる。V＝v_1・Sとおくと

　　　　S＝v_1・S＋F

　　　　S－v_1・S＝F

　　　　S（1－v_1）＝F

　　　　S＝$\dfrac{F}{1-v_1}$

したがって，上記の記号を文字式であらわすと損益分岐点における売上高は，次のように表せる。

損益分岐点売上高＝$\dfrac{固定費}{1-\dfrac{変動費}{売上高}}$＝$\dfrac{固定費}{1-変動費率}$

1－変動費率＝限界利益率とすると，

損益分岐点売上高＝$\dfrac{固定費}{限界利益率}$　と表せる。

2 損益分岐点の売上量

売上高＝変動費＋固定費＋営業利益　　-----　① 式

①式の売上高を売上高＝販売単価×売上量とすると②式のようになる。

販売単価×売上量＝単位当たり変動費×売上量＋固定費＋営業利益

------ ② 式

上記②式を記号であらわすと次のようになる。

P・X＝v₂・X＋F＋g

損益分岐点では，営業利益＝0であるから，

P・X＝v₂・X＋Fとなる。

X（P－v₂）＝F

$$X = \frac{F}{P - v_2}$$

したがって，文字式であらわすと損益分岐点における売上量は，次のように表せる。

$$損益分岐点売上量 = \frac{固定費}{販売単価 - 単位当たり変動費}$$

また，販売価格－単位当たり変動費＝単位当たり限界利益とすると

$$損益分岐点売上量 = \frac{固定費}{単位当たり限界利益} \quad となる。$$

② 目標利益額を得るための売上高・売上量

1 目標利益額を得るための売上高

企業が計画した目標利益を得るためには，いくらの売上高を獲得すればよいのか。

売上高＝変動費＋固定費＋営業利益　-----　①式　であるので，

①式を変形すると次のような公式を導き出せる。

$$目標利益額を得るための売上高 = \frac{固定費 + 目標利益額}{1 - \dfrac{変動費}{売上高}} = \frac{固定費 + 目標利益額}{限界利益率}$$

61

2 目標利益額を得るための売上量

同様に,企業が計画した目標利益を得るためには,いくらの売上量を獲得すればよいのか。

販売単価×売上量＝単位当たり変動費×売上量＋固定費＋営業利益　------② 式　であるので,

②式を変形すると次のような公式を導き出せる。

目標利益額を得るための売上量＝

$$\frac{固定費＋目標利益額}{販売単価－単位当たり変動費}＝\frac{固定費＋目標利益額}{単位当たり限界利益}$$

③ 目標利益率を得るための売上高

企業が計画した目標利益率を獲得するためには,いくらの売上高を達成すればよいのか。それは,次の公式から求めることができる。

目標利益率を得るための売上高＝

$$\frac{固定費}{1－\left(\dfrac{売上高}{変動費}＋目標利益率\right)}＝\frac{固定費}{1－(変動費率＋目標利益率)}$$

4 安全余裕率と損益分岐点比率

1 安全余裕率

安全余裕率は,現在の売上高が損益分岐点の売上高をどの程度上回っているかを示す指標である。安全余裕率は次のような式であらわすことができ,安全余裕率が高ければそれだけ安全性が高いことを意味する。

$$安全余裕率＝\frac{売上高－損益分岐点の売上高}{売上高}×100$$

2 損益分岐点比率

損益分岐点比率は,現在の売上高に対する損益分岐点の売上高の割合を示す指標である。具体的には,損益分岐点の売上高を現在の売上高で割ることによって,求められる。

$$損益分岐点比率 = \frac{損益分岐点売上高}{売上高} \times 100$$

損益分岐点比率が低いほど，現在の売上高は損益分岐点と比べて大きいことになるので，経営は良好な状態にあるということになる。

5 オペレーティング・レバレッジ

オペレーティング・レバレッジとは，売上高が少し変化すると利益が大きく変化する現象を意味し，これは固定費の存在と密接に関連している。総原価に占める固定費の割合の高い事業は，売上高の変化による利益の影響度合いが高い。オペレーティング・レバレッジの大きさは，オペレーティング・レバレッジ係数と呼ばれ，次の式で測定される。

$$オペレーティング・レバレッジ係数 = \frac{限界利益}{営業利益}$$

3 経営全体の中でのＣＶＰ分析の位置づけと説例によるシミュレーション

ＣＶＰ分析の経営全体の中での位置づけは，企業の短期利益計画策定のときに用いられる。ＣＶＰ分析は，企業のコスト・ビヘイビア（cost behavior）を把握した上で，原価・営業量・利益の関係を分析して，企業の採算点を明らかにし，将来の経営計画に役立てようとするものである。通常，ＣＶＰ分析は経営管理の視点で分析されるが，外部経営分析の視点でもとらえることができる。その際，原価構造の把握によって，損益の変化を分析する。

また，原価構造から企業の特質を理解する。たとえば，固定費が小さく変動費率が高い卸売業・小売業の場合，売上高が変化しても利益の変化はそれほど大きくない。一方，固定費が大きく変動費率が低い装置型産業は，売上高の変化によって利益に与える影響が大きくなる。

第2部　企業成長力（製品力・販売力・資金力）と経営分析

説例によるシミュレーション

次の説例により費用分解し，変動費・固定費を求め，その後ＣＶＰ分析を行いなさい。

〔説例１〕　以下の各期におけるＸ（売上高）とＹ（総費用）のデータにもとづいて，変動費率と固定費を求めなさい。

Ⅰ期　　　　　　　　　Ⅱ期　　　　　　　　　Ⅲ期　　単位：万円

月	X（売上高）	Y（総費用）	月	X（売上高）	Y（総費用）	月	X（売上高）	Y（総費用）
1	18,800	14,000	1	19,100	14,300	1	20,000	14,200
2	23,300	15,800	2	23,800	16,100	2	24,900	16,000
3	22,900	19,900	3	23,400	20,300	3	24,400	20,200
4	26,300	18,700	4	26,900	19,100	4	28,200	19,700
5	22,300	18,100	5	22,800	18,500	5	23,900	18,400
6	22,000	19,000	6	22,500	19,400	6	23,600	18,800
7	26,300	21,500	7	26,900	22,100	7	28,200	21,400
8	30,800	24,600	8	31,500	25,100	8	31,000	24,300
9	30,300	21,100	9	30,900	21,500	9	30,000	20,800
10	29,000	21,300	10	29,600	21,800	10	30,000	21,100
11	30,200	23,100	11	30,900	23,600	11	31,200	22,800
12	37,000	23,800	12	37,700	24,200	12	38,000	23,400
計	319,200	240,900	計	326,000	246,000	計	333,400	241,100
変動費率		％	変動費率		％	変動費率		％
固定費		万円	固定費		万円	固定費		万円

Ⅰ期における変動費率と月次の固定費を最小二乗法で求めると次のようになる。

a（変動費率）$= \dfrac{\Sigma X \Sigma Y - n \Sigma XY}{(\Sigma X)^2 - n \Sigma X^2} = 0.532456$

b（固定費）$= \dfrac{\Sigma Y - a \Sigma X}{n} = 5,911.67$万円

Ⅱ期・Ⅲ期も同様に求めると各期の変動費率と月次の固定費は，次のようになる。

変動費率	53.2456 ％	変動費率	53.1232 ％	変動費率	52.1203 ％
固定費	5,911.67万円	固定費	6,068.21万円	固定費	5,610.92万円

第6講 CVP分析

〔説例2〕 設例1の費用分解のデータにもとづいて,分析データを完成させ,その後CVP関係分析を行いなさい。

分析データ　　　　　　　　　　　　　　　　　　　　　　　単位:万円

	Ⅰ期	Ⅱ期	Ⅲ期
売上高			
変動費			
限界利益			
固定費			
営業利益			
目標利益	90,000	95,000	100,000

CVP関係分析

限界利益率			
損益分岐点売上高			
損益分岐点比率			
安全余裕率			
目標利益を達成する売上高			

説例2の解説

Ⅰ期における変動費,固定費,限界利益,営業利益を求めると次のようになる。

変動費＝変動費率×売上高＝53.2456％×319,200万円＝169,960万円

固定費＝5,911.67万円×12か月＝70,940万円

限界利益＝売上高－変動費＝319,200万円－169,960万円＝149,240万円

営業利益＝限界利益－固定費＝149,240万円－70,940万円＝78,300万円

Ⅱ期・Ⅲ期も同様に変動費,固定費,限界利益,営業利益を求めると次のような分析データとなる。

分析データ　　　　　　　　　　　　　　　　　　　　　　　単位:万円

	Ⅰ期	Ⅱ期	Ⅲ期
売上高	319,200	326,000	333,400
変動費	169,960	173,183	173,769
限界利益	149,240	152,817	159,631
固定費	70,940	72,819	67,331
営業利益	78,300	79,998	92,300
目標利益	90,000	95,000	100,000

また，Ⅰ期における限界利益率，損益分岐点売上高，損益分岐点比率，安全余裕率，目標利益額を得るための売上高を求めると次のようになる。

$$限界利益率 = \frac{限界利益}{売上高} \times 100 = \frac{149,240万円}{319,200万円} \times 100 = 46.75\%$$

$$損益分岐点売上高 = \frac{固定費}{1 - \dfrac{変動費}{売上高}} = \frac{固定費}{1 - 変動費率} = \frac{固定費}{限界利益率}$$

$$= \frac{70,940万円}{46.75\%} = 151,743万円$$

$$損益分岐点比率 = \frac{損益分岐点売上高}{売上高} \times 100 = \frac{151,743万円}{319,200万円} \times 100 = 47.54\%$$

$$安全余裕率 = \frac{売上高 - 損益分岐点の売上高}{売上高} \times 100$$

$$= \frac{319,200万円 - 151,743万円}{319,200万円} \times 100 = 52.46\%$$

$$目標利益額を得るための売上高 = \frac{固定費 + 目標利益額}{限界利益率}$$

$$= \frac{70,940万円 + 90,000万円}{46.75\%} = 344,257万円$$

Ⅱ期・Ⅲ期も同様に限界利益率，損益分岐点売上高，損益分岐点比率，安全余裕率，目標利益額を得るための売上高を求めると次のようになる。

CVP関係分析

限界利益率	46.75%	46.88%	47.88%
損益分岐点売上高	151,743万円	155,331万円	140,624万円
損益分岐点比率	47.54%	47.65%	42.18%
安全余裕率	52.46%	52.35%	57.82%
目標利益を達成する売上高	344,257万円	357,976万円	349,480万円

【参考文献】

青木茂男『要説　経営分析　四訂版』　森山書店，2012年。
大津広一『戦略思考で読み解く経営分析入門―12の重要指標をケーススタディで理解する―』　ダイヤモンド社，2009年。
岡本　清『原価計算　六訂版』国元書房，2000年。
小沢　浩『詳解　コストマネジメント』同文舘出版，2011年。
加登　豊編『インサイト管理会計』中央経済社，2008年。
櫻井通晴『管理会計　第五版』中央経済社，2012年。
建部宏明・山浦裕幸・長屋信義『基本管理会計』同文舘出版，2011年。
田中　弘『監査役のための「早わかり」シリーズ　経営分析　―監査役のための「わが社の健康診断」―』税務経理協会，2012年。
橋本義一・飯島康道編著『Excelで学ぶ会計情報システム』創成社，2001年。
森田松太郎『ビジネスゼミナール経営分析入門』日本経済新聞出版社，2009年。

（飯島　康道）

第7講

収益性分析

1．収益性分析とは

① 資本利益率：貸借対照表と損益計算書が分析対象となる。
② 売上高利益率：損益計算書の期間成果の分析を行う。

2．時代とともに変わる収益性指標の重要度

① 拡大経営期（1950～1990年）：売上高・利益
② 株主価値経営（1990～2007年）：ＲＯＡ，ＲＯＥなど効率性指標，売上高，利益，コスト削減

3．利益の種類によって異なる収益性の見方

① 伝統的な利益：営業利益，経常利益，（税引前および税引後）当期利益
② 新しい利益：税引後営業利益（ＮＯＰＡＴ），経済的付加価値（ＥＶＡ®）(注)，税引前・金利・減価償却費控除前利益（ＥＢＩＴＤＡ），ＩＦＲＳ（国際会計基準による）包括利益
　(注) ＥＶＡ®：Economic Value Added 米スターン スチュワート社の登録商標
③ 事業別・製品別に把握できる収益性指標（売上高・営業利益）

第7講 収益性分析

1 収益性とは

　収益性分析は、古くから企業の経営状態を評価する方法として用いられてきた。これは、主に財務諸表（損益計算書および貸借対照表）を中心にして、経営成果を分析するものである。収益性分析方法には、①貸借対照表と損益計算書が分析対象となる「資本利益率」および②損益計算書の期間成果の分析を行う「売上高利益率」に分類される。

　　① 資本利益率＝利益／資本　　② 売上高利益率＝利益／売上高

　資本利益率の分析では、何を利益とするか、あるいは資本とするかで様々な組合せが考えられる。資本に関しては、総資本、経営資本（＝総資産－投資資産－繰延資産－遊休資産）、自己資本（株主資本）、資本金などのほか総資産を用いる場合があり、利益に関しては、営業利益、経常利益、純利益（税引前当期利益および税引後当期利益）、総利益などが用いられる。

　企業経営者の立場からの分析、株主・投資家の立場からの分析、アナリストの立場からの分析など、それぞれの立場の違いで、組み合わせが異なる。例えば、経営者は、営業活動の結果を評価するために、経営資本営業利益率（＝営業利益／経営資本）を重視する。株主・投資家の立場からは、収益性を把握するために、株主資本利益率（ＲＯＥ；Return on Equity＝税引後当期利益／自己資本）を重視する。また、株式の売買の基準として、1株当たり利益（ＥＰＳ；Earnings Per Share）や株価収益率（ＰＥＲ；Price Earnings Ratio＝株価／1株当たり利益）、株価純資産倍率（ＰＢＲ；Price Book value Ratio＝株価／1株当たり純資産）などが用いられる。

2 時代とともに変わる収益性指標の重要度

　高度成長からバブル期まで（拡大経営期）、企業は、成長率や市場シェアを経営目標に掲げていた。これは市場シェアを拡大し、売上を増加すれば利益が得られる経営環境にあったからである。1992年にバブルが崩壊し、長い停滞期

に入ると，右肩上がりの成長が期待できなくなり，売上高の目標が達成できない状況になった。いわゆる「集中と選択」の時代で，効率が重視されるようになる。1992年はＧＤＰがマイナス成長を記録し，日経平均株価が１万円台に暴落，銀行をはじめとする金融機関は，含み損がその経営を圧迫するとともに，安定株主の地位を維持できなくなり，持ち合い解消を図った。株式持ち合いが50％を割り込み，新たに株主として台頭してきたのが機関投資家と外国人株主である。(図表7－1参照)。

「東証要覧2010」によると，外国人投資家の株式保有比率は，1990年には4.7％，1995年には10.5％，2006年には28％まで増加することになった。現在，外国人投資家の株式保有比率は，サブプライム危機を発端に，2006年をピークに減少したが20％台を維持している。また，個別で企業を見ていくと，花王の外国人投資家の株式保有比率は，47.75％（「有価証券報告書」2012年３月31日現在），ＨＯＹＡは，53.81％（「有価証券報告書」2013年３月31日）と，外国人投資家が全体の半分近くを占めている。株主・投資家のなかには，株価の上昇を期待している一方，配当金を期待しているものもいる。このような株主・投資家は，今期の配当が決まる最終利益である当期純利益を重視しながら投資をしている。

この結果，企業経営者にとって，株主を意識した企業価値の最大化が最も重要なテーマとなった。「ＲＯＡ（Return On Asset＝利益／総資産）やＲＯＥといった効率性指標で企業や経営者を評価するというアプローチが一般化し，その後，資本コストの概念が実務的にも一般化していくにつれて，企業価値指標がそれにとって代わることとなった。わが国では，花王等を嚆矢として，現在でも高度な経営管理を実施しているとされる企業の多くでＥＶＡ®[1]（或いはその概念を自社流にアレンジした類似指標）が経営管理の代表的枠組みとして利用されている」[2]。

そこで，まず株主価値経営の中心的指標であるＲＯＡとＲＯＥについて説明する。ＲＯＡやＲＯＥを上げるためには，分子である利益を上げることが一番重要なことであるがこの利益率の式を分解することによって，さらにその企業が抱える問題点が見えてくる。ここではＲＯＡ及びＲＯＥの分解式について見ていく。

● 図表 7-1　日本の上場企業の株主構成の推移

上場会社の株主構成は大きく変わった

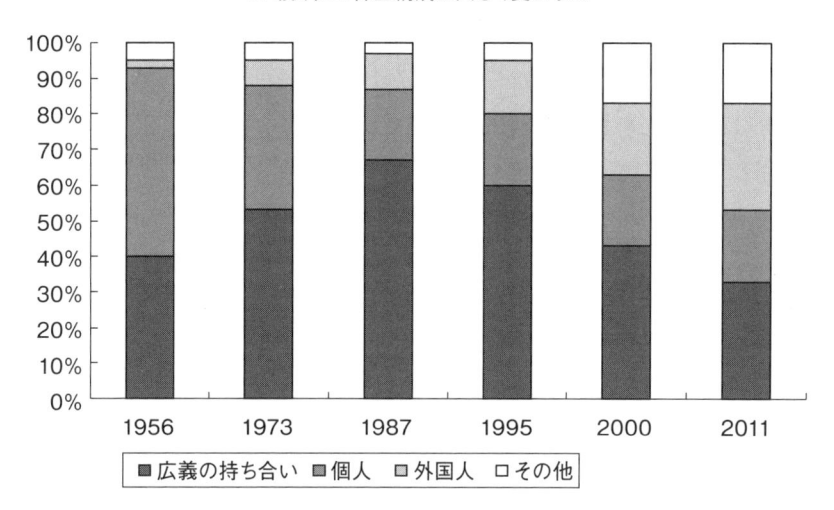

[グラフ：1956年、1973年、1987年、1995年、2000年、2011年の株主構成（広義の持ち合い、個人、外国人、その他）の推移を示す棒グラフ]

（出所）「東証などによる株式分布調査から作成，金融機関（信託銀行を原則除く）と証券会社，事業法人の合計を，広義の持ち合いとして集計」　出所　日本経済新聞2012年6月10日付　「経済史を歩く（4）山一日銀特融（1965年）法人資本主義の始まり」より筆者編集。

1　ROAの分解

　ROAを高めるためには，どのような方法があるか。まずは分子である利益を上げることが，ROAの上昇につながる。また，分母である総資産を圧縮することも，ROAの上昇にもつながる。このROAは，売上高利益率および総資産回転率に分解することができる。売上高利益率は，コスト削減を通じて，どのくらいの利益を生み出すことができたのか，つまり，収益性をみる経営指標として利用されている。勿論，時系列で把握することが重要である。また，総資産回転率は，企業が保有する資産が，売上高の拡大にどのくらい貢献したのか，すなわち，資産の有効利用度が示された経営指標として位置付けられている。

　ROAの数値が上昇した場合，もしくは低迷した場合，数式を分解することによって，収益性もしくは効率性のどちらの要因を受けたのか，その原因を探

ることが可能となる。収益性を示す売上高利益率が低いのであれば，これまで以上に売上高を拡大すること，そして無駄なコストが発生していないのか，を見直す必要がある。他方，効率性が悪いのであれば，無駄な資産はないのか，を洗い出す必要が生じてくる。以上から，ROAの数式を分解することにより，数値を改善するための施策が明確に見えてくる。

●図表7-2　ROAの分解式

$$\underset{\text{ROA}}{\frac{\text{利益}}{\text{総資産}}} = \underset{\text{売上高利益率}}{\frac{\text{利益}}{\text{売上高}}} \times \underset{\text{総資産回転率}}{\frac{\text{売上高}}{\text{総資産}}}$$

2　ROEの分解

続いて，ROEの分解式について見る。なぜ，ROEが上昇しているのか，もしくは，なぜROEが低迷しているのか。その要因を探る際，ROEを分解することにより，ROAと同様に，企業は，自社のROEの問題点などを探ることができる。ROEは，売上高利益率，総資産（総資本）回転率，財務レバレッジに分解される。つまり，ROEの式は，ROAと財務レバレッジに分解できる。

財務レバレッジとは，企業の負債の状況を把握するための有効的な経営指標の一つである。財務レバレッジは，総資本（総資産）÷自己資本により算出される。この財務レバレッジの数値が高い場合，巨額の借金を抱えている企業であると第三者から評価されることになる。そこで，A社とB社の財務レバレッジについて見ていく。A社は，総資本（総資産）が500，自己資本（≒純資産）が100と仮定する。この数値から，A社の財務レバレッジは5倍になる。他方，B社は，総資本（純資産）が500，自己資本（≒純資産）が350と仮定する。この数値から，B社の財務レバレッジは1.4倍になる。このことから，負債が少ないと財務レバレッジは低くなる。以上から，ROEは分解することによって，有利子負債の状況も把握することができる。ROEの数値が上昇した場合，分子である当期純利益，分母である自己資本の増減だけを見るのではなく，数式

を分解することにより,収益性,効率性,有利子負債の状況を把握することが重要となる。ここで注意しなければならないのは,財務レバレッジが急激に拡大することにより,ＲＯＥを上昇させることができることである。言い換えるのであるならば,借金を増やすことによってＲＯＥを高めることができる。このことから,なぜＲＯＥが増減しているのかを分解することによって,その要因を把握することは非常に大切なことになる。

●図表 7-3 ＲＯＥの分解式

$$\text{ROE} = \frac{\text{利益}}{\text{自己資本}} = \underbrace{\frac{\text{利益}}{\text{売上高}}}_{\text{売上高利益率}} \times \underbrace{\frac{\text{売上高}}{\text{総資産(総資本)}}}_{\text{総資産(総資本)回転率}} \times \underbrace{\frac{\text{総資本(総資産)}}{\text{自己資本}}}_{\text{財務レバレッジ}}$$

$$= \text{ROA} \times \text{財務レバレッジ}$$

●図表 7-4 Ａ社およびＢ社における財務レバレッジの比較

A 社		B 社	
総資産 500	負債 400	総資産 500	負債 150
	純資産(≒自己資本) 100		純資産(≒自己資本) 350

財務レバレッジ　Ａ社　500 ÷ 100 ＝ 5
　　　　　　　　Ｂ社　500 ÷ 350 ≒ 1.4

しかし,経営環境が大きく変化する中でも,企業の中期経営計画で経営目標として第一に掲げられてきたのは,ＲＯＥやＲＯＡではなく,伝統的な経営分析手法の売上高利益率だった。これは,拡大経営期はもちろん,株主価値経営期でも共通した経営目標となってきた。既に株主価値経営が全盛になっていた1998年1月5日に日経産業新聞が実施した「中期経営計画アンケート」調査でも,「売上高,利益などの規模」は圧倒的に経営計画の最重要ポイント(416ポイント)であり,第2位に「コスト削減」(307ポイント)で,「ＲＯＥ,ＲＯ

Aなど」は184ポイントで5位になっている。「今後重視するポイント」では、「ＲＯＥ，ＲＯＡなど」が1位（316ポイント）になっているが、「売上高，利益などの規模」も3位とはいえ、295ポイントでそれほどの大きな差は見られない。いつの時代（バブルでもデフレ環境下）でも、売上高と利益は、企業経営者だけでなく、株主にとっても最大の目標であり最大の関心事であった。

3 利益の種類によって異なる収益性の見方

単に利益といっても多くの種類がある。図表7-5に示すように、営業利益、経常利益、（税引前および税引後）当期利益といった伝統的な利益のほかに、税引後営業利益（ＮＯＰＡＴ）、それに資本コストを加味したＥＶＡ®、税引前・金利・減価償却費控除前利益（ＥＢＩＴＤＡ）やＩＦＲＳ（国際会計基準による）包括利益[3]がある。どの利益を基準に判断するか、これはなかなか難しい問題である。しかも、こうした利益はあくまで、企業単位であって、事業別・製品別に把握できるのは営業利益だけである。また、営業利益が黒字であっても、当期利益やＥＶＡ®が赤字になるケースも少なくない。

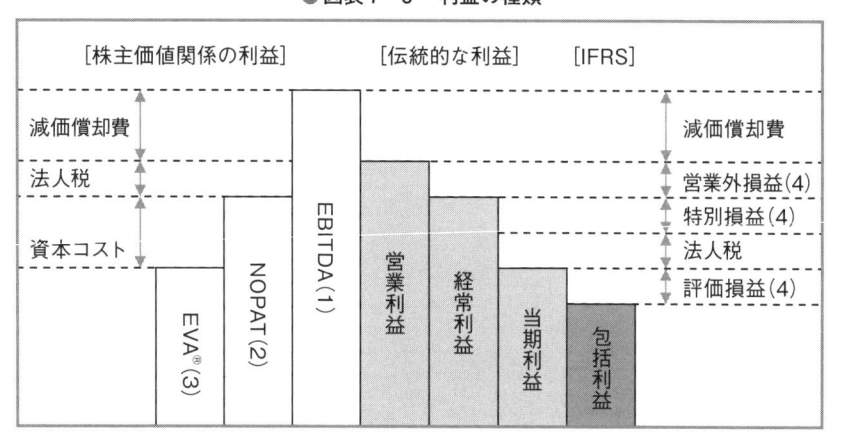

●図表7-5　利益の種類

(1) EBITDA：Earning Before Interest, Taxes, Depreciation and Amortization
(2) NOPAT：Net Operating Profit After Tax（税引後営業利益）
(3) EVA®：Economic Value Added（経済的付加価値）
(4) 営業外損益，特別損益，法人税，評価損益は，全て損失として表示している

典型的な事例がソニーの2010年度および2011年度の業績である（図表7-6参照)[4]。ソニーは2010年度の最終損益が大幅な赤字に陥ったが，営業利益は黒字で，税引前利益は2,050億円であった。当期利益だけが△2,596億円の大幅な赤字だった。2011年度は営業利益も赤字になったが，これは特別な要因によるものである。ソニーが独自に開示している調整後営業利益の内訳を見ると，この営業赤字の原因は，持分法適用子会社の損失と構造改革費用や長期性資産の減損に伴うもので，ソニー本体および連結子会社の営業利益が赤字にはなっていなかった。このことを明確にするためにソニーでは，営業利益から持分法による投資利益を控除し，リストラのために準備した構造改革費用や長期性資産の減損を戻し入れた調整後営業利益をわざわざ開示している。日本基準でも米国基準でも，これらの費用は営業経費に入れずに営業外とするのが一般的である。

　投資家から見ると当期利益を最も重視するが，当期利益を事業部別や製品別に把握することができず，経営目標に設定しにくい。しかも，図表7-6に注記されているように，「米国などにおける繰延税金資産に対する，現金支出をともなわない評価性引当金の計上など」が大きく影響している。したがって，事業部別・製品別に当期利益を把握しようとすると，一定の前提に基づく理論値にならざるを得ず，恣意的になる恐れもある。

　これに対して，売上高や営業利益は，事業部門別および製品別に明確に計算できる。したがって，売上高営業利益率は，各事業部門に対して目標を設定し，予算管理や実績フォローに活用することができる。当期利益や税引後営業利益（ＮＯＰＡＴ），経済的付加価値（ＥＶＡ®），株主資本，総資本などは，企業全体でしか把握することができない。企業経営者が，投資家の要請に応じて，各事業部門や製品部門に対してＲＯＥの目標を設定しても，それは理論値であって，事業部別ＲＯＥや製品別ＲＯＥは作られた目標に過ぎない。

第2部　企業成長力（製品力・販売力・資金力）と経営分析

● 図表7-6　ソニーの2011年度連結業績（ソニーＩＲ資料より）

	FY10	FY11	前年度比	前年度比(CC*)
売上高及び営業収入	71,813	64,932	△9.6%	△5%
営業利益	1,998	△673	-	
税引前利益	2,050	△832	-	
当社の株主に帰属する当期純利益	△2,596	△4,567	-	
普通株式1株当たり当社株主に帰属する当期利益(希薄化後)(円)	△258.66	△455.03	-	
営業利益	1,998	△673	-	-
控除；　持分法による投資利益	141	△1,217	-	
戻し入れ；構造改革費用	671	548	△18.3%	
戻し入れ；長期性資産の減損	-	293		
上記調整後利益	2,528	1,385	△45.2%	

ソニーは営業損益に加え，持分法による投資損益が，構造改革費用ならびに長期性資産による減損の影響を除いた調整後営業利益を用いて業績を評価しています。この開示は，米国会計基準に則っていませんが，投資家の皆様にソニーの営業概況の現状及び見通しを理解頂くための有益な情報を提供することによって，ソニーの営業損益に関する理解を深めて頂くために表示しているものです。

為替変動による業績への影響額		平均レート	FY10	FY11
売上高及び営業収入	約△3,357億円	1ドル	84.7円	78.1円
営業利益	約△317億円	1ユーロ	111.6円	107.5円
		その他通貨		/%の円高

*CCベース：円と現地通貨との間に為替変動がなかったものと仮定した試算ベース（Constant Currency Basis）

ハイライト
- 連結売上高は，為替の悪影響や東日本大震災及びタイの洪水の影響，ならびに先進国における市場環境の悪化などにより前年度に比べ減少
- 連結営業損益は，前述の減収要因に加え，持分法による投資損益の大幅な悪化などにより，前年度の利益に対し，当年度は損失を計上
- 米国などにおける繰延税金資産に対する評価性引当金計上により現金支出をともなわない税金費用の計上などにより，多額の当社株主に帰属する当期純損失を計上
- 2012年度の連結業績見通しに関しては，震災や洪水の影響から回復が見込まれるコンスーマープロダクツ＆サービス分野やプロフェッショナル・デバイス＆ソリューション分野を中心とした大幅な損益改善により，営業利益の計上を見込む

　ソニーの事例では，持分法適用子会社の損失，構造改革費用や長期性資産の減損などの開示方法に苦慮している様子がうかがえる。企業が営利企業である限り，事業別・製品別に業績を管理し，また，投資家が企業の成果をセグメント別に把握するためには，どうしても売上高営業利益率を収益性分析の中心に置かざるを得ない。規模拡大経営，株主価値経営から共通価値経営[5]へと大きく経営環境は変わっても，売上高営業利益率が最も重要な指標となっている。

【注】
1) ＥＶＡ®：Economic Value Added 経済的付加価値　米スターン スチュワート社の登録商標。
2) みずほコーポレート銀行産業調査部［2012／2／10］Mizuho Industry Focus Vol. 106「企業価値の拡大均衡に向けた経営管理の考え方」5ページ。

3) 包括利益 (Comprehensive Income):会計期間における貸借対照表上の純資産の増減の内,資本取引(株式発行による資金調達や配当金の支払いなど)によらないものを指します。「包括利益」は,「純利益(Net Income)」と「その他包括利益(Other Comprehensive Income)」によって構成され,「純利益」は会計期間における業績として解釈される一方,「その他包括利益」は期間業績に含めることが妥当でない純資産の増減であるといえます。(日立総合計画研究所「今を読み解くキーワード」)
4) 「ソニーは2009年3月期連結決算(米国会計基準=SEC基準)から,関連会社による収益を示す持分法投資損益を営業損益に計上する。ソニーでは前期まで連結純利益にのみ計上していたが,営業利益がグループの実力を示さず開示方法として不適切と判断した。SEC基準を採用する日本企業で初めての会計処理となる。今後,同様の処理を検討する動きが広がる可能性もある。」(「日本経済新聞」2008年7月17日15面)

　日本基準では,持分法による投資損益は,営業外損益に計上する。米国基準でも税引後損益に計上されるが,関連子会社の事業が親会社の製品販売や資材調達で強い関連がある場合を特例として持分法投資損益を営業損益へ計上することが認められている。この規定に基づきソニーはSECと協議を進め,2009年3月期決算から認められた。
5) マイケル・ポーター教授が2011年に「ハーバード・ビジネスレビュー」に発表した論文「共通価値の戦略(Creating Shared Value)」で,その「概念は,経済的価値を創造しながら,社会的ニーズに対応することで社会的価値も創造するとういアプローチであり,成長の次なる推進力となるだろう」という(「ハーバード・ビジネスレビュー」日本語版2011年6月)。

(正田　繁・森谷　智子)

第8講

流動性分析

1．流動性分析の意義

① 企業の持つ資金状態を分析する。
② 流動性の低下は，資金不足に陥り，黒字であっても倒産するリスクが高まる。
③ 流動性が高すぎると，この余剰資金は利益を生まないので収益性の問題が生じる。
④ 企業が安定的に発展してくためには，流動性を適正に保つことが求められる。

2．流 動 性

① 拡大経営期（1950～1990年）
　・運転資金，設備投資資金の調達は短期借入金に依存する比率が高い
　・バブル期（1987～1990年）は，土地を担保とした借入金が旺盛な資金需要を満たしていた。
② 株主価値経営期（1990～2007年）
　・キャッシュフロー経営の推進，資産の圧縮が行われ，間接金融から直接金融・コマーシャルファイナンスへのシフトが見られた。
③ 調和型・共通価値経営期（2008～）資金調達の基本原則を重視
　・設備投資などの長期資金：長期の資金調達（長期借入金，増資，社債，自己資本など）
　・運転資金などの短期資金：短期の資金調達（短期借入金，ファクタリングなどコマーシャルファイナンス）

3．不確実な時代における手元流動性の重要性

① 自由になる現金が手元にどれくらいあるかによって，事業を継続できるかどうかが決まってくる。
② 手元流動性は，企業の成長と進化のために役立つ。
③ リスク対応や将来成長のために，できる限り流動性（資金）を潤沢にしておく
④ 借入金よりも自己資本

1 流動性分析の意義

　企業の安全性を分析する方法には，短期支払能力を分析する「流動性分析」と，長期支払能力を分析する「財務安定性分析」とがある。

　流動性分析は，短期的に現金化できる現金・預金・有価証券だけに限定する場合と，短期的に現金化が必ずしもできない売掛債権，受取手形，在庫などを含める場合とがある。流動性が低下すると，資金不足に陥り，黒字であっても倒産するリスクが高まる。しかし，流動性が高すぎると，この余剰資金は利益を生まないので収益性の問題が生じる。企業が安定的に発展してくためには，この流動性を適正に保つことが求められる。

　企業の支払能力は，企業経営の重大な問題であり，流動性分析や財務安定性分析は，企業経営者にとって最も重要な分析指標である。しかし，この安全性の分析は，企業の中期計画の目標には掲げられることはほとんどない。それは次の用語解説から理解できる。

　ジェーケーエス経営研究所の流動性分析に関する用語解説によると，「景気が回復に向かう景気上昇期には，受取勘定や在庫が増え流動比率が向上することは，流動性が高いとみてよい。その時期には，受取勘定や在庫は短期に確実に現金化されるからである。しかし，景気下降期になって受取勘定や在庫が増え，流動比率が向上することは，かならずしも流動性が高いという根拠にはならない。その時期には，受取勘定の回収期日の延期や，在庫には短期には現金化しないデッド・ストックが含まれるからである。それらの流動資産は，運転資本の供給源ではなく，逆に需要源となり，資金不足の原因をなしてくる。かくて，受取勘定の年齢調査や在庫の中味を精査しなくては，流動性の実体はつかめない。また，景気上昇期には，銀行の預金準備率は高いので，銀行からの借入は容易であるから，酸性試験比率（当座比率）は余り重要性をもたない。景気下降期には，銀行の預金準備率は低下しているために，銀行借入はかならずしも容易でないので，流動比率よりは酸性試験比率（当座比率）が流動性の測定尺度として重要性をもってくる。このように，企業の環境の変化によって，諸財務比率の持つ意味は異なってくる」という。したがって，流動性分析指標

は企業の経営目標にはなりにくいとの事情がある。だからといって「短期支払能力を分析する」重要性がなくなったわけではない。

2 日本企業の流動性

　拡大経営期（1950～1990年）の日本企業の全体の状況を見ると，全産業の当座比率（平均73％）と流動比率（平均110％）は徐々に増加する傾向にあった。しかし，当座比率は100％以上で短期支払能力が安定しているとされており，かなり低い水準にあった。また，固定比率は平均234％でかなり高い水準にあり，自己資本比率も16％と低く，短期借入金で運転資金や設備投資が賄われていた。特にバブル期には，土地を担保とした短期借入金が，企業の売上やシェア拡大のための旺盛な資金需要を満たしていた。

　株主価値経営期（1990～2007年）のバブル崩壊（1991年）直後に当座比率が70％を割り込み，固定比率は241％まで急上昇した。しかし，1998年以降徐々に改善され，当座比率は77％（2007年）まで回復し，短期支払能力もバブル期の水準にまで戻ったが，安定的な水準には達していなかった。固定比率も2007年に159％まで改善し，自己資本比率も24％となった。これは，株主価値経営においては，キャッシュフロー経営や資産の圧縮が求められ，資金調達の方法も，短期銀行借入に依存できなくなってきたこともあり，社債や増資などによる直接金融や，ファクタリングなど資産の流動化などによるコマーシャルファイナンスが行われるようになったと考えられる。

　間接金融から直接金融への流れは，法人企業統計（全産業合計）からも明らかになっている。拡大経営期の末期1990年では，間接金融（長期借入金と短期借入金の合計）の残高が426兆円に対して，直接金融（社債と資本金の合計）残高は269兆円であったが，株主価値経営期の2005年では，間接金融が430兆円に対して直接金融が454兆円と逆転している。また，売掛金や棚卸資産は1990年以降ほぼ横ばいで推移しており，コマーシャルファイナンスの活用の影響も見ることができる。

　リーマンショックの2008年以降の調和型・共通価値経営期になると，当座比率80％，流動比率129％まで高まり，短期支払能力はさらに改善されている。

リーマンショック後もバブル崩壊直後のように固定比率が急上昇することはなく，160％（拡大経営期の3分の2程度）にまで低下し，自己資本比率は35％（拡大経営期の2倍）に達している。日本企業は，流動性分析から見る限り，短期支払能力と長期安定性を備えつつあるといえよう。

バブルやリーマンショックの反省の面もあって，設備投資などの長期の資金需要は，長期の調達（長期借入金，社債，自己資金，増資）で対応し，運転資金などの短期の資金需要は短期の資金調達（自己資金，短期借入金，ファクタリングなどコマーシャルファイナンス）で賄うとの資金調達の基本に立ち返ったと考えられる。日本企業は，グローバルビジネス展開，事業構造改革，低炭素社会の実現，事業継続など，長期的な戦略でなければ実現できない問題に直面するようになった。日本企業が手元流動性を潤沢に確保し，自己資本比率を高めた背景にはこのような事情もあった。

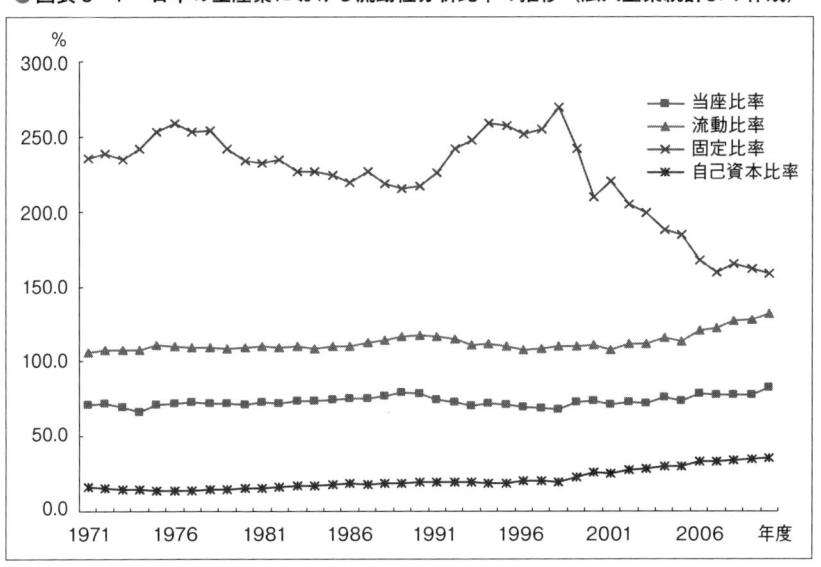

● 図表8-1　日本の全産業における流動性分析比率の推移（法人企業統計より作成）

3 不確実な時代における手元流動性の重要性

　変化が激しく，不確実な時代において最も頼りになるのは手元資金である。実際に東日本大震災の後，企業の手元資金（現預金と短期保有の有価証券などの合算）は過去最高を記録し，上場企業の2011年3月末残高は52兆円に達した（前年同期比4％増）[2]。危機の中では，通常時とは異なる視点での分析が必要となる。自由になる現金が手元にどれくらいあるかによって，事業を継続できるかどうかが決まってくる。図表8-2は企業規模別の手元流動性の推移である。やはり中小企業の比率が高く，年々，増加している。不安定な時代を反映して，なるべく多く手元資金を持つ傾向がこの資料にも現れている。

●図表8-2　規模別主要財務営業比較表　手元流動性の推移（除く金融業，保険業）

資本金 (百万円)	10未満	10〜100	100〜1,000	1,000以上	計
2006年	10.8	13.4	9.5	7.6	10.3
2007年	13.2	12.8	7.9	7.1	9.8
2008年	13.6	15.2	8.2	7.9	11.1
2009年	14.5	16.8	9.3	10.2	12.9
2010年	15.8	17.5	9.2	10.5	13.3

（出所）　法人企業統計調査結果（平成22年度）

　（株）ファイバーゲート（2003年設立）の代表取締役である猪又氏は，日本中小企業ベンチャービジネスコンソーシアム[4]講演会の中で次のように述べている。「経営ポリシーはキャッシュを厚くすることだ。今必要がなくても，銀行がカネを貸してくれるなら，借りておき，いつでも資金を潤沢にしておくべきだ」。

　長寿企業に関する「永続する企業（Living Company）」の著者アーリー・デ・グース教授も同じようなことを言っている。彼によれば，長寿企業の特徴の1つは「資金調達に保守的である」という。「‥‥‥リビング・カンパニー（長寿企業のこと）は，危険な資金調達をしていなかった。これらの企業は，

貨幣の意味を昔ながらの解釈方法で理解していた。つまり，現金を余分に貯えておくことの有益さを知っていたのだ。手元に資金があったために，競争相手には不可能な戦略を選択することができた。自分たちが追求したいと考えるビジネス機会がいかに魅力的なものであるかを，第三者である出資者に納得させる必要はなかった。貯えていた資金を使って，自社の成長と進化を自分たちの手でコントロールできたのである」[5]。つまり，十分な流動性の確保は，この不確実な時代にあって最優先課題であり，また企業の成長と進化のためにも役立つのである。

　こうした考え方は，実際の経営計画の場面でも見られる。「エプソンは2016年3月期末までに実質無借金経営を目指す。連結有利子負債を12年6月末比35％減の1500億円程度まで削減。一方で手元資金を1500億円程度と，負債と同額の水準に積み増す。財務を改善し，欧州景気の減速や円高など今後の経営循環の悪化に備える。・・・今後の収益環境が不透明になってきているとみて，有利子負債の削減と手元資金の積み増しの面から，財務の改善にカジを切る」[6]。

　このように流動性（資金）を潤沢にしておくべきだが，できれば，返済期限のある借入金よりも，返済の必要のない自己資本を厚くしておきたい。そこで重要な指標となるのが自己資本比率である。

　自己資本比率は一般的に，製造業で40％以上，流通業で20％以上が安全といわれている。日本における1千万円以上の資本金の中堅企業から大企業の自己資本比率は30％から40％である。欧米諸国の中堅企業（欧州：売上高700万～4000万ユーロ，米国：総資産500万～2,500万ドル）の自己資本比率は，米国43.3％，フランス36.9％，イタリア26.8％，ドイツ29.0％で，これらの諸国と比較しても遜色ないレベルに達している。しかし，資本金1千万円未満の日本の小企業の自己資本比率は10％前後で推移しており，借金に依存する体質が鮮明になっている。欧米諸国の小企業（欧州：売上高700万ユーロ未満，米国：総資産500万ドル未満）の自己資本比率は，米国37.6％，フランス36.9％，イタリア27.9％，ドイツ20.1％であり，これらと比較しても日本の小企業の自己資本比率の低さが際立っている[7]。（図表8-3）

　日本の小企業は，全企業の売上高の7.7％を占め，従業員の17.3％を雇用しており，日本経済における重要な地位を占めている。こうした小企業が廃業や

倒産している現実は，けっして好ましいものではない。財務体質が弱い小企業の自己資本比率は50％以上，できれば70％以上欲しいところである。特に，今後の日本の経済発展には資本金1千万円未満の小企業の役割は欠かせない。「スモール・イズ・ビューティフル」という時代にあって，自己資本比率を高めることが日本の小企業政策に求められる課題である。

●図表8－3　自己資本比率の推移　法人企業統計調査結果（平成22年度）

区分	年度	2006	2007	2008	2009	2010
産業別	全産業（除く金融・保険）	32.8	33.5	33.9	34.5	35.6
	製造業	43.8	43.8	42.3	43.7	44.3
	非製造業	27.7	28.5	30.4	30.6	32.0
	金融業，保険業	-	-	4.5	5.4	5.0
資本金別	10億円以上	39.4	39.3	40.8	42.4	42.8
	1億円以上10億円未満	29.0	31.5	32.9	34.9	34.8
	1千万円以上1億未満	29.0	29.6	29.6	27.8	31.8
	1千万円未満	9.9	11.5	11.4	9.6	5.7

4　流動性分析に関する各種指標

　流動性分析には，多くの指標が用いられている。それぞれ比率には特徴があって，企業の流動性を一つの指標で表すことは困難である。流動性を分析する目的に応じた指標の活用が必要である。流動性分析に関する指標の特徴と詳細な計算方法については，安全性分析と重複する指標が用いられるので，次講で解説する。

【注】
1)「日本経済新聞」2011年5月15日付朝刊。
2) 日本経営分析学会編［2005］『経営分析事典』6～7ページ，税務経理協会。
3) 日本中小企業・ベンチャービジネスコンソーシアムは，中小企業の経営革新，ベンチャービジネスの成長のため，学術・研究および会員相互の情報交換を促進する団体

である。
4) アーリー・デ・グース［1997］森尚子訳「変化に適応し永続するリビングカンパニーの条件」『ハーバード・ビジネス』ダイヤモンド社。
5)「日本経済新聞」2012年9月11日付朝刊。
6) 中小企業金融公庫総合研究所［2005］「中小公庫レポートNo.2001-10欧米主要国の中小企業向け政策金融」より引用。

(正田　繁)

第9講

安全性分析

安全性分析とは，企業の支払能力を分析するもの
　企業が返済すべき支払資金には，1年以内に返済すべき短期支払資金と1年を超えて返済する長期支払資金がある。

1．短期支払能力の分析

(1) 流動比率
　流動負債に対する流動資産の割合
　流動資産÷流動負債×100
(2) 当座比率（酸性試験比率）
　当座資産÷流動負債×100
(3) 現金比率
　現金・預金÷流動負債×100
(4) 手元流動性比率
　現金・預金，売買目的有価証券の合計額÷月当たり売上高
(5) 有利子負債依存度
　短期借入金，長期借入金及び社債の合計額÷総資産×100
(6) 営業キャッシュフロー対流動負債比率
　営業活動によるキャッシュフロー÷流動負債×100
(7) 営業債権対営業債務比率
　営業債権（受取手形，売掛金）÷営業債務（支払手形，買掛金）×100
　＊営業外取引から生じる備品等の未払金や未収金あるいは前払費用や前受収益等は除かれる

2．長期支払能力の分析

(1) 自己資本比率
　自己資本÷総資本（他人資本＋自己資本）×100
(2) 負債比率
　他人資本÷自己資本×100
(3) 固定比率
　固定資産÷自己資本×100
(4) 固定長期適合率
　固定資産÷長期資本（自己資本＋固定負債＋減価償却累計額）×100
(5) インタレスト・カバレッジ
　（経常利益＋支払利息・割引料）÷支払利息・割引料×100

第9講　安全性分析

　安全性分析は，企業の支払能力を分析することである。企業が返済すべき支払資金には，1年以内に返済すべき短期支払資金と1年を超えて返済する長期支払資金がある。したがって，支払能力の分析は，短期支払能力の分析と長期支払能力の分析が必要である。

1　短期支払能力の分析

1　流動比率

　流動比率は，流動負債に対する流動資産の割合を百分率で表したものであり，企業の財務安全性を示す基本指標の一つである。流動比率は，

流動資産÷流動負債×100

によって算定される。したがって，流動比率は，流動負債に対する流動資産の割合を示すものであり，この比率が高いほど企業の支払能力があることを示している。

　ここに流動資産は，他の資産と同様に将来の収益力要因となるものであり，また企業資金の運用形態を示すものである。但し，売上債権に対する貸倒引当金は，財務流動性に視点をおくところから，売上債権の実質価値をしめすために控除結果の数値を用いるべきである。また，流動資産は，営業循環基準及び1年基準により区分される。売上債権や棚卸資産は営業循環基準が適用され，それ以外の資産は1年基準が適用される。売買目的有価証券については，短期の債務を弁済する充当性の観点から流動資産に含めるのが合理的である。さらに，前渡金や前払費用は，すでに支払った対価についての財貨用役請求権であり，すでに提供した財貨用役に対する貨幣請求権である売掛金や未収収益とは異なることを認識しなければならない。前渡金は，一般に短期的なものと考えられるが，前払費用は，正常な経営活動の継続を前提とするかぎり短期支払充当性の視点からはすべて除去することが合理的である。

　次に，流動負債は，短期的資金を調達する源泉であり，商品や原材料を購入するために生じる支払手形や買掛金等の営業取引による債務と資金調達取引から生じた金融負債からなる。したがって，営業外取引により生じた支払手形と

は，区別しなければならない。また，前受金や前受収益は，将来の貨幣支出額を示したものではないので，財務流動性の判断においては区別しなければならない。金融負債については，弁済期限が1年以内の長期借入金や社債等に注意しなければならない。

従来は，流動資産が流動負債に対して200％以上に達する場合には，財政状態が健全であるとみられていた。しかし，この流動比率は，流動資産が常に価格変動の危険に曝されて，清算時には，資産の価額は半額以上に現金化することが困難であるということを銀行家が考えたものである。したがって，正常な営業活動を遂行している企業にとっての流動比率ではない。正常な営業活動を遂行している企業の流動比率は，企業形態，企業規模，取扱商品，会計基準，経済状態及び経営者によって異なる。

株式会社・東芝の平成19年度から平成23年度までの5年間の流動比率を分析すると，最高は平成23年の112.9％であり，最低は平成20年度の88.7％である。また，株式会社・日立製作所の平成19年度から平成23年度までの5年間の流動比率を分析すると，最高は平成23年度の125.6％であり，最低は平成20年度の109.6％である。このように流動比率が低いのは，売買目的有価証券の評価が，時価の洗替え方式に変わり，従来の含み益のある有価証券の益出しが難しくなったため，投資有価証券に組み替えたことにより流動資産が減少したことが影響している。

	平成19年度	平成20年度	平成21年度	平成22年度	平成23年度
株式会社・東芝	98.1％	88.7％	107.4％	112.1％	112.9％
株式会社・日立製作所	113.7％	109.6％	121.5％	119.8％	125.6％

② 当座比率

当座比率（酸性試験比率）は，流動負債に対する当座資産の割合を百分率であらわしたもので，短期的支払能力を評価するときには100％以上が必要とされる。

　　　当座資産÷流動負債×100

当該当座比率は，企業の流動性に関する判断をするための補助比率として現

金比率とともに用いられる。当座資産は，通常，棚卸資産をのぞく流動資産であり，回収過程にある資金形態をしめす資産である。流動比率には，回収過程にある資金形態をしめす資産と投下過程にある資金形態をしめす資産，すなわち販売過程を経て換金化される棚卸資産がふくまれており，棚卸資産は売上金額は未確定であり，短期的支払能力が厳密に認識することが出来ない。また，流動比率は，回収過程にある資金形態をしめす資産と投下過程にある資金形態をしめす資産が含まれ流動比率の厳密性を欠くことになり，それを補足するのがこの当座比率（酸性試験比率）である。したがって，当座資産には，長期の金融債権が除かれるとともに，貸倒引当金も控除しなければならない。一方，取引所相場のある有価証券は，直接に現金に転化する貨幣請求権ではないが，流通性をもち支払資金の一時的プール形態として保有するかぎり財務的には現金預金に類するものとして考えられる。このように当座資産は，正常な取引過程において短期間内に直接的に現金化する資金形態の現在高を意味している。また，当該当座比率は，企業の財務安全性にとって100％以上が好ましいのである。

　株式会社・東芝の平成19年度から平成23年度までの当座比率を分析すると，最高は平成21年度の58.3％であり，最低は平成20年度の46.5％である。また，株式会社・日立製作所の平成19年度から平成23年度までの当座比率を分析すると，最高は平成23年度の80.2％であり，最低は平成20年度の67.5％である。当座比率が低いのは，流動比率と同様に取引所相場のある売買目的有価証券の会計処理が，時価の洗替え方式に変わり，従来の含み益のある有価証券の益出しが難しくなった。そこで，投資有価証券に組み替えたことにより，流動資産が減少した。

	平成19年度	平成20年度	平成21年度	平成22年度	平成23年度
株式会社・東芝	52.3%	46.5%	58.3%	55.4%	57.2%
株式会社・日立製作所	69.2%	67.5%	78.0%	75.2%	80.2%

③ 現金比率

現金比率は，当座比率と同様に流動比率の補助比率であり，流動負債に対す

る現金と預金の合計額の割合を百分率であらわしたもので，短期的支払能力を評価するときには20％以上が必要とされる。

　　　　現金・預金÷流動負債×100

　株式会社・東芝の平成19年度から平成23年度までの現金比率を分析すると，最高が平成20年の11.2％で，最低は平成23年度の8.1％である。また，株式会社・日立製作所の平成19年度から平成23年度までの現金比率を分析すると，最高が平成20年度の17.5％であり，最低は平成19年度の11.8％である。

	平成19年度	平成20年度	平成21年度	平成22年度	平成23年度
株式会社・東芝	8.3％	11.2％	10.7％	10.4％	8.1％
株式会社・日立製作所	11.8％	17.5％	14.7％	13.6％	15.1％

4　手元流動性比率

　手元流動性比率は，現金及び預金と売買目的有価証券の合計額を月当たりの売上高で除した割合である。

　　　　現金・預金，売買目的有価証券の合計額÷月当たり売上高

　株式会社・東芝の平成19年度から平成23年度までの手元流動性比率を分析すると，最高が平成20年度の62.0％であり，最低は平成19年度の38.9％である。また，株式会社・日立製作所の平成19年度から平成23年度までの手元流動性比率を分析すると，最高が平成20年度の98.0％であり，最低は平成19年度の66.5％である。

	平成19年度	平成20年度	平成21年度	平成22年度	平成23年度
株式会社・東芝	38.9％	62.0％	50.3％	48.5％	42.2％
株式会社・日立製作所	66.5％	98.0％	84.4％	73.6％	78.4％

5　有利子負債依存度

　有利子負債依存度は，企業が経営活動を遂行するために，利息を支払って資金調達する短期借入金，長期借入金及び社債の合計額を総資産で除した割合である。

短期債入金，長期債入金及び社債の合計額÷総資産×100

　株式会社・東芝の平成19年度から平成23年度までの有利子負債依存度を分析すると，最高が平成20年度の33.2%であり，最低は平成22年度の20.1%である。また，株式会社・日立製作所の平成19年度から平成23年度までの有利子負債依存度を分析すると，最高が平成20年度の27.7%であり，最低は平成22年度と23年度の23.0%である。

	平成19年度	平成20年度	平成21年度	平成22年度	平成23年度
株式会社・東芝	21.2%	33.2%	22.3%	20.1%	21.6%
株式会社・日立製作所	24.0%	27.7%	26.4%	23.0%	23.0%

⑥ 営業キャッシュフロー対流動負債比率

　営業キャッシュフロー対流動負債比率は，営業活動によるキャッシュフローを流動負債で除した割合である。

営業活動によるキャッシュフロー÷流動負債×100

　営業活動による借入金の返済原資である営業活動によるキャッシュフローからみて，短期借入金や支払利息の返済能力がどの程度であるかを把握するものである。営業キャッシュフロー対流動負債比率は，一般的な短期支払能力を示す当座比率に対して，キャッシュフローを重視した場合の指標である。

　株式会社・東芝の平成19年度から平成23年度までの営業キャッシュフロー対流動負債比率を分析すると，最高が平成21年度の18.1%であり，最低は平成20年度の営業活動によるキャッシュフローがマイナスの状態である。また，株式会社・日立製作所の平成19年度から平成23年度までの営業キャッシュフロー対流動負債比率を分析すると，最高が平成22年度の20.6%であり，最低は平成23年度の10.9%である。

	平成19年度	平成20年度	平成21年度	平成22年度	平成23年度
株式会社・東芝	8.3%	−0.5%	18.1%	15.0%	12.6%
株式会社・日立製作所	16.7%	12.1%	20.3%	20.6%	10.9%

7 営業債権対営業債務比率

営業債権及び営業債務は，財貨用役の信用取引において生ずる債権及び債務であり，受取手形と売掛金からなる営業債権と支払手形と買掛金からなる営業債務についての財務安全性をみる。したがって，営業外取引から生じる備品等の未払金や未収金あるいは前払費用や前受収益等は除かれる。

営業債権（受取手形，売掛金）÷営業債務（支払手形，買掛金）×100

この比率は営業債権及び営業債務の回転期間と売上利益率の大きさによって影響を受ける。つまり営業債権の回転期間が営業債務の回転期間より短い場合には，この比率にマイナス要因として作用し，売上利益率が大きいことはプラス要因をもたらす。したがって，複合的な内容にもとづいて理解することが必要である。

商品の売買取引がすべて信用取引で営業債権及び債務の回転期間が同一の場合には，営業債権対営業債務比率は売上高対売上原価比率と同一である。したがって，信用取引を前提にした場合，営業債権対営業債務比率が売上高対売上原価比率よりも大きい場合には，営業債権回転期間が長いことになる。

2 長期支払能力の分析

1 自己資本比率

自己資本比率は総資本に占める自己資本の割合を示したものである。自己資本比率は，

自己資本÷総資本（他人資本＋自己資本）×100

によって求められる。

この比率が50％の場合には，負債比率は100％であるので，財務的健全性を保つためには50％以上が必要である。なお，自己資本については，平成17年12月9日に企業会計基準第5号「貸借対照表の純資産の部の表示に関する会計基準」及び企業会計基準適用指針第8号「貸借対照表の純資産の部の表示に関する会計基準等の適用指針」が公表され，「純資産の部の区分においては，ＲＯ

Ｅ（株主資本利益率又は自己資本利益率）の計算上，従来から資本の部の合計額を分母として用いることが多く，また，この分母を株主資本と呼ぶことも多いため，「株主資本」「評価・換算差額等」及び「新株予約権」を括った小計を示すべきではないかという指摘があった。しかし，ＲＯＥのみならず，自己資本比率や他の財務指標については，本来，利用目的に応じて用いられるべきものであり，本会計基準の適用によっても，従来と同じ情報が示されている以上，これまでと同様の方法によるＲＯＥなどの財務指標の算定が困難になるわけではない。」（企業会計基準委員会『企業会計基準・完全詳解』19ページ）と述べられていることから，次のことが言える。

自己資本は，広義に言えば会計基準に言う純資産であり，狭義にいえば株主資本と評価換算差額金等を含むが，新株予約権や少数株主持分を除くことになる。しかし，新株予約権や少数株主持分は，返済義務をともなった他人資本ではなく，返済義務をともなわない企業資金の調達源泉であり，前述したことからも広義説の自己資本である。広義の自己資本は，次の三つの内容から構成される。

1．株主資本＝払込資本＋剰余金－自己株式
2．自己資本＝株主資本＋評価換算差額金等（その他有価証券評価差額金，土地再評価差額金＋為替換算調整勘定＋繰延ヘッジ損益）
3．純資産＝自己資本＋新株予約権＋少数株主持分

株式会社・東芝の平成19年度から平成23年度までの自己資本比率を分析すると，最高が平成19年度の23.5％であり，最低は平成20年度の13.9％である。また，株式会社・日立製作所の平成19年度から平成23年度までの自己資本比率を分析すると，最高が平成19年度の31.5％であり，最低は平成20年度の23.2％である。

	平成19年度	平成20年度	平成21年度	平成22年度	平成23年度
株式会社・東芝	23.5%	13.9%	20.7%	21.9%	21.6%
株式会社・日立製作所	31.5%	23.2%	25.3%	26.3%	29.5%

2 負債比率

負債比率は自己資本と他人資本の均衡が保たれているか否かを検討する比率である。算式は，

負債比率＝他人資本÷自己資本×100

である。

他人資本は，支払手形，買掛金，短期借入金，長期借入金，社債等であり，企業の外部から調達され，返済義務を負う資金である。それに対して，自己資本は，返済義務を負わない資金の調達源泉であるが，平成18年に会社法が改正され，また平成19年には証券取引法が金融商品取引法に改正されたことにともない従来の自己資本が純資産となった。この純資産は，会計基準によれば，株主資本及び狭義の自己資本を包括しているが，経営分析（財務諸表分析）においては，純資産を広義の自己資本と解釈している。なお，他人資本が自己資本より多い企業は，財務的健全性に欠けるのである。したがって，負債比率は，100％以下でなければならない。

株式会社・東芝の平成19年度から平成23年度までの負債比率を分析すると，最高が平成19年度の326.4％であり，最低は平成20年度の618.2％である。また，株式会社・日立製作所の平成19年度から平成23年度までの負債比率を分析すると，最高が平成19年度の217.9％であり，最低は平成20年度の331.5％である。両社は，ともに他人資本に依存しすぎていることが明らかである。

	平成19年度	平成20年度	平成21年度	平成22年度	平成23年度
株式会社・東芝	326.4%	618.2%	383.4%	356.0%	363.5%
株式会社・日立製作所	217.9%	331.5%	291.6%	276.2%	239.5%

3 固定比率

固定比率は自己資本に対する固定資産の割合を百分率で表したもので，企業の財務的安全性を判断するための基本的指標の一つである。したがって，

固定資産÷自己資本×100

の算式によって求められる。

第9講　安全性分析

　固定資産は資金の長期投資であり，収益を獲得して間接的に回収する資産である。したがって，当該資産も返済期限のない自己資本に依存するのが好ましく，固定比率は100％以下であることがのぞましい。

　固定比率を算出する固定資産は，理論的には，固定資産のほか企業資金の長期的な運用形態であり，その回収には長期を要する繰延資産も本来の固定資産に含めることがのぞましい。一方，減価償却累計額は，すでに回収され流動化されているので固定比率を算出する場合には，固定資産から控除することが理論的である。

　株式会社・東芝の平成19年度から平成23年度までの固定比率を分析すると，最高が平成19年度の215.9％であり，最低は平成20年度の359.9％である。また，株式会社・日立製作所の平成19年度から平成23年度までの固定比率を分析すると，最高が平成23年度の153.4％であり，最低は平成20年度の199.1％である。

	平成19年度	平成20年度	平成21年度	平成22年度	平成23年度
株式会社・東芝	215.9％	359.9％	238.5％	218.7％	220.8％
株式会社・日立製作所	154.8％	199.1％	184.7％	175.5％	153.4％

4　固定長期適合率

　固定長期適合率は，長期資本に対する固定資産の割合を百分率で表したもので，固定比率を補足する財務安全性指標の一つである。当該固定長期適合率は，

固定資産÷長期資本（自己資本＋固定負債＋減価償却累計額）×100

により求められる。固定資産は，固定比率と同様に繰延資産を含めるとともに減価償却累計額を控除した価額を用いることが理論的である。この比率は，企業資金の長期的資金運用形態に対する長期的資金の調達源泉をしめすものである。ただし，この比率は長期運用資金として充当しうる資金の源泉を問題としているため，固定資産の平均耐用年数よりも固定負債の平均返済期間が長い場合に適合性が認められる。

　株式会社・東芝の平成19年度から平成23年度までの固定長期適合率を分析すると，最高が平成23年度の88.9％であり，最低は平成20年度の114.6％である。また，株式会社・日立製作所の平成19年度から平成23年度までの固定長期適合

率を分析すると，最高が平成23年度の80.2％であり，最低は平成20年度の90.7％である。

	平成19年度	平成20年度	平成21年度	平成22年度	平成23年度
株式会社・東芝	101.9％	114.6％	90.8％	89.5％	88.9％
株式会社・日立製作所	88.8％	90.7％	83.4％	84.1％	80.2％

なお，自己資本が少ないため，固定比率は不安定であるが，固定資産への投資は，長期に安定した固定負債に依存していることが明らかである。

5　インタレスト・カバレッジ

インタレスト・カバレッジは，経常利益が支払利息の何倍あるかを示しており，支払能力を分析するための指標である。

(経常利益＋支払利息・割引料)÷支払利息・割引料×100

株式会社・東芝の平成19年度から平成23年度までのインタレスト・カバレッジを分析すると，最高が平成19年度の7.42倍であり，最低は平成20年度の－7.29倍である。また，株式会社・日立製作所の平成19年度から平成23年度までのインタレスト・カバレッジを分析すると，最高が平成23年度の20.82倍であり，最低は平成20年度の－7.57倍である。

	平成19年度	平成20年度	平成21年度	平成22年度	平成23年度
株式会社・東芝	7.42倍	－7.29倍	1.70倍	7.05倍	5.79倍
株式会社・日立製作所	8.65倍	－7.57倍	3.42倍	18.37倍	20.82倍

（斎藤　幹朗）

第10講

D／Eレシオ

1．D／Eレシオ（Debt Equity Ratio）とは

① 自己資本に対する有利子負債の比率である。
　　D／Eレシオ＝有利子負債／自己資本
　　有利子負債依存度＝有利子負債／総資産
② D／Eレシオの改善：有利子負債の削減，自己資本の増加
③ D／Eレシオの悪化：大幅な赤字決算（純資産の減少）

2．中期経営計画の目標にかかげられるD／Eレシオ

　日本の主要企業の中期経営計画でD／Eレシオの目標を開示している。キャッシュフロー重視の経営や格付けの上昇による有利な資金調達，株価の上昇など，株主価値経営による効率化を進め，財務体質を改善したいとの意思を読み取ることができる。

3．D／Eレシオによる評価

　業種によって大きく異なるD／Eレシオの評価だが，一般的には1倍以下が健全といわれている。日本の代表的な製造業では，1倍以下もしくは1倍前後で推移している。しかし，連結子会社の中に金融子会社を含めている製造業もあり，D／Eレシオを同業他社と比較して評価するのは難しい側面もある。

4．D／Eレシオの改善手法

① ファクタリングやリース，レンタルなどにより資産の流動化を進めることで手元資金が増加する。
② 売掛金をなるべく早く回収し，買掛金の支払を遅らせれば手元に残る資金が増加する。但し，この手法は優位に立つ大企業だけ可能であって，下請企業にできる会計戦略ではない。

5．攻めと守りの財務戦略

　有利子負債依存度の高い企業は格付けが低めになり，調達金利も高くなりがちだ。反面，有利子負債を有効活用して収益を拡大すれば，競争で優位に立つことができる。

第2部　企業成長力（製品力・販売力・資金力）と経営分析

1　D／Eレシオとは

　自己資本比率と似たもので負債比率がある。負債比率は，負債を自己資本で割って算出するもので，自己資本と他人資本を比較して，財務分析する際に使われている。この負債比率の分子を有利子負債に限定したものがD／Eレシオ（Debt Equity Ratio）である。また，有利子負債依存度（借入金比率ともいう）は，総資産を調達する際に，どの程度，有利子負債が使われたかを示す指標である。最近の企業の経営目標では，主にD／Eレシオが使われる傾向がある。

　　D／Eレシオ＝有利子負債／自己資本

　　有利子負債依存度＝有利子負債／総資産

　有利子負債は，返済義務のある短期・長期借入金や社債（普通，転換）が対象となる。一般にD／Eレシオが1倍を下回ると財務が安定しているとされる。この値を改善するには，有利子負債の削減，もしくは自己資本の増加が必要となる。したがって，大幅な赤字決算に陥ると，純資産が減少するため，有利子負債は同じでも，この比率は悪化する。「支払を遅く，入金を早く」すれば，現金が増加する（キャッシュフロー経営）ので，D／Eレシオは改善する。

2　中期経営計画の目標にかかげられるD／Eレシオ

　1990年以前の拡大経営期では，D／Eレシオも有利子負債依存度も，経営指標として余り重視されることはなかった。売上高やシェアを伸ばせば，借入金は増えるものだとの考え方が支配的であったからである。1990年以降，株主価値経営が浸透し，会計数値の信頼性の問題が注目されるようになった。この結果，D／Eレシオは多くの企業で経営目標に掲げられるようになった。（図表10-1）

第10講　D／Eレシオ

●図表10－1　2012年中期経営計画に見る経営目標

	売上高	営業利益	当期純利益	株主資本比率	FCF	D／Eレシオ	借入金比率	ROI	ROE
東芝	8兆円	4.5千億円		20%		80%以下		20%	
パナソニック	10兆円	5千億円以上（5％以上）			8千億円以上				10%
日立	10.5兆円	5％超	2千億円台安定的確保	20%		0.8倍以下			
三菱商事			5千億円			1.0～1.5倍			12～15%
新日鉄	4兆2千億円		5千億円以上			0.5以下			
三菱電機	3兆7千4百億円	2千億円（5％以上）					15%以下		10%以上

・株主資本比率＝株主資本／総資産
・FCF：Free Cash Flow（フリーキャッシュフロー）
・D／Eレシオ：Debt Equity Ratio（有利子負債／株主資本）
・借入金比率：Loan to Value（有利子負債／総資産）
・ROI：Return of Investment（営業利益＋減価償却費）／（株主資本＋有利子負債）
・ROE：Return on Equity（株主資本利益率）

（出所）　東芝2010年度経営方針説明会（2010年5月11日），パナソニックグループ新中期経営計画（2010年5月7日），日立製作所2012中期経営計画（2010年5月31日）より財務数値目標を抜粋，新日鉄グループの平成23年度中期経営計画について（2010年1月28日）三菱商事中期経営計画〜継続的企業価値の創出に向けて〜（2010年7月16日）〜，三菱電機の経営戦略（2012年5月）

　一般的に運転資金は借入金（有利子負債）で，設備などの投資資金は自己資本でというのが経営の基本とされていた。しかし，1990年代から資本コストの概念が導入され，最近の低金利の環境と相まって，資本コストよりも借入金利の方が低い場合が多く，必ずしもこの原則が適用できない場面もあり，借入金による大規模投資も珍しくなくなった。

99

3 D／Eレシオによる評価

　D／Eレシオは業種によって大きく異なり，例えば，2012年3月期決算で見ると，新日鉄0.73倍と財務体質は健全である。回復基調にある重電メーカーでは，日立製作所1.35倍，東芝1.42倍と1倍を超えており，各社ともに財務体質改善を目指している。これら重電メーカーの中期計画では0.8程度を目標に掲げている。同じ重電メーカーの三菱重工は0.92倍と日立，東芝を下回り，また，三菱電機は0.48倍であり，その財務体質の良さが際立っている。

　家電メーカーは従来からD／Eレシオは低く，現在，テレビ事業の業績不振で厳しい環境にあるといわれるパナソニックでも0.82倍，ソニーは0.58倍であり，財務体質がそれほど悪化しているわけではなく，余力を持っているといえる。しかし，シャープは2011年3月期の0.8倍から2011年度で1.75倍と大幅に増加しており，財務の悪化が目立つ。一方，商社や流通業では，かなり高く，大手商社である三菱商事（1.45倍）の中期計画では1.0～1.5倍が目標となっている。住友商事のD／Eレシオは2.2倍で，三菱商事より比率が高く，有利子負債の依存度が高い。

　商社などは別として，日本の代表的な製造業で，D／Eレシオが1を超える企業が目立つが，資本勘定にある非支配者持分（少数株主持分）を含めてD／Eレシオを計算すると，シャープを除き，ほとんどの製造業は1倍以下もしくは1倍前後で推移している。シャープにしても2010年度決算では0.8倍（少数株主持分を含めれば0.78倍）で極めて健全な数値を示している。また，日立製作所などは，連結子会社の中に金融子会社が含まれており，この金融子会社の資金調達は銀行借入に依存している関係もあって，有利子負債が本業以外で膨らむという状況になっており，同業他社との比較は難しい側面もある（図表10-2参照）。

●図表10-2　D／Eレシオの推移（非支配持分（少数株主持分）を除く）

	2009年	2010年	2011年	2011年 非支配持分含む
東芝	1.53	1.25	1.42	1.00
日立	1.84	1.75	1.35	0.98
三菱重工	1.17	1.05	0.92	0.89
三菱電機	0.56	0.46	0.48	0.46
ソニー	0.41	0.38	0.58	0.47
パナソニック	0.75	0.62	0.82	0.80
新日鉄	0.48	0.71	0.73	0.57
トヨタ自動車	1.21	1.20	1.14	1.08
シャープ	0.76	0.80	1.75	1.70
三菱商事	1.42	1.31	1.45	1.33
日産自動車	1.45	1.34	1.19	1.09
住友商事	2.45	2.48	2.20	2.07

4　D／Eレシオの改善方法

　キャッシュフロー重視の経営では，企業はファクタリングやリース，レンタルなどにより資産の流動化を進めることで手元資金を増やす戦略を取る。また，「売掛金をなるべく早く回収し，買掛金の支払を遅らせれば手元に残る資金は膨らむ。こうした取り組みをいち早く進めたのが，・・・松下電器産業（現在のパナソニック）だ。2000年以降の改革で松下幸之助氏以来の伝統だった月末現金払いを大口取引先に限り90日後払いに変更。余裕ができた資金をプラズマパネルなどの投資に使い競争を高めた。東芝も今年４月，『キャッシュ・コンバージョン・サイクル（ＣＣＣ）』と呼ぶ現金収支の改善活動を始めた。・・・企業の現金創出力を示す『キャッシュ化速度』と呼ばれる指標が株式市場で注目を集めている。材料調達の代金を支払ってから，製品販売で現金を回収するまでの日数を示す。具体的には，在庫と売掛金の回転日数の合計から買掛金の回転日数を引いて算出する。早く回収できる企業ほど，成長に必要な資金を確

保できることになる。松下のキャッシュ化速度は約28日と5年前に比べて半減。40-50日の他の家電大手と比べて優位に立つ。しかし，アップルやＩＢＭなど米国の主力企業はこの数値がマイナス。つまり材料費の支払の前に資金を回収できている計算だ」[1]（図表10-3）。

　この手法で，自己資本も総資産（有利子負債が買掛金や支払手形に置き換わる）も変化せず，有利子負債だけが減少するので，Ｄ／Ｅレシオも有利子負債依存度も改善する。こうした改善は，競争優位に立つ大企業だけにできることであって，下請企業にできる会計戦略ではない。

　買掛金や支払手形は企業間信用と呼ばれる無利子負債である。一方での，こうした企業間信用の増加によるキャッシュフローの改善は，他方でキャッシュフロー悪化を招き，経済社会全体の有利子負債を減らす効果はない。この戦略は，全世界にサプライヤーを持つＩＢＭやアップルでは，有効に機能するかもしれないが，これらの優良企業に部品を納入する海外のサプライヤーの資金繰りは逆に厳しくなる。企業間信用はどこかでしわ寄せをこうむる。もちろん，サプライヤーは，技術革新や工程管理の改善などで，生産から販売までの期間の短縮が求められるわけだが，その成果のほとんどが海外企業や大企業のキャッシュフローの改善に使われ，下請企業の努力の成果は自ら享受することができにくくなっている。

　日本では下請法などにより，中小企業への支払方法や期間が制限されているが，これにしても手形払い（電子記録債権も同じ）も認められており，企業間信用の規模はかなり大きい。

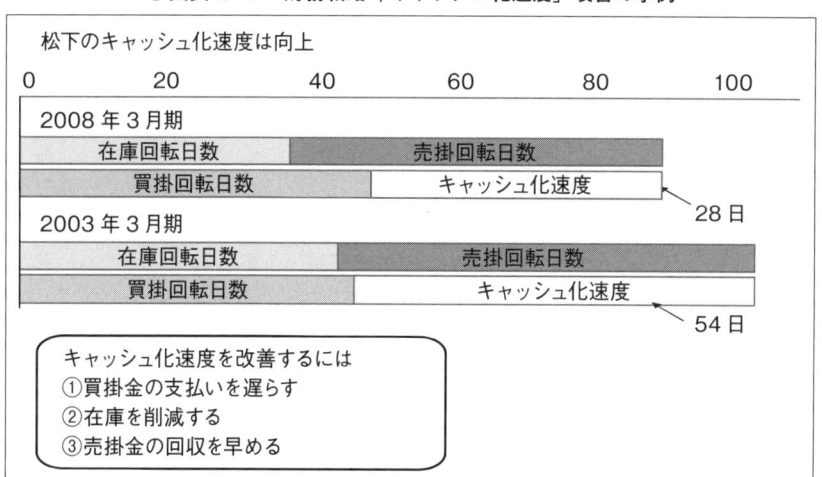

● 図表10-3　財務戦略「キャッシュ化速度」改善の事例

```
松下のキャッシュ化速度は向上
0      20      40      60      80      100
```

2008年3月期
- 在庫回転日数
- 売掛回転日数
- 買掛回転日数
- キャッシュ化速度 ← 28日

2003年3月期
- 在庫回転日数
- 売掛回転日数
- 買掛回転日数
- キャッシュ化速度 ← 54日

キャッシュ化速度を改善するには
① 買掛金の支払いを遅らす
② 在庫を削減する
③ 売掛金の回収を早める

（注）　在庫と売掛金の回転率の計算には売上高、買掛金には売上原価を使用した。
（出所）　日本経済新聞社　2008年7月3日記事「キャッシュフローを読む」

　図表10-4は日本における企業間信用（受取手形と売掛金の合計）を資本金規模別に比較したものである。全産業合計で206兆円、1千万円未満の小企業でも10兆円、1億円未満の中小企業合計では80兆円に達しており、全体の39％を占める。運転資金の借入金と考えられる短期借入金（全産業合計）の164兆円と比較しても、いかに企業間信用の規模が大きいかが分かる。

● 図表10-4　日本企業の企業間信用の規模　　　（単位：兆円）

資本金別	全産業合計	1千万円未満	1千万円〜5千万円未満	5千万円〜1億円未満	1億円〜10億円未満	10億円以上
受取手形・売掛金	206	10	48	22	36	91
支払手形・買掛金	160	7	37	20	30	67
短期借入金	164	16	44	16	23	64
長期借入金	285	47	101	23	21	93

（出所）　法人企業統計調査結果（平成22年度）

5 攻めと守りの財務戦略

　Ｄ／Ｅレシオや有利子負債依存度が高いからといって，必ずしも財務体質が弱いとはいえない。最近の長期金利の低下傾向の中で，資金を調達しやすい環境が続いているからである。

　「社債や借入金など有利子負債への依存度が高い企業を調べたところ，多額の設備投資を必要とする鉄道，電力，不動産が上位に並んだ。低金利を追い風に投資を増やす企業がある一方で，負債の圧縮で財務内容の改善を進める企業も多い。・・・（有利子負債への依存度が高い企業を調べたところ）順位が上昇した企業は積極的な投資をしている企業が目立つ。１位の近畿日本鉄道は，・・有利子負債が２％増加。大阪阿倍野で14年開業を目指し建設中の「阿倍野橋ターミナルビルは総工費が約1300億円に達する。・・東武鉄道も有利子負債が８％増えた。・・・東京スカイツリーは関連施設も含め1430億円を投資する予定。・・・野村不動産ホールディングスはマンション用地や東芝本社ビル（東京・港）の所有権を取得するために借り入れを増やした。有利子負債は金利負担が発生するうえ，返済期限もあるため，返済や借り換えが難しくなると，経営が不安定になる恐れがある。有利子負債依存度の高い企業は格付けが低めになり，調達金利も高くなりがちだ。反面，有利子負債を有効活用して収益を拡大すれば，競争で優位に立つことができ，長期的には利益の蓄積で財務も改善していく。財務の攻めと守りのバランスをどうとるか。企業の財務戦略が問われる」[2]。

　図表10-1で示したように，日本の主要企業の中期経営計画でＤ／Ｅレシオの目標を開示しているが，何れの企業も現在のＤ／Ｅレシオよりも低い水準を目標に定めている。このことから，キャッシュフロー重視の経営や格付けの上昇による有利な資金調達，株価の上昇など，株主価値経営による効率化を進め，財務体質を改善したいとの意思を読み取ることができる。

　実際にＤ／Ｅレシオが0.82倍と１倍を下回っているパナソニックの中期計画目標にはＤ／Ｅレシオの目標はない。Ｄ／Ｅレシオが0.48倍と財務体質の良さが際立つ三菱電機は，Ｄ／Ｅレシオではなく，借入金比率（有利子負債依存

度）15％以下を目標としており，借入金や増資に依存せずに，「利益の蓄積で」成長分野へ積極的に投資する姿勢を明確に打ち出している。

【注】
1) 出所　日本経済新聞社［2008］「キャッシュフローを読む　中　『現金創出』へ取引先見直し」
2) 日本経済新聞［2012／5／27］「（分析　ニッポン株式会社）3月期決算から（6）有利子負債依存度」

（正田　繁）

第11講

配当，株価と経営分析

1．配当とは何か

(1) 配当政策の誕生
- 配当政策：利益額に占める配当の割合と留保の割合に関する意思決定
(2) 剰余金の配当
- 剰余金＝その他資本剰余金＋その他利益剰余金

2．配当と株価の関係

(1) 配当割引モデル
- 株式の価値は「将来の期待配当を期待収益率で割り引いた現在価値の総体
(2) 配当割引モデルにおける配当の役割
- 利益やキャッシュに代替し有配企業の価値評価に用いられる

3．配当水準の決定要因

(1) 安定配当政策：配当水準の安定性・継続性を重視する政策
(2) 配当の情報効果：配当水準の変化は将来収益に対する経営者の見通しを伝達する手段
(3) 残余配当政策：内部留保の確保を優先し，残余があれば配当する政策
(4) 配当水準の決定パターン：安定配当政策の妥当性が支持される

4．日本企業の配当政策－過去と現状－

(1) 配当水準を測る指標
- 1株当たり配当金＝配当総額÷発行済み株式数（単位：円）
- 配当性向＝配当総額÷税引後当期純利益×100（単位：％）
(2) わが国上場企業の配当行動（過去と現状）
- ①配当金の安定化→②業績に応じた配当金の支払い→③配当政策の多様化
(3) 事例企業の紹介
- オイレス工業株式会社：安定配当型＋業績連動型

5．配当政策の今日的役割

- 敵対的買収のターゲットから逃れる
- 企業経営の効率化を促進
- ステークホルダー間の利害対立を緩和する

1 配当とは何か

1 配当政策の誕生

　配当とは企業の出資者たる株主へ分配される経営成果の一部であり，元来の性質は株式投資収益の構成要素である。

　今日の企業に見られる配当の原型は企業の清算（解散）価値そのものであった。このことは，昔日の企業が継続を前提に設立されたわけではないことを意味する。よって当時の配当とは清算価値のことであり，それは投資収益そのものでもあった。しかしながら事業が継続的に成功を収めるようになると，企業の継続化が当然検討されることになる。そこで，企業を清算することなく投資の収益を分配するために，利益（損益）計算を実施する必要性が生じた。なぜなら事業（営業）期間内に投資収益を分配するためには，分配額の上限である利益額を算定しなければ分配額が確定しないからである。

　このような継続企業化の進行は期間損益計算の必要性を高める一方，産業の高度化・工業化にともなう企業の資金需要の高まりにより，調達資金の源泉を企業外部のみならず内部にまで求めるようになった。そこで，利益全額を分配することなく，その一定割合を企業内部に留保することで再投資のための内部資金を確保するようになった。配当政策とは利益額に占める配当の割合と留保額の割合に関する意思決定のことであるが，営利追求という動機の下，経営環境の変化に適応するための継続企業化と内部資金調達の必要性がこの政策を誕生させたといえよう。

　後の証券市場の拡充による外部資金調達額の増大は証券の発行市場だけでなく流通市場の規模を拡大させる契機となった。その結果，流通市場における証券，とりわけ株式の売買取引の増大にともない，投資者の株価変動への関心が漸次醸成されることとなった。こうして，株式投資収益そのものであった配当は，証券市場の拡大という環境変化の影響を受け，株式投資収益の構成要素へとその性格を変化させたのである。

2 剰余金の配当

　配当政策の形成過程から明らかな通り，配当の原資は伝統的に決算利益であった。利益配当は決算によって確定された利益を原資とするもので，中間配当制度に基づく金銭の分配を除けば，支払い回数は1回に制限されていた。

　この「利益の配当」という性格が，2006年の会社法施行により「剰余金の配当」へと変更された。ここでの剰余金とはその他資本剰余金とその他利益剰余金の合計額である。前者の性格は投資の払い戻しであり，後者の性格は留保利益である。決算利益の確定と配当との関係が切断されたことにより配当支払い回数の制限が撤廃されるなど，従前より自由に配当政策をデザインできるようになった。

　このように，配当は業績との関連が薄まり，投資収益の一部を構成するに過ぎない存在となった。しかしながら配当支払いの効果・役割に対する評価が，時期（状況）によって異なることもまた事実である。よって本講では史的分析の観点から，配当政策の役割について検討することに重点を置く。

2 配当と株価の関係

1 配当割引モデル

　配当割引モデルは配当と株価の関係を整合的に示すものである。このモデルは，現在の株価P_0を「将来の期待配当を期待収益率kで割り引くことにより求められる現在価値の総和に等しい」と見なす点に特徴がある。これの一般式を示すと次式のようになる。

$$P_0 = \frac{D_1}{1+k} + \frac{D_2}{(1+k)^2} + \frac{D_3}{(1+k)^3} \cdots + \frac{D_n}{(1+k)^n} + \cdots$$

$$= \sum_{t=1}^{\infty} \frac{D_t}{(1+k)^t} \qquad \text{①式}$$

　①式のD_tはt年後に期待される1株当たり配当金，kは株主資本コスト（投資者の期待する株式投資収益率）である。この①式では将来の配当金を予測す

る作業が不可欠となるが，配当金が永久に変化しないものと仮定することで単純化することができる。このモデルをゼロ成長モデルといい，次式にて示される。

$$P_0 = \frac{D}{k} \qquad ②式$$

②式において1株当たり配当金Dを15円，株主資本コストkを10％と仮定すれば理論株価P_0は150円となる。この計算式の場合，実際に支払われる配当額が相対的に低額な場合，株価は過小評価される。よって②式では利益の全額配当を仮定し，1株当たり配当金を1株当たり利益に置き換え理論株価を求めたほうが現実的といえる。

ただし，中長期的にわたり利益を全額配当する上場企業はまれなケースであること，利益成長に応じて配当金も成長するケースが多いことから，現実企業の配当政策と②式において想定されるそれとの間には乖離が見られる。継続企業の仮定の下，利益成長によってもたらされる増配が考慮された株価モデルを一定成長モデルといい，次式のように示される。

$$P_0 = \frac{D_1}{k-g} \qquad (k > g) \qquad ③式$$

③式のgは配当成長率である。配当成長率の実際の推計は困難であるが，内部金融を前提に資本構成に変化がないことを仮定すれば，期待されるROE（自己資本利益率）と内部留保率（1－d）の積で示すことができる。

$$P_0 = \frac{D_1}{k-(1-d)ROE} \qquad ③'式$$

③'式のdは配当性向（純利益に占める配当総額の割合を示す指標）だが，配当成長率をROEと内部留保率の積で捉えることの利点は，配当水準（配当性向）の変更が株価に与える影響を直観的に，あるいは数値例等を用いて理解・確認できる点にある。たとえば，ROEの引き上げが分母の縮小を通して株価の上昇に繋がりやすいことは上式より明らかである。他方，配当性向dの引き上げ効果は，分子と分母の値がともに上昇するため，ROE引き上げ効果との比較からいえば，株価の上昇に繋がりにくいことがわかる。

2 配当割引モデルにおける配当の役割

　配当割引モデルの問題点は無配企業の理論株価が推計できない点にある。無配政策が採用される理由としては「旺盛な資金需要に応えるための資金確保」，「将来収益の低迷が予想されるため」等が挙げられる。

　前者の理由に該当する企業は成長段階にあることが多いため，当該企業が仮に赤字であっても成長性が評価され，株価が相対的に高水準となる場合がある。後者の理由に該当する企業は収益低の状況下に，もしくはその状況に直面しつつあり，改善の兆しが見られないため，仮に黒字であってもその株価は相対的に低水準となっている場合がある。

　いずれの理由においても無配である限り配当割引モデルによる理論株価の推計は出来ないため，これらのケースについてはキャッシュフロー割引モデル等を用いて理論株価を推計することになる。

　このように配当金とは獲得された利益（あるいはキャッシュ）を原資に払い出された部分に過ぎず，その総額ではない。よって配当割引モデルにおける配当の役割は期待される利益（あるいはキャッシュ）を代替する点にのみある。企業価値の水準それ自体は期待される利益水準（あるいはキャッシュ）によって形成されるとの理解が妥当だろう。

3 配当水準の決定要因

1 安定配当政策

　配当金の決定要因としてもっとも重視されるのはその継続性である。将来収益に対する見込みの変化により多少の増減はあっても，従前の配当水準が短期間のうちに大幅に変動することは考えにくい。何故なら株式投資者の多くは，投資対象企業の配当水準を将来の収益見通しに対する経営者の期待・自信の表れと見なすことが多いからである。それゆえ，配当政策における経営者の基本姿勢は減配に対しても増配に対しても消極的かつ慎重なものとなる。

　この結果，配当支払の基本方針は「従前の配当性向あるいは1株当たり配当

金の水準を継続すること」となる。配当性向を一定に維持する場合は利益の増減にあわせて配当総額が変動するものの，1株当たり配当金を一定に維持する場合は，原則として赤字・黒字に係わらず定額の配当金が支払われることになる。このように配当指標の水準を一定に保つ政策を安定配当政策というが，わが国では伝統的に1株当たり配当金を一定化する後者のタイプの配当方針が，多くの上場企業によって採用されてきた。

2 配当政策の情報効果

配当が将来収益に対する経営者の見通しの表れであると見なす考えは，配当水準の変更が，株式投資収益の増減に影響を与える可能性があることを示唆する[1]。とりわけ株式投資者と企業経営者との間に当該企業の業績等に係わる情報の非対称性が存在する場合，配当政策の変更は株式投資に係わる有益な情報を投資者に伝えている可能性がある。これを配当政策の情報効果という。

この情報効果仮説は，増配情報と株式投資収益との間に正の相関関係があることを示唆する。実際，多くの実証研究において増配と株式投資収益との間に正の相関関係が確認されている[2]。

3 残余配当政策

残余配当政策は安定配当政策とは異なるタイプの政策である。この政策は，投資資金確保のために内部留保額を優先してその残余を配当するという，留保政策としての性格を色濃く持っている。残余配当政策の特徴は，投資資金の確保を重要視するため，その投資案件の規模に応じて配当性向が変動する点にある。

このように残余配当政策には配当の支払いを優先するという発想がない。そのため収益向上に資する投資機会が豊富な場合，減配もしくは無配政策を採るケースも生じてくる。成長段階にある企業が無配政策を採る根拠もこの点に求められる。他方，そのような投資機会が乏しい場合，復配や増配等の措置が採られる可能性が高まることになる。外部資金調達が困難な状況，あるいは投資資金の迅速な調達が必要とされる状況においては，このタイプの配当政策が重視される。

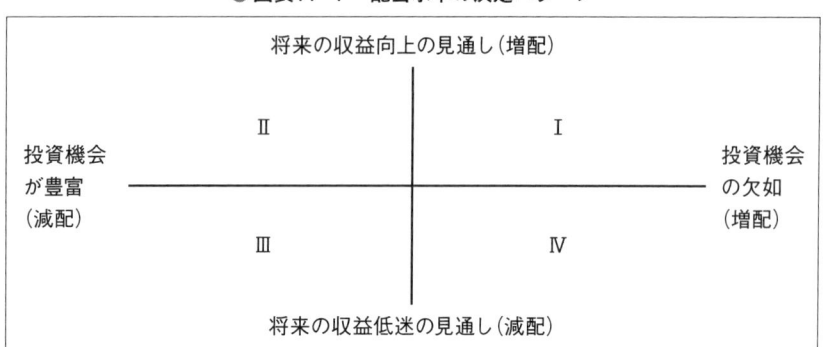

●図表11-1　配当水準の決定パターン

```
                    将来の収益向上の見通し(増配)

                           Ⅱ              Ⅰ

    投資機会                                            投資機会
    が豊富    ─────────────────────────    の欠如
    (減配)                                              (増配)

                           Ⅲ              Ⅳ

                    将来の収益低迷の見通し(減配)
```

(注)　筆者作成。

4　配当水準の決定パターン

　情報効果に見る将来の収益見通し，そして残余配当政策に見る投資資金の確保という観点から，配当水準の決定パターンを図示すると図表11-1のようになる。

　図表11-1は縦軸を将来の収益見通し，横軸を投資機会として配当の決定パターンを示したものである。これまでの考察に基づけば第Ⅰ象限は増配，第Ⅲ象限は減配が望ましいことになる。第Ⅱおよび第Ⅳ象限については増配・減配ともに望ましい状況にあるが，これらの象限については双方の効果が打ち消しあうことから，従前の配当方針の継続，すなわち配当金を据え置く安定配当が望ましいことになる。

　このように情報効果と残余配当という異なる配当決定パターンを組み合わせた結果からみても，安定配当政策の妥当性がおおむね支持される。

4　日本企業の配当政策－過去と現状－

1　配当水準を測る指標

　日本企業の配当政策史を概観する上で配当指標の意味を確認する必要があるため，ここで2つの指標を紹介しておこう。

① 1株当たり配当金＝配当総額÷発行済み株式数（円）

わが国ではこの1株当たり配当金を基準に配当総額を決定してきた歴史的経緯があるため，いまだ重視される指標である。

② 配当性向＝配当総額÷税引後当期純利益×100（％）

株主に帰属する純利益に占める配当の割合を示す指標である。わが国では1960年代以降の利回り革命，そして1970年代以降急速に拡大してきた株式時価発行に対応する形で急速に普及した配当指標である。

次節ではこれら2つの指標がわが国企業の配当行動（配当方針）のなかでどのように用いられてきたかを検討する。

2 わが国上場企業の配当行動

「1株当たり配当金」と「配当性向」はわが国において長期に渡り活用されてきた代表的な配当指標であるが，これらがどのような方針の下で活用されてきたかについて整理しておこう。

1 拡大経営期

第二次世界大戦前より，わが国企業のほとんどは株式の額面金額（株式券面に付される金額，戦後は1株につき50円が標準的）の1割程度を基準に1株当たり配当金の額を決定していた。本講ではこれを額面配当率基準[3]と呼ぶことにする。それゆえわが国固有の配当基準は額面配当率基準のみであり，額面金額に基づく株式発行が下火となった1970年代以降であっても，この基準を踏襲した1株当たり配当金が配当総額を規定する最大の要因であり続けた。

1株当たり配当金の水準は，株式の額面発行を前提としていた1950－60年代において，資金調達政策（増資）と投資政策からの影響を受けていた。リスクの高い株式を円滑に発行するためには，額面配当率を金利よりも高い水準に留める必要があった。このような理由で株式の発行は他の資金調達よりも高コストであったことから，配当負担の軽減は経営者側の宿願でもあった。また同時に，1株当たり配当金は株式投資指標として重要視されていた。1950年代において，配当利回り（1株当たり配当金÷株価）が社債利回りや預金金利よりも

高水準にあることが投資の際に重視されたことから，投資者側が高額配当を期待していたことは容易に理解できる。

新株発行の増加による配当総額の大幅増加を避けたい経営者の思惑から，1株当たり配当金が徐々に減少したものの，金利よりも高い額面配当率を望む投資者の影響によって，平均的な1株当たり配当金は額面比1割程度の水準に落ち着いた。この一連の経緯こそ，1株当たり配当金をベースとした安定配当政策の形成過程である。

ところが1960年代以降，1株当たり配当金の重要性を低下させる状況が出現した。この背景には「配当利回りから株価益回り（1株当たり利益÷株価）へ」という株式投資指標のシフトとともに，「額面（発行）から時価（発行）へ」という有償増資における価格形態のシフトがあった。とりわけ1970年代から増加する時価発行は，調達コストとしての配当金を増やすことなく，調達額が額面ベースから時価ベースへ拡大されたことで，額面発行の課題とされていた配当負担の軽減を実現するとともに，額面配当率基準に替わる配当基準の導入を促した。何故なら，時価発行へシフトした企業が配当額を決定する際に額面配当率基準を採用する根拠も必要性もなくなったからである。このような経緯で，欧米で用いられている配当性向基準[4]を採用する企業が漸次増加することとなった。

ただし，この基準が1980年代を通して定着したとは言い難い。配当総額の決定において1株当たりを基準とする慣行が比較的強固であったこと，とりわけ1980年代後半の活況と資産価格の高騰により株式値上がり益が重視されたため，配当そのものへの関心が殆どなかったことがその主たる理由である。良好な経済環境を反映して1株当たり配当金は増加傾向にあったものの，利益成長が配当成長を上回ったため，配当性向は20〜30％台[5]の低水準を推移する結果となった。額面発行が主流の時期は配当指標への注目度が比較的高かったものの，時価発行へのシフトが始まった1970年代以降における配当指標への注目度は徐々に低下していったといえよう。

2 株主価値経営期

いわゆるバブル経済の崩壊により株価水準が大幅下落したことを受け，配当

政策への積極的な再評価が試みられたのが1990年代前半における企業財務の特徴である。この再評価の主だった内容を整理すると次のようになる。

（ⅰ）株価の大幅下落は，効率性や株主利益を軽視し量的拡大に走った企業経営の在り方に原因がある。
（ⅱ）よって株主の期待に応えるためには，効率性の向上を通して利益率を引き上げ，配当の成長性を高めることが肝要となる。

（ⅰ）の論調からＲＯＥ重視，（ⅱ）の論調から利益の多くを株主に分配すべきという配当性向重視のトレンドが形成され，これらの引き上げが株主価値向上の条件として声高に叫ばれるようになった。

1990年代後半に日本企業は深刻な業績低迷を経験したが，この時期以降に放出された持ち合い株式を外国人投資家が積極的に取得したことにより，株主構成における外国人の割合が株式・金額ベースともに大きく上昇した。投資収益の増大，企業経営への関与を望む外国人株主の増加は「株主価値経営」推進の原動力となり，企業側は増収・増益にいっそう注力せざるを得なくなった。

2003年以降の業績回復及びその伸長を梃子に「目標1株当たり配当金」や「目標配当性向配」を掲げ業績に応じた配当額を支払う，いわゆる「業績連動型」配当政策を採用する日本企業の増加が顕著となったが，この変化には外国人株主の増加が多分に影響している。

この「業績連動型」の配当政策は利益に応じた配当を支払うことを旨とするため，配当性向基準と比較的強く結びついている点に特徴がある。配当指標への注目度が高まったことでその水準向上を実現した点こそが，この時期の配当政策の特徴といえる。

3 共通価値経営期

わが国上場企業の経営形態が株主価値経営へシフトしていったことに対する批判は少なからずある。この「株主価値経営」への批判を整理すると次のようになる。

第1に，企業目的が株主利益へ過度に偏向している点である。第2に，それ

●図表11−2　企業側が望む配当政策のスタイルについてのアンケート結果

年度	安定した配当の維持	業績に連動した配当の実施	その他
H18	45.2%	50.0%	6.0%
H19	61.4%	20.8%	17.5%
H20	66.2%	20.6%	11.9%
H21	72.2%	17.4%	8.7%
H22	74.2%	17.8%	6.7%

（注）　無回答を省いたため，合計は100％とならない。
（出所）　生命保険協会『株式価値向上のための取り組みについて』各年度版。

ゆえ，他のステークホルダーへの分配を削減してまで株主利益を確保する可能性が否定できない点である。第3に，株主以外のステークホルダーへの成果配分を軽視する論調は彼ら（とりわけ従業員）のモラル低下を通して企業の競争力を減退させてしまう可能性が否定できない点である。

　利益確保のために人員削減を進める大規模企業が存在することは様々な形において報道されているが，このような合理化を経て達成された利益が配当の原資になっている場合，この状況下での配当支払いは従業員に分配されるはずであった富を株主に分配していることになる。社会全般において雇用問題が関心を集める中，人件費の削減によって達成された増益分を増配に充当するならば，批判の対象となることは免れない。この種の批判を避ける上でもっとも望ましい配当政策は，従前の1株当たり配当金の維持に主眼を置いた安定配当政策となろう。近年に見る安定配当への回帰は，不確実な世界における高額配当維持の困難性を示唆するものであろう（図表11−2）。

　ただし，企業目的が株主利益に過度に偏向していないならば，堅持してきた配当方針を無理に変更する必要も無い。配当の支払いは利害関係者間の富の移転を促すだけでなく，過大投資を抑制する手段でもあるため，配当性向基準の利点も活用することが望ましい。

　以上のことから，ポスト株主価値経営においては，単一指標に依存するだけでなく，個別企業の事情を考慮した，複数の配当指標を組み合わせた配当政策の実践事例が増加することも予想される。この種の事例が増加すれば，従前よ

り画一的といわれてきたわが国上場企業の配当政策に対する評価も変わってくるものと思われる。

③ 事例企業の紹介

2009年3月期以降の急速な業績低迷は，日本企業の配当方針に再修正を迫るほどの影響を及ぼした。かつてない急激な増配は急速な減配を避け得ない状況を招来したからである。1株当たり配当金の目標値を設定していた企業の多くは，目標値の引き下げや安定配当政策へ方針転換するなどの対応に追われることとなった。

業績向上期に1株当たり配当金の目標値を設定することに別段問題は無いが，業績低迷期においては必ずしも望ましいわけではない。何故なら，業績連動型であれば配当水準を引き下げるだけで事足りると考えがちだが，情報非対称下における減配は経営者サイドが予想しえない株価の下落を引き起こす可能性があるからだ。

他方，配当性向基準は業績低迷期にその限界を露呈する。業績向上期に配当性向基準を採用する場合，増配を通して目標値を達成する手段が採られるものの，業績低迷期では増配せずに目標値を容易に達成できるため，目標値の設定自体に重要な意味はない。さらに，赤字となった場合にはマイナスの配当性向が計算されるものの，その数値自体に何ら意味はない。これら指標にみる欠点を補正するならば，配当性向基準を堅持しつつも，業績低迷期に備えて1株あたり配当金を下限基準として用いるなどの工夫が必要になる。換言すれば，安定配当型と業績連動型の折衷型である。

近年，この折衷型の配当政策を採用する企業も徐々に増加しつつあるが，これと同タイプの事例としてオイレス工業（株）を紹介しよう。軸受機器や構造機器を主力事業とする同社が有価証券報告書（2012年3月）で公表している配当政策の方針は以下の通りである。

当社は，将来の経営基盤強化のための投資を考慮しつつ，通期における業績と今後の業績予想を踏まえ，安定的かつ継続的な配当を基本としつつも，30％以上の連結配当性向を目指してまいりました。今後につきましても長期的な視

点から株主の皆様への利益還元に一層努力してまいります[6]。

　この事例に見る配当政策は「安定かつ継続的な配当」を基本としながらも，今後の業績および目標とする配当性向の達成を視野に入れた「業績連動型」の側面も有している。複数の配当指標活用を視野に入れ，双方を組み合わせる形で配当方針を具体化することは，経営者側の配当観を投資者側に伝える上で有効だと考える。経営者側の配当観を伝えることで情報非対称を緩和しつつ，その評価を投資者側に委ねる。このような形での多様化が進むならば，その多様性こそがポスト株主価値経営における配当政策の特徴を示すキーワードとなるだろう。

5　配当政策の今日的役割

　配当金の支払いには，敵対的買収のターゲットから逃れるため，あるいは経営資源の浪費を避けるべく余裕キャッシュを払い出して企業経営の効率化を促す，という効果もある。この効果を求めるのは，自社株式の評価が相対的に低い企業，あるいは投資機会の不足のため内部留保の蓄積が進み余裕キャッシュが滞留している企業に限定される。ただし，この効果を配当政策のみに求める必要はないため，配当政策と同じくキャッシュ分配機能を有する自社株買いの代替的活用も考慮するケースも生じてこよう。

　元来，継続性のない自社株買いの併用も視野に入れるならば，配当政策には継続性がより要求される可能性が高くなるが，配当の支払いのみをキャッシュの分配方法として選択するならば，先に述べた配当政策の多様性が生じることになる。このように，自社株買いの活用も視野に入れた場合，分配（ペイアウト）政策全体については選択肢の増加により多様なデザインが可能となる。

　ただし先述の通り，キャッシュ分配がもたらす富の移転は，先行き不透明な経営環境下におけるステークホルダー間の利害対立を惹起させ，悪化させる可能性がある。資金需要，今後の業績，効率性向上等を考慮しつつ活用すべき配当指標を選択し，くわえてキャッシュの移転がもたらす利害対立を緩和するように分配額を決定するという基本姿勢の維持が，今後の配当政策，自社株買い

も視野に入れた分配（ペイアウト）政策のデザインにおいてますます重要となろう。

【注】
1) 岡部, 88ページ。
2) 岡部, 88ページ。
3) 津村, 2ページ
4) 津村, 同上書, 2ページ。
5) 全国証券取引所協議会, (42)-(43) ページ。
6) 有価証券報告書のデータはeolから取得した。

【参考文献】
岡部政昭「配当政策論争の再検討」『成城大学経済研究』第68号, 1980年, 83-109ページ。
坂本恒夫（編）現代財務管理論研究会（著）『テキスト財務管理論』第4版, 中央経済社, 2011年。
全国証券取引所協議会（編）『企業業績及び配当の状況』（平成10年度版）。
高橋文郎『実践コーポレートファイナンス』ダイヤモンド社, 2001年。
津村英文『配当―その光と影』税務経理協会, 1981年。

（落合　孝彦）

第12講

セグメント情報分析

1．本講の意義・目的と概要

企業集団の事業・地域多角化
　⇒ リスクの異なるセグメント ⇒ セグメント情報の必要性
本講では，事業の種類別セグメント情報のみ扱う。
- 売上高
- 営業利益
- 資産　　　｝組み合わせて指標を作る ⇒ 分　析
- 減価償却費
- 資本的支出

2．収益性分析

- 資産営業利益率（％）＝売上高営業利益率（％）×資産回転率（回）
- 売上高営業利益率（％）＝営業利益÷売上高×100
- 資産回転率（回）＝売上高÷資産

3．成長性分析

- 売上高成長率（％）⇒ ＋なら増収，－なら減収
- 営業利益成長率（％）⇒ ＋なら増益，－なら減益

4．キャッシュフロー分析

- 近似的FCF ｛＋の事業は余資がある ⇒ 一時的か安定的か
　　　　　　　－の事業は資金不足 ⇒ 投資が必要か業績悪化か

5．東芝（株）グループの連結セグメント情報分析

- デジタルプロダクツ
- 電子デバイス
- 社会インフラ
- 家庭電器
- その他
- 連　結

1 本講の意義・目的と概要

　企業の経営活動は，企業グループとして事業多角化または地域多角化しており，事業や地域によって直面する環境が異なることも多い。そのため，ライフサイクルの位置やリスクが異なることもあろう。よって，企業グループ全体の連結財務諸表だけでは，十分に企業の財務内容を分析することは困難である。ここに，事業の種類別や地域別のセグメント情報を分析する意義と目的がある。

　本講では，実際に開示されていることが多い事業の種類別の売上高，営業利益，資産，減価償却費，資本的支出といったセグメント情報を用いて，収益性，成長性，キャッシュフローに関する分析の方法を説明する。この分析の経営全体の中での位置づけとしては，各セグメントの連結業績への影響を明らかにできる点にある。

　最後に，事例研究として東芝（株）の例をあげる。

2 事業の種類別セグメントの収益性分析

　近年では，事業の種類別セグメント情報は，財務情報が入手可能で，マネジメントが経営資源の配分の決定及び業績のため，定期的に評価を行う対象となっているものという。これを「マネジメント・アプローチ」と呼ぶ。「マネジメント・アプローチ」は国際会計基準や米国会計基準はもちろんのこと，日本の会計基準でも2011年3月期からその採用が義務付けられた。

　この基準に基づいて事業の種類別セグメントの収益性分析を実施する場合，開示情報として用いることができるのは，主に売上高，営業利益，資産である。これらにより，次式のように，資産利益率とそれを2指標に分解する次の代表的な収益性分析が可能となる。

　　資産営業利益率（％）＝売上高営業利益率（％）×資産回転率（回）

$$\frac{営業利益}{資産} \times 100 = \frac{営業利益}{売上高} \times 100 \times \frac{売上高}{資産}$$

連結全体のこれらの3指標と,個々のセグメントのこれらの3指標を対比することによって,あるいはセグメント間を比較することによって,最も収益性に貢献しているセグメントはどのセグメントなのかなど,特徴の違いをより鮮明にすることができるであろう。

3 事業の種類別セグメントの成長性分析

また,事業の種類別セグメントの売上高ならびに営業利益のセグメント間比較や時系列比較をすることによって,成長性を分析できる。たとえば,次の売上高成長率と営業利益成長率を求め,セグメント間で比較したり,時系列で観察したりできる。

売上高成長率(%)=(当期売上高÷前期売上高-1)×100

営業利益成長率(%)=(当期営業利益÷前期営業利益-1)×100

営業損益については,損失額の変化や,損失から利益あるいは利益から損失に転じるときは,増加額や減少額といった金額ベースで示すほうがわかりやすいこともある。

4 事業の種類別セグメントのキャッシュフロー分析

次に,事業の種類別セグメントの減価償却費,資本的支出の情報もよく開示されているので,これらに営業利益ならびに法定実効税率の情報を加味して,次式のような近似的フリーキャッシュフロー(以下,近似的FCFと略す)を算出できる。ここで近似的としたのは,セグメントごとの運転資本情報が開示されていないため,運転資本の増加額を控除していないからである。

近似的FCF=営業利益×(1-法定実効税率)+減価償却費-資本的支出

この指標により,おおよそのセグメントごとの資金過不足状況を確認することができる。セグメント間での資金の相互補助や,全社的な支払いを賄うだけ

の資金を稼ぐセグメントはどれかなど，資金需給バランスの状況も把握できるであろう。

5 事例研究 －東 芝－

　ここでは，東芝（株）のホームページから得られる有価証券報告書の連結財務諸表を再分割したセグメント情報を用いて，上記の2～4節の分析を行う。

1 事業の種類別セグメントの収益性分析

　東芝（株）は，米国会計基準（ＡＳＣ280「セグメント報告」）を適用してセグメント情報を開示しており，当グループは，セグメントの営業損益を事業部門の業績評価に使用している。事業の種類別セグメントは，製品の性質，製造方法及び販売市場の類似性に基づき，「デジタルプロダクツ」,「電子デバイス」,「社会インフラ」,「家庭電器」及び「その他」の5部門とされている。各部門の主な内容は次のとおりである（ハードディスク装置と光ディスク装置は2011年7月1日より，デジタルプロダクツから電子デバイスに移動）。

- ・デジタルプロダクツ … パソコン，映像機器，複合機等
- ・電子デバイス … 半導体，ハードディスク装置，液晶ディスプレイ等
- ・社会インフラ … エネルギー関連機器，医用機器，ＩＴソリューション，昇降機等
- ・家庭電器 … 冷蔵庫，洗濯乾燥機，照明器具，空調機等
- ・その他 … 物流サービス等

第2部　企業成長力（製品力・販売力・資金力）と経営分析

● 図表12−1　収益性分析に活用できるセグメントの諸指標

(単位：百万円)

セグメント	項　目	2008年度	2009年度	2010年度	2011年度
デジタルプロダクツ	売 上 高	2,467,524	2,363,622	1,917,758	1,663,981
	営業損益	△14,202	13,323	28,892	△28,191
	資　　産	954,909	1,117,113	891,185	834,603
電子デバイス	売 上 高	1,324,914	1,309,113	1,757,869	1,616,260
	営業損益	△323,216	△24,212	71,195	90,174
	資　　産	1,437,943	1,328,384	1,403,397	1,362,143
社会インフラ	売 上 高	2,396,209	2,302,867	2,277,651	2,412,818
	営業損益	113,247	136,265	129,615	134,247
	資　　産	2,427,465	2,449,478	2,546,138	2,859,298
家 庭 電 器	売 上 高	674,245	579,846	599,785	576,750
	営業損益	△27,144	△5,386	8,751	5,692
	資　　産	385,240	362,171	341,103	327,698
そ　の　他	売 上 高	334,298	315,791	335,076	327,019
	営業損益	528	△4,262	735	2,831
	資　　産	321,551	312,599	302,245	400,383
連　　　結	売 上 高	6,654,518	6,381,599	6,398,505	6,100,262
	営業損益	△250,186	117,191	240,273	206,649
	資　　産	5,453,225	5,451,173	5,379,319	5,731,246

（注）　営業損益の金額の前に△がないものは営業利益，△があるものは営業損失を示している。

　収益性分析に活用できる2008年度（2009年3月期）～2011年度（2012年3月期）のセグメント別の3指標を示す（売上高，営業損益，資産）。これらにより，セグメント別に各年度の資産営業利益率，売上高営業利益率，資産回転率を求める（資産は期首と期末の平均を用いる）。

〔デジタルプロダクツ部門〕

2009年度：資産営業利益率＝13,323÷{(954,909＋1,117,113)÷2}×100

$$\fallingdotseq 1.286\%$$

売上高営業利益率＝13,323÷2,363,622×100≒0.564%

資産回転率＝2,363,622÷{(954,909＋1,117,113)÷2}≒2.28回

2010年度：資産営業利益率＝28,892÷{(1,117,113＋891,185)÷2}×100

$\fallingdotseq 2.88\%$

売上高営業利益率 $= 28,892 \div 1,917,758 \times 100 \fallingdotseq 1.51\%$

資産回転率 $= 1,917,758 \div \{(1,117,113+891,185) \div 2\} \fallingdotseq 1.91$ 回

2011年度：資産営業利益率 $= \triangle 28,191 \div \{(891,185+834,603) \div 2\} \times 100$

$\fallingdotseq \triangle 3.3\%$

売上高営業利益率 $= \triangle 28,191 \div 1,663,981 \times 100 \fallingdotseq \triangle 1.7\%$

資産回転率 $= 1,663,981 \div \{(891,185+834,603) \div 2\} \fallingdotseq 1.93$ 回

〔電子デバイス部門〕

2009年度：資産営業利益率 $= \triangle 24,212 \div \{(1,437,943+1,328,384) \div 2\} \times 100$

$\fallingdotseq \triangle 1.75\%$

売上高営業利益率 $= \triangle 24,212 \div 1,309,113 \times 100 \fallingdotseq \triangle 1.85\%$

資産回転率 $= 1,309,113 \div \{(1,437,943+1,328,384) \div 2\} \fallingdotseq 0.946$ 回

2010年度：資産営業利益率 $= 71,195 \div \{(1,328,384+1,403,397) \div 2\} \times 100$

$\fallingdotseq 5.2\%$

売上高営業利益率 $= 71,195 \div 1,757,869 \times 100 \fallingdotseq 4\%$

資産回転率 $= 1,757,869 \div \{(1,328,384+1,403,397) \div 2\} \fallingdotseq 1.3$ 回

2011年度：資産営業利益率 $= 90,174 \div \{(1,403,397+1,362,143) \div 2\} \times 100$

$\fallingdotseq 6.5213\%$

売上高営業利益率 $= 90,174 \div 1,616,260 \times 100 \fallingdotseq 5.579\%$

資産回転率 $= 1,616,260 \div \{(1,403,397+1,362,143) \div 2\}$

$\fallingdotseq 1.1689$ 回

〔社会インフラ部門〕

2009年度：資産営業利益率 $= 136,265 \div \{(2,427,465+2,449,478) \div 2\} \times 100$

$\fallingdotseq 5.6\%$

売上高営業利益率 $= 136,265 \div 2,302,867 \times 100 \fallingdotseq 5.9\%$

資産回転率 $= 2,302,867 \div \{(2,427,465+2,449,478) \div 2\} \fallingdotseq 0.944$ 回

2010年度：資産営業利益率 $= 129,615 \div \{(2,449,478+2,546,138) \div 2\} \times 100$

$\fallingdotseq 5.2\%$

売上高営業利益率 $= 129,615 \div 2,277,651 \times 100 \fallingdotseq 5.7\%$

資産回転率 $= 2,277,651 \div \{(2,449,478+2,546,138) \div 2\} \fallingdotseq 0.91$ 回

2011年度：資産営業利益率＝134,247÷{(2,546,138＋2,859,298)÷2}×100
　　　　　　　　≒5.0％

　　　　　売上高営業利益率＝134,247÷2,412,818×100≒5.6％

　　　　　資産回転率＝2,412,818÷{(2,546,138＋2,859,298)÷2}≒0.89回

〔家庭電器部門〕

2009年度：資産営業利益率＝△5,386÷{(385,240＋362,171)÷2}×100
　　　　　　　　≒△1.44％

　　　　　売上高営業利益率＝△5,386÷579,846×100≒△0.929％

　　　　　資産回転率＝579,846÷{(385,240＋362,171)÷2}≒1.55回

2010年度：資産営業利益率＝8,751÷{(362,171＋341,103)÷2}×100≒2.5％

　　　　　売上高営業利益率＝8,751÷599,785×100≒1.46％

　　　　　資産回転率＝599,785÷{(362,171＋341,103)÷2}≒1.71回

2011年度：資産営業利益率＝5,692÷{(341,103＋327,698)÷2}×100≒1.7％

　　　　　売上高営業利益率＝5,692÷576,750×100≒0.99％

　　　　　資産回転率＝576,750÷{(341,103＋327,698)÷2}≒1.72回

〔その他〕

2009年度：資産営業利益率＝△4,262÷{(321,551＋312,599)÷2}×100
　　　　　　　　≒△1.34％

　　　　　売上高営業利益率＝△4,262÷315,791×100≒△1.35％

　　　　　資産回転率＝315,791÷{(321,551＋312,599)÷2}≒0.996回

2010年度：資産営業利益率＝735÷{(312,599＋302,245)÷2}×100≒0.239％

　　　　　売上高営業利益率＝735÷335,076×100≒0.219％

　　　　　資産回転率＝335,076÷{(312,599＋302,245)÷2}≒1.09回

2011年度：資産営業利益率＝2,831÷{(302,245＋400,383)÷2}×100≒0.8％

　　　　　売上高営業利益率＝2,831÷327,019×100≒0.9％

　　　　　資産回転率＝327,019÷{(302,245＋400,383)÷2}≒0.9回

〔連　結〕

2009年度：資産営業利益率＝117,191÷{(5,453,225＋5,451,173)÷2}×100
　　　　　　　　≒2.15％

　　　　　売上高営業利益率＝117,191÷6,381,599×100≒1.84％

$$資産回転率 = 6,381,599 \div \{(5,453,225 + 5,451,173) \div 2\} \fallingdotseq 1.17回$$

2010年度：
$$資産営業利益率 = 240,273 \div \{(5,451,173 + 5,379,319) \div 2\} \times 100$$
$$\fallingdotseq 4.437\%$$

$$売上高営業利益率 = 240,273 \div 6,398,505 \times 100 \fallingdotseq 3.76\%$$

$$資産回転率 = 6,398,505 \div \{(5,451,173 + 5,379,319) \div 2\} \fallingdotseq 1.18回$$

2011年度：
$$資産営業利益率 = 206,649 \div \{(5,379,319 + 5,731,246) \div 2\} \times 100$$
$$\fallingdotseq 3.7\%$$

$$売上高営業利益率 = 206,649 \div 6,100,262 \times 100 \fallingdotseq 3.4\%$$

$$資産回転率 = 6,100,262 \div \{(5,379,319 + 5,731,246) \div 2\} \fallingdotseq 1.1回$$

以上の結果から、セグメントの時系列分析と連結業績への影響を簡単にみる。デジタルプロダクツは2010年度に資産回転率が前年度より悪化しているものの、売上高営業利益率が相当改善されたため、資産利益率は大きく改善した。しかし、2011年度には資産回転率が若干改善されただけで、売上高営業利益率や資産利益率は赤字に転落している。電子デバイスは2011年度の資産回転率の若干の低下を除き、2010年度、2011年度と大幅に収益性が改善している。社会インフラは常に黒字で安定的に収益性を維持しているもの、全体的には低下傾向にある。家庭電器とその他は2009年度の赤字から2010年度には資産利益率、売上高営業利益率、資産回転率のすべてが改善し、黒字に転じたが、2011年度はなんとか黒字は維持しているものの、悪化傾向に転じた。連結全体としては、2009年度から2011年度にかけて黒字は維持している。しかし、2010年度の大幅な収益性の改善に対して、2011年度は電子デバイスを除くすべてのセグメントでの収益性の低下が響いて、連結全体でも収益性が低下した。

② 事業の種類別セグメントの成長性分析

成長性分析は、図表12-1と同一のデータで分析できる。3節で述べたように、売上高成長率、営業利益成長率、営業損益増減額を分析する。赤字幅の減少や赤字から黒字への転換は営業損益増加額、赤字幅の増加や黒字から赤字への転換は営業損益減少額としている。

〔デジタルプロダクツ部門〕

 2009年度売上高成長率＝(2,363,622÷2,467,524－1)×100≒△4.21%

 2010年度売上高成長率＝(1,917,758÷2,363,622－1)×100≒△18.86%

 2011年度売上高成長率＝(1,663,981÷1,917,758－1)×100≒△13.23%

 2009年度営業利益増加額＝13,323－△14,202＝27,525

 2010年度営業利益成長率＝(28,892÷13,323－1)×100≒116.86%

 2011年度営業損益減少額＝△28,191－28,892＝△57,083

〔電子デバイス部門〕

 2009年度売上高成長率＝(1,309,113÷1,324,914－1)×100≒△1.19%

 2010年度売上高成長率＝(1,757,869÷1,309,113－1)×100≒34.28%

 2011年度売上高成長率＝(1,616,260÷1,757,869－1)×100≒△8.06%

 2009年度営業損益増加額＝△24,212－△323,216＝299,004

 2010年度営業損益増加額＝71,195－△24,212＝95,207

 2011年度営業利益成長率＝(90,174÷71,195－1)×100≒26.66%

〔社会インフラ部門〕

 2009年度売上高成長率＝(2,302,867÷2,396,209－1)×100≒△3.90%

 2010年度売上高成長率＝(2,277,651÷2,302,867－1)×100≒△1.09%

 2011年度売上高成長率＝(2,412,818÷2,277,651－1)×100≒5.93%

 2009年度営業利益成長率＝(136,265÷113,347－1)×100≒20.22%

 2010年度営業利益成長率＝(129,615÷136,265－1)×100≒△4.88%

 2011年度営業利益成長率＝(134,247÷129,615－1)×100≒3.57%

〔家庭電器部門〕

 2009年度売上高成長率＝(579,846÷674,245－1)×100≒△14.00%

 2010年度売上高成長率＝(599,785÷579,846－1)×100≒3.44%

 2011年度売上高成長率＝(576,750÷599,785－1)×100≒△3.84%

 2009年度営業損益増加額＝△5,386－△27,144＝21,758

 2010年度営業損益増加額＝8,751－△5,386＝14,137

 2011年度営業利益成長率＝(5,692÷8,751－1)×100≒△34.96%

〔その他〕

 2009年度売上高成長率＝(315,791÷334,298－1)×100≒△5.54%

2010年度売上高成長率＝(335,076÷315,791－1)×100≒6.11％

2011年度売上高成長率＝(327,019÷335,076－1)×100≒△2.40％

2009年度営業損益減少額＝△4,262－528＝△4,790

2010年度営業損益増加額＝735－△4,262＝4,997

2011年度営業利益成長率＝(2,831÷735－1)×100≒285.17％

〔連　結〕

2009年度売上高成長率＝(6,381,599÷6,654,518－1)×100≒△4.10％

2010年度売上高成長率＝(6,398,505÷6,381,599－1)×100≒0.26％

2011年度売上高成長率＝(6,100,262÷6,398,505－1)×100≒△4.66％

2009年度営業損益増加額＝117,191－△250,186＝367,377

2010年度営業利益成長率＝(240,273÷117,191－1)×100≒105.03％

2011年度営業利益成長率＝(206,649÷240,273－1)×100≒△13.99％

　以上の結果から，まず売上高成長率について分析すると，2009年度はすべてのセグメントにおいてマイナス成長となったため，当然のごとく連結全体でもマイナス成長である。2010年度は，デジタルプロダクツが大幅なマイナス成長となったが，電子デバイスの大幅なプラス成長と，家庭電器ならびにその他でもプラス成長となったため，連結全体では0.26％の成長となった。

　次に，営業利益の成長について分析すると，2009年度については，連結全体で前年度の営業損失から大幅な営業利益の改善につながったのは，その他を除くすべてのセグメントで利益改善に努めたからである。2010年度は，社会インフラを除くすべてのセグメントで利益改善に努めている。2011年度はデジタルコンテンツと家庭電器の落ち込みが響き，連結でも減益となったが，2,066億円超の営業利益を確保できたのは，電子デバイスと社会インフラ，その他のセグメントの増益が支えていたといえる。

③　事業の種類別セグメントのキャッシュフロー分析

　ここでは，図表12-2の開示データが活用できる。法定実効税率は40.7％として統一し，4節で述べた近似的ＦＣＦを計算する（単位：百万円）。

〔デジタルプロダクツ部門〕

2008年度：△14,202×(1−0.407)+33,249−39,387≒△14,560
2009年度：13,323×(1−0.407)+36,307−21,872≒22,336
2010年度：28,892×(1−0.407)+20,188−16,634≒20,687
2011年度：△28,291×(1−0.407)+21,410−21,819≒△17,186

〔電子デバイス部門〕

2008年度：△323,216×(1−0.407)+210,016−266,904≒△248,555
2009年度：△24,212×(1−0.407)+171,184−108,605≒48,221
2010年度：71,195×(1−0.407)+145,420−126,256≒61,383
2011年度：90,174×(1−0.407)+130,927−200,368≒△15,968

● 図表12−2　キャッシュフロー分析に活用できるセグメントの諸指標

(単位：百万円)

セグメント	項　目	2008年度	2009年度	2010年度	2011年度
デジタルプロダクツ	営業損益	△14,202	13,323	28,892	△28,191
	減価償却費	33,249	36,307	20,188	21,410
	資本的支出	39,387	21,872	16,634	21,819
電子デバイス	営業損益	△323,216	△24,212	71,195	90,174
	減価償却費	210,016	171,184	145,420	130,927
	資本的支出	266,904	108,605	126,256	200,368
社会インフラ	営業損益	113,247	136,265	129,615	134,247
	減価償却費	62,575	66,899	69,396	74,650
	資本的支出	105,822	99,779	96,993	93,912
家庭電器	営業損益	△27,144	△5,386	8,751	5,692
	減価償却費	28,748	19,455	16,831	14,489
	資本的支出	18,497	17,523	13,928	15,912
その他	営業損益	528	△4,262	735	2,831
	減価償却費	15,176	5,153	6,955	5,415
	資本的支出	22,169	8,895	7,858	6,522
連結	営業損益	△250,186	117,191	240,273	206,649
	減価償却費	349,764	298,998	258,790	246,891
	資本的支出	452,779	256,674	261,669	338,533

〔社会インフラ部門〕
 2008年度：$113,247 \times (1-0.407) + 62,575 - 105,822 \fallingdotseq 23,908$
 2009年度：$136,265 \times (1-0.407) + 66,899 - 99,779 \fallingdotseq 47,925$
 2010年度：$129,615 \times (1-0.407) + 69,396 - 96,993 \fallingdotseq 49,265$
 2011年度：$134,247 \times (1-0.407) + 74,650 - 93,912 \fallingdotseq 60,346$

〔家庭電器部門〕
 2008年度：$\triangle 27,144 \times (1-0.407) + 28,748 - 18,497 \fallingdotseq \triangle 5,845$
 2009年度：$\triangle 5,386 \times (1-0.407) + 19,455 - 17,523 \fallingdotseq \triangle 1,262$
 2010年度：$8,751 \times (1-0.407) + 16,831 - 13,928 \fallingdotseq 8,092$
 2011年度：$5,692 \times (1-0.407) + 14,489 - 15,912 \fallingdotseq 1,952$

〔その他〕
 2008年度：$528 \times (1-0.407) + 15,176 - 22,169 \fallingdotseq \triangle 6,680$
 2009年度：$\triangle 4,262 \times (1-0.407) + 5,153 - 8,895 \fallingdotseq \triangle 6,269$
 2010年度：$735 \times (1-0.407) + 6,955 - 7,858 \fallingdotseq \triangle 467$
 2011年度：$2,831 \times (1-0.407) + 5,415 - 6,522 \fallingdotseq 572$

〔連　結〕
 2008年度：$\triangle 250,186 \times (1-0.407) + 349,764 - 452,779 \fallingdotseq \triangle 251,375$
 2009年度：$117,191 \times (1-0.407) + 298,998 - 256,674 \fallingdotseq 111,818$
 2010年度：$240,273 \times (1-0.407) + 258,790 - 261,669 \fallingdotseq 139,603$
 2011年度：$206,649 \times (1-0.407) + 246,891 - 338,533 \fallingdotseq 30,901$

　全体を通じて，常に近似的ＦＣＦが安定して黒字なのは社会インフラである。
　2008年度は社会インフラを除き，すべてのセグメントで赤字であったため，連結も大幅な赤字となった。とくに，電子デバイスの赤字がそのままほぼ連結の赤字となっている。
　しかし，2009年度はデジタルプロダクツが22,336百万円の黒字，電子デバイス48,221百万円の黒字，社会インフラが47,925百万円の黒字なので，家庭電器の△1,262百万円の赤字，その他の△6,269百万円の赤字を埋めた後で，110,951百万円も余資が残ることがわかる。これらの影響から，連結全体で111,818百万円の黒字になった。

2010年度は，その他△467百万円のわずかな赤字に対し，すべてのセグメントで黒字であるため，連結でも139,603百万円という大幅な黒字となった。

2011年度は，デジタルプロダクツと電子デバイスで赤字となったため，連結では2010年度と比べ108,702百万円（＝139,603百万円－30,901百万円）の近似的ＦＣＦの減少となったが，それでも連結で黒字が確保できたのは，やはり社会インフラの60,346百万円の黒字が大きく貢献している。

このように，近似的ＦＣＦによるセグメント・キャッシュフロー分析は，セグメント間の資金の相互補助と連結業績への貢献度を見ることを可能にする。

6 各指標の時代的位置づけ

規模拡大経営期は，市場全体が好況期にあるため，事業の種類別セグメントの売上高成長率や資産回転率が重視された。株主価値経営期に入ると，ただ売上高が大きければ良いというのではなく，セグメントの利益額そのものや売上高利益率，資産利益率，キャッシュフロー指標が重視される傾向にある。ただし，本講で用いたような近似的ＦＣＦのプラスを短期的に意識しすぎると，将来に向けての成長投資に及び腰になる。あくまでも長期的なキャッシュフローの増加が大切であるので，短期的には近似的ＦＣＦが少なかったり，マイナスになったりする期間があることも致し方ない。

調和型・共通価値経営期には，セグメントの持続可能性を見極めなければならない。セグメントの将来に向けた成長性と収益性の指標ならびにキャッシュフローを長期的に向上させていくためには，事業の価値が社会にとっての価値ともつながっているかどうかを意識しつつ，セグメントの業績を時系列的に分析し予測していく必要がある。

【参考文献】

平岡秀福『現代の会計と財務諸表分析〔基礎と展開〕』創成社，2005年。
平岡秀福『企業と事業の財務的評価に関する研究―経済的利益とキャッシュフロー，セグメント情報を中心に―』創成社，2010年。
門田安弘編著『管理会計レクチャー〔基礎編〕』税務経理協会，2008年。

（平岡　秀福）

第13講

連結財務諸表分析

1. 本講の意義・目的と概要

- 企業の経営活動の大規模化，多角化，国際化
  ⇒個別財務諸表から連結財務諸表へ
- 連結に固有の科目を理解

2. 要約連結財務諸表

- 連結損益計算書（利益指標）と連結貸借対照表（資本指標）

3. 連単倍率

- 企業集団のグループ力を見る。
- 連単倍率＝$\dfrac{\text{連結財務諸表上の利益}}{\text{親会社の個別財務諸表上の利益}}$

4. 収益性分析

- ＲＯＥ＝利益÷資本×100
- 親会社説と経済的単一説

5. 安全性分析

- 純資産比率（％）＝$\dfrac{\text{純資産}}{\text{総資産}}\times 100$，株主資本比率＝$\dfrac{\text{株主資本}}{\text{総資産}}\times 100$
- 為替の影響を除く株主資本比＝$\dfrac{\text{株主資本－外貨換算調整額}}{\text{総資産}}\times 100$

6. 東芝（株）グループの事例

- 収益性分析：ＲＯＥ…親会社説と経済的単一説の比較
- 安全性分析：3つの資本比率，為替の影響

第2部　企業成長力（製品力・販売力・資金力）と経営分析

1　本講の意義・目的と概要

　企業は，とりまく環境の変化への対応やその変革を促すために，経営活動を大規模化，多角化，国際化してきた。それに伴い，分社化やM＆Aによって企業グループ化を進めるようになった。そのことから，ステークホルダーに対しては，単一企業の個別財務諸表を別々に公開するよりは，企業グループ全体の実力を示す連結財務諸表を公開する必要性が生じた。

　そこで，情報利用者が連結財務諸表をもとに経営分析をする場合，個別財務諸表とは異なる固有の項目についての理解が必要である。現代では，個別財務諸表が従，連結財務諸表が主となっているので，連結財務諸表に固有の科目の理解は必須である。本講では，その基本的な内容を説明し，連結財務諸表を活用した連単倍率や収益性分析，安全性分析について解説する。キャッシュフロー分析については第3部で述べる。

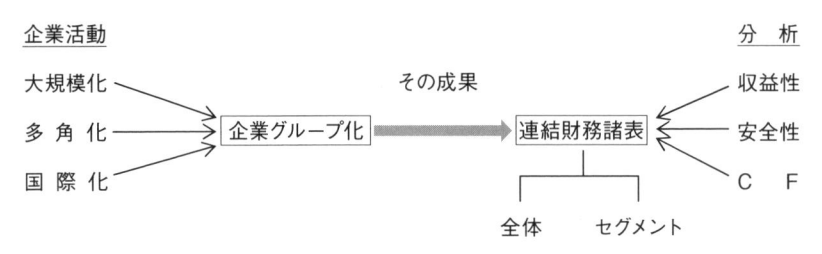

●図表13-1　連結財務諸表分析の意義と概要

```
企業活動                                              分　析
大規模化 ＼                          その成果          ／ 収益性
多 角 化 →  企業グループ化  ⇒  連結財務諸表  ←  安全性
国 際 化 ／                             │            ＼ Ｃ　Ｆ
                                    ┌──┴──┐
                                   全体　セグメント
```

（注）　ＣＦはキャッシュフローの略。

2　要約連結財務諸表の雛型

　連結財務諸表を分析するうえで，必要な項目を要約して示すと図表13-2の連結損益計算書，図表13-3の連結貸借対照表のようにまとめることができる（キャッシュフロー計算書については，第3部を参照のこと）。連結損益計算

●図表13－2　要約連結損益計算書の雛型

Ⅰ.	売　上　高	×　×　×
Ⅱ.	売　上　原　価	×　×　×
	売　上　総　利　益	×　×　×
Ⅲ.	販売費及び一般管理費	×　×　×
	営　業　利　益	×　×　×
Ⅳ.	その他収益	×　×　×
Ⅴ.	その他費用	×　×　×
	税引前当期純利益	×　×　×
Ⅵ.	法　人　税　等	×　×　×
Ⅶ.	非支配持分帰属損益	×　×　×
	当社株主に帰属する当期純利益	×　×　×

●図表13－3　要約連結貸借対照表の雛型

流　動　資　産	×　×　×	流　動　負　債	×　×　×
現金及び現金同等物	×　×　×	短　期　借　入　金	×　×　×
売　上　債　権	×　×　×	仕　入　債　務	×　×　×
棚　卸　資　産	×　×　×	その他の流動負債	×　×　×
その他の流動資産	×　×　×	固　定　負　債	×　×　×
長　期　受　取　債　権	×　×　×	株　主　資　本	×　×　×
投　資　等	×　×　×	非　支　配　持　分	×　×　×
有　形　固　定　資　産	×　×　×		
そ　の　他　の　資　産	×　×　×		
資　産　合　計	×　×　×	負債・純資産合計	×　×　×

書に固有の項目は，非支配持分帰属損益である。これは，連結企業グループの当期純損益のうち，少数株主に帰属する損益の配分額である。連結貸借対照表に固有の項目は，外貨換算調整額（その他包括損益累計額に含められている）と非支配持分である。外貨換算調整額は，連結の対象となるすべての在外子会

社を円換算する際に、資産・負債の換算レートと純資産の換算レートが異なるため生じる。非支配持分は、すべての子会社を資本連結する際に、親会社の投資勘定と子会社の資本勘定の相殺の対象とならない少数株主の持分額を示す。非支配持分は純資産には含まれるが、株主資本には含めない。

3 連単倍率について

連結財務諸表に特有の指標として、連単倍率がある。連単倍率とは、連結決算の数値が親会社単体の数値と比べて何倍に相当するかを表す指標である。連単倍率が大きいほど、企業集団のグループ力が強いことを示し、利益指標の場合、連単倍率が1を下回ると、子会社全体の業績が赤字となっていることを示す。たとえば、利益指標による連単倍率は次の算式で求める。

$$連単倍率 = \frac{連結財務諸表上の利益}{親会社の個別財務諸表上の利益}$$

4 連結財務諸表による収益性分析の指標

連結財務諸表による収益性分析でとくに注意を要するのは、ＲＯＥ（Return On Equity）の計算方法である。「連結財務諸表に関する会計基準」第51項によれば、連結財務諸表の作成については、親会社説と経済的単一説がある。前者では、非支配持分は連結実体の持分ではなく、後者では、非支配持分は連結実体の持分の一部と考える。よって、どちらの説を採るかによって、ＲＯＥの計算式も次のように使い分ける必要がある。

$$親会社説に基づくＲＯＥ（\%） = \frac{当社株主に帰属する当期純利益}{株主資本} \times 100$$

$$経済的単一説に基づくＲＯＥ（\%） = \frac{非支配持分控除前当期純利益}{純資産合計} \times 100$$

第13講　連結財務諸表分析

5　連結財務諸表による安全性分析の指標

連結財務諸表による安全性分析でとくに注意を要するのは，財務安全性の代表的な指標を示す総資産に占める資本の比率に対する考え方である。為替相場が大きく変動している場合，外貨換算調整勘定を資本に含めるか否かで分析結果が大きく変わる。また，子会社の全体の持分のうち，親会社以外の株主に多くの額が保有されている場合も，非支配持分を資本に含めるか否かで資本比率は大きく変わる。よって，資本比率は次のようなパターンが考えられよう。

$$純資産比率（％）＝\frac{純資産}{総資産}×100$$

$$為替の影響を除いた株主資本比率（％）＝\frac{株主資本－外貨換算調整額}{総資産}×100$$

$$株主資本比率（％）＝\frac{株主資本}{総資産}×100$$

6　事例研究　－東　芝－

次の資料は東芝の過去3期間の要約連結損益計算書（図表13-4）と過去4期末の要約連結貸借対照表（図表13-5）である。会計期間は4月1日から翌年の3月31日までである。なお，ここでは非継続事業の当期純損失をその他費用に含めており，2011年度，2010年度，2009年度の金額は，それぞれ1,295百万円，8,183百万円，6,172百万円であった。また，株主資本に含まれる外貨換算調整額は資本控除項目となっており，2011年度末，2010年度末，2009年度末，2008年度末の金額はそれぞれ，△286,126百万円，△275,108百万円，△231,467百万円，△222,773百万円であった。東芝の個別財務諸表上の2011年度，2010年度の当期純利益は，それぞれ39,202百万円，105,378百万円だったので，2011年度と2010年度の連単倍率は次のとおりである（単位：百万円）。

　2011年度の連単倍率＝73,705÷39,202≒1.88倍

137

第2部　企業成長力（製品力・販売力・資金力）と経営分析

● 図表13－4　過去3期間の要約連結損益計算書

（単位：百万円）

損益計算書項目	2011年度	2010年度	2009年度
Ⅰ．売　上　高	6,100,262	6,398,505	6,291,208
Ⅱ．売　上　原　価	4,633,558	4,897,547	4,852,002
売上総利益	1,466,704	1,500,958	1,439,206
Ⅲ．販売費及び一般管理費	1,260,055	1,260,685	1,313,958
営業利益	206,649	240,273	125,248
Ⅳ．その他収益	104,463	94,993	93,143
Ⅴ．その他費用	160,002	147,900	190,150
税引前当期純利益	151,110	187,366	28,241
Ⅵ．法　人　税　等	64,964	40,720	33,534
Ⅶ．非支配持分帰属損益	12,441	8,801	14,450
当社株主に帰属する当期純利益	73,705	137,845	△19,743

（出所）　東芝のホームページより入手した決算短信をもとに作成。

　　2010年度の連単倍率＝137,845÷105,378≒1.31倍

　これをみると，2011年度のほうが，2010年度と比べて，連結業績全体に占める子会社業績の依存度が非常に高くなっていることがわかる。

　次に，各年度の親会社説に基づくＲＯＥ，経済的単一説に基づくＲＯＥを計算してみると，次のとおりである（単位は百万円で，ＲＯＥの分母には当期末と前期末の平均を用いる）。

親会社説に基づくＲＯＥ：

　　2011年度：73,705÷｛(867,268＋868,119)÷2｝×100≒8.5％

　　2010年度：137,845÷｛(868,119＋797,455)÷2｝×100≒16.6％

　　2009年度：△19,743÷｛(797,455＋447,346)÷2｝×100≒△3.2％

純資産合計：株主資本＋非支配持分

　　2011年度末：867,268＋369,254＝1,236,522

　　2010年度末：868,119＋311,497＝1,179,616

　　2009年度末：797,455＋330,167＝1,127,622

　　2008年度末：447,346＋311,935＝759,281

● 図表13-5　過去4期末の要約連結貸借対照表

(単位：百万円)

貸借対照表項目	2011年度末	2010年度末	2009年度末	2008年度末
流動資産	3,001,417	2,799,668	2,761,606	2,720,631
現金及び現金同等物	214,305	258,840	267,449	343,793
売上債権	1,307,734	1,124,180	1,184,399	1,083,386
棚卸資産	884,264	864,382	795,601	758,305
その他の流動資産	595,214	552,266	514,157	535,147
長期受取債権	49,164	2,540	3,337	3,987
投資等	652,235	657,840	619,517	530,866
有形固定資産	851,365	900,205	978,726	1,089,579
その他の資産	1,177,065	1,019,066	1,087,987	1,108,162
資産合計	5,731,246	5,379,319	5,451,173	5,453,225
流動負債	2,659,260	2,498,309	2,488,445	3,067,773
短期借入金	326,141	311,762	257,364	1,033,884
仕入債務	1,293,028	1,194,229	1,191,885	1,003,864
その他の流動負債	1,040,091	992,318	1,039,196	1,030,025
固定負債	1,835,464	1,701,394	1,835,106	1,626,171
株主資本	867,268	868,119	797,455	447,346
非支配持分	369,254	311,497	330,167	311,935
負債・純資産合計	5,731,246	5,379,319	5,451,173	5,453,225

(出所)　東芝のホームページより入手した決算短信をもとに作成。

　　　　非支配持分控除前当期純利益：当社株主に帰属する当期純利益＋非支配持分
　　　　　　　　　　　　帰属損益

　　2011年度：73,705＋12,441＝86,146

　　2010年度：137,845＋8,801＝146,646

　　2009年度：△19,743＋14,450＝△5,293

経済的単一説に基づくＲＯＥ：

　　2011年度：86,146÷{(1,236,522＋1,179,616)÷2}×100≒7.1％

　　2010年度：146,646÷{(1,179,616＋1,127,622)÷2}×100≒12.7％

　　2009年度：△5,293÷{(1,127,622＋759,281)÷2}×100≒△0.6％

これらの指標をみると，2009年度を除き，親会社説に基づくＲＯＥのほうが良いので，非支配持分の資本効率が相対的に良くないことがわかる。2009年度に最終損益が赤字で，業績が悪化していたが，2010年度はＶ字回復した。ただし，2011年度は営業利益の減少などの影響を受け，ＲＯＥが低下し，業績に陰りがみられる。今後，ＲＯＥを改善する企業グループ財務戦略が必要となろう。

最後に，5節で示した3つの資本比率を各年度で計算してみる。

純資産比率：

　2011年度末：$1,236,522 \div 5,731,246 \times 100 \fallingdotseq 21.6\%$

　2010年度末：$1,179,616 \div 5,379,319 \times 100 \fallingdotseq 21.9\%$

　2009年度末：$1,127,622 \div 5,451,173 \times 100 \fallingdotseq 20.7\%$

　2008年度末：$759,281 \div 5,453,225 \times 100 \fallingdotseq 13.9\%$

為替の影響を除いた株主資本比率：

　2011年度末：$(867,268 - \triangle 286,126) \div 5,731,246 \times 100 \fallingdotseq 20.1\%$

　2010年度末：$(868,119 - \triangle 275,108) \div 5,379,319 \times 100 \fallingdotseq 21.3\%$

　2009年度末：$(797,455 - \triangle 231,467) \div 5,451,173 \times 100 \fallingdotseq 18.9\%$

　2008年度末：$(447,346 - \triangle 222,773) \div 5,453,225 \times 100 \fallingdotseq 12.3\%$

株主資本比率：

　2011年度末：$867,268 \div 5,731,246 \times 100 \fallingdotseq 15.1\%$

　2010年度末：$868,119 \div 5,379,319 \times 100 \fallingdotseq 16.1\%$

　2009年度末：$797,455 \div 5,451,173 \times 100 \fallingdotseq 14.6\%$

　2008年度末：$447,346 \div 5,453,225 \times 100 \fallingdotseq 8.2\%$

純資産比率をみると，2009年度末と比べて2010年度末は1.2％改善され，2011年度末は2010年度末と比べて若干悪化していることがわかる。為替の影響を除いた株主資本比率は，2008年度末から2010年度末にかけて改善されているものの，2011年度末には前年度末より悪化した。株主資本比率もまた，2008年度末から2010年度末にかけて改善されているものの，2011年度末には前年度末より悪化した。各年度末の為替の影響の差を次の式で求めてみる。

為替の影響を除いた株主資本比率－株主資本比率：

　2011年度末：$20.1\% - 15.1\% = 5.0\%$

2010年度末：21.3% − 16.1% = 5.2%

2009年度末：18.9% − 14.6% = 4.3%

2008年度末：12.3% − 8.2% = 4.1%

この結果をみると，在外子会社の為替の影響を最も受けているのは，2010年度末であることがわかる。

7 各指標の時代的位置づけ

拡大経営期は，売上額や資本額などの個別財務諸表と連結財務諸表の規模ベースの指標が重視された。株主価値経営期は，最終利益を意味する当社株主に帰属する当期純利益を用いるROEと株主資本，純資産で株主価値が測定された（親会社説）。

しかし，調和型・共通価値経営期は，親会社の株主以外のステークホルダーにも注意が向けられる。収益性は非支配持分も考慮した経済的単一説に基づくROEで測定し，企業のグローバル化から為替の影響の有無も反映した財務安全性を見る必要がある（本講で取り上げた3つの財務安全性の比較）。さらに，それらの指標に影響を与える事業価値の創造と両立して企業を取り巻く社会の価値を創造できるかどうかが重要となってくるであろう。

【参考文献】
平岡秀福『現代の会計と財務諸表分析〔基礎と展開〕』創成社，2005年。
平岡秀福『企業と事業の財務的評価に関する研究―経済的利益とキャッシュフロー，セグメント情報を中心に―』創成社，2010年。
門田安弘編著『管理会計レクチャー〔基礎編〕』税務経理協会，2008年。
『東芝株式会社・決算短信（連結）』2008年3月期-2011年3月期。

(平岡　秀福)

第3部

株式市場評価力と経営分析

第14講

機関投資家と経営分析

1. 意義・目的

○ 株式会社と株式市場の関係の変化
- (1) 株式会社の資金調達の場としての株式市場
  - 企業行動：株式市場からの資金を利用した拡大経営
    - ― 収益，利益の拡大
  - 株　　主：主な資金提供者は，銀行や企業
    - ― 株式会社にとっての安定株主
- (2) 株式市場による株式会社の評価
  - 企業行動：効率性の追求
    - ― 景気の低迷により売上や利益の拡大が困難になる
  - 株　　主：主な資金提供者は，機関投資家
    - ― 利益率，効率性の重視

⇒ 株式市場の役割が，資金供給の場から企業活動監視の場へ

2. 手　法

○ 企業評価の変遷
- (1) 成長性
  - ― 特定の年度に対して収益や利益の増減を測る
    - → 対前年度比率，伸び率
- (2) 利益率，効率性
  - ― 調達した資本の活用がどのように行われているかを測る
    - → ROE，EVA®，CF

3. 位置付けと評価

○ 通常の数値による分析に加え，株主構成を踏まえた分析の必要性
- ― どのような大株主が存在しているか
  - → 企業への影響力が異なる

4. 事例分析：キヤノン株式会社

- ― 2004年に外国人投資家の株式保有比率が50％を超え，上場企業として最高となる
- ― 株主構成の変化
- ― 事業の取り組み
- ― 業績推移

5. 株主価値経営から共通価値経営へ

○ PRIに基づく機関投資家の投資

1 意義・目的

1 株式会社の資金調達の場としての株式市場

1990年代以降,日本の株式市場で海外の機関投資家の存在が注目されるようになってきた。機関投資家とは,個人や企業に代わって資金を運用し,投資収益を上げることを目的に活動する機関であり,プロの投資家である。機関投資家の代表的なものとして保険会社,投資信託,年金基金等がある。

日本では,1980年代に個人の金融資産が保険や年金等に集まり,これらの機関による日本企業への投資,すなわち株式の所有が増加していった。こうしたことを機関化現象と呼んでいる。日本の機関投資家も投資収益を上げ,利益を契約者に還元するという点では海外の機関投資家と同じではあるが,企業との関係においては異なる点がある。

それは,大規模な資金を投資する大株主として存在しているという点では同じであるが,企業の経営には積極的に関与しないという点で異なるということである。経営に関与しない大株主は,サイレント・パートナーと呼ばれている。日本の機関投資家は,日本特有の株式持ち合いという企業間関係の中で,都市銀行や事業会社とともに企業の安定株主として存在していた。

1980年代後半まで都市銀行,事業会社,日本の機関投資家は,安定株主としての一面を有してはいるが,株式会社における主要な株主,すなわち資金提供者であった(図表14-1)。この時期の日本の株式市場は,株式会社に対して安定的な資金提供の場,企業の資金調達の場としての役割を有していた。これらの資金,企業間関係を背景として企業は収益,利益の拡大を目指す経営を行うことができたのである。

2 株式市場による株式会社の評価

バブル経済崩壊後,1990年代に入ると企業の業績は低迷し,株価も下落した。こうした環境の変化により,これまでの主要な株主であった銀行や事業会社は,他社の株式を所有し続けることよりその一部を売却することを選択した。それ

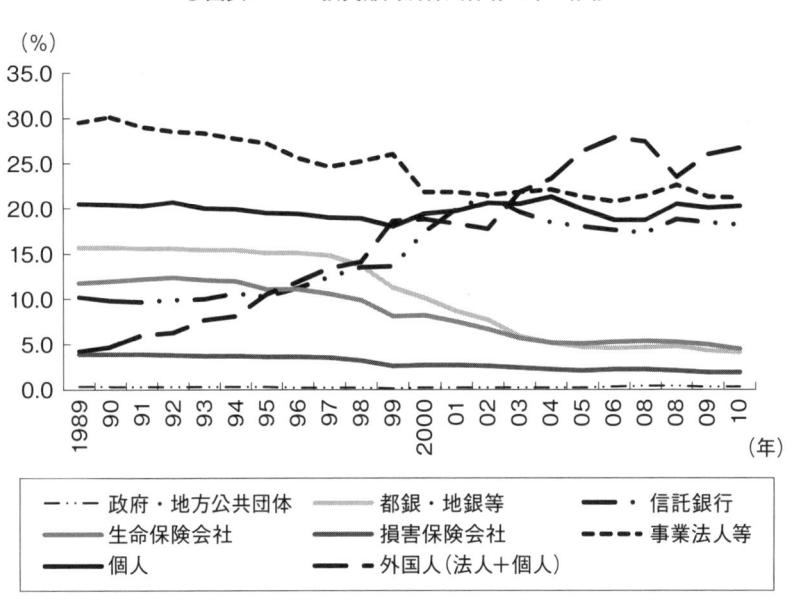

●図表14-1　投資部門別株式保有比率の推移

凡例：
-･･- 政府・地方公共団体　　都銀・地銀等　　-･- 信託銀行
生命保険会社　　損害保険会社　　--- 事業法人等
個人　　外国人（法人＋個人）

（出所）『東証要覧 FACT BOOK 2012』東京証券取引所，2012年，128ページ。

は，株式の時価評価による損失計上を求める会計制度の変更が行われたことも関係している。すなわち，景気が低迷し，企業の業績が悪化する中，所有株式の株価が下落することによる有価証券評価損が銀行や事業会社の業績に影響を与えるからである。図表14-1からも都銀・地銀等，事業法人の保有比率が減少していることがわかる。

　株式持ち合い関係の崩壊により市場に売却された株式の受け皿，買い手となったのが図表14-1の外国人，すなわち海外の機関投資家である。外国人投資家の株式保有比率の上昇から，1990年代に入り主要な株主として海外の機関投資家が注目されるようになったのである。

　海外の機関投資家は投資収益を確保する上で，業績の低迷する企業の株式を売却するという行動を取るようになった。いわゆるウォール・ストリート・ルールと呼ばれる投資行動である。

　しかし，機関投資家の資金規模が拡大したこと，所有株式数が増大したことにより業績の低迷した企業の株式を売却することが容易にできない状況となっ

た。それは，機関投資家の株式保有比率が高まったことにより，大量の株式を売却することで，株式市場全体に株価下落という影響を与えるおそれがあるからである。

そこで，機関投資家は議決権を行使し，業績が低迷している企業に対し経営の改善を求め，場合によっては経営者を交代させるということを行うようになった。こうした海外の機関投資家の行動は，企業に利益率や効率性を追求させ，株主の利益を重視する経営へとシフトさせていった。海外の機関投資家は，企業の売上や利益の拡大よりもＲＯＥやＥＶＡ®等の指標を重視し，企業も機関投資家の期待に応える経営が求められるようになった。

日本の株式市場で，海外の機関投資家の存在が大きくなるに伴い，株式市場の役割が，従来の株式会社の資金調達の場だけではなく，企業活動監視の場，企業評価の場を果たすものへと変化していったのである。

2 手　　法

1 成　長　性

銀行や事業会社が企業の主要な株主であった1980年代後半まで，企業は拡大経営を続け，株主もそれを容認していたことは前述のとおりである。

それでは，企業が拡大していることを判断するための指標にはどのようなものがあるだろうか。ここでは，代表的なものとして対前年度比率，伸び率についてみることとする。

対前年度比率とは，貸借対照表や損益計算書の特定の項目について今年度の金額が，前年度の金額と比べ，増加したのかあるいは減少したのかを知るための指標である。

また，伸び率とは，特定の項目について今年度は前年度の金額からどの程度増加あるいは減少したのかを知るための指標である。

それぞれの計算式は，式１，式２のとおりである。なお，伸び率は，対前年度比率から100を引くことにより求めることもできる。

第14講　機関投資家と経営分析

●図表14－2　総資産・売上高等推移

年度	総資産	売上高	対前年度比率 総資産	対前年度比率 売上高	伸び率 総資産	伸び率 売上高	集計法人数
1981	5,464,018	8,809,834	―	―	―	―	25,110
1982	5,689,538	9,018,504	104.1	102.4	4.1	2.4	26,013
1983	5,968,002	9,209,682	104.9	102.1	4.9	2.1	17,886
1984	6,481,977	9,910,182	108.6	107.6	8.6	7.6	19,405
1985	7,035,660	10,590,679	108.5	106.9	8.5	6.9	19,432
1986	7,476,750	10,573,421	106.3	99.8	6.3	−0.2	21,261
1987	8,521,053	11,167,574	114.0	105.6	14.0	5.6	21,932
1988	9,582,315	12,717,253	112.5	113.9	12.5	13.9	22,185
1989	10,613,527	13,078,501	110.8	102.8	10.8	2.8	23,635
1990	11,421,068	14,281,807	107.6	109.2	7.6	9.2	24,759
1991	12,061,533	14,747,749	105.6	103.3	5.6	3.3	24,995
1992	12,436,531	14,650,594	103.1	99.3	3.1	−0.7	25,457
1993	12,732,267	14,391,120	102.4	98.2	2.4	−1.8	26,040
1994	13,005,324	14,389,845	102.1	100.0	2.1	0.0	26,219
1995	13,448,719	14,846,977	103.4	103.2	3.4	3.2	26,594
1996	13,080,820	14,483,830	97.3	97.6	−2.7	−2.4	25,691
1997	13,142,650	14,674,240	100.5	101.3	0.5	1.3	25,394
1998	13,127,994	13,813,377	99.9	94.1	−0.1	−5.9	25,505
1999	12,849,143	13,834,639	97.9	100.2	−2.1	0.2	24,554
2000	13,095,082	14,350,278	101.9	103.7	1.9	3.7	24,338
2001	12,431,100	13,382,065	94.9	93.3	−5.1	−6.7	23,887
2002	12,348,212	13,268,020	99.3	99.1	−0.7	−0.9	23,840
2003	12,306,956	13,346,737	99.7	100.6	−0.3	0.6	24,885
2004	12,855,298	14,203,559	104.5	106.4	4.5	6.4	25,816
2005	13,435,565	15,081,207	104.5	106.2	4.5	6.2	25,738
2006	13,902,474	15,664,328	103.5	103.9	3.5	3.9	25,620
2007	13,537,990	15,801,713	97.4	100.9	−2.6	0.9	25,039
2008	14,027,629	15,082,072	103.6	95.4	3.6	−4.6	29,667
2009	14,373,153	13,680,196	102.5	90.7	2.5	−9.3	27,282
2010	14,460,336	13,857,426	100.6	101.3	0.6	1.3	27,817

(注)　単位は，総資産および売上高は億円，比率は％，法人数は社である。
(出所)　財務省財務総合政策研究所編『財政金融統計月報』，「法人企業統計年報」各号のデータより作成。

$$対前年度比率（％）＝\frac{調べたい年度の金額}{前年度の金額}×100 \quad ……（式１）$$

$$伸び率（％）＝\frac{調べたい年度の金額－前年度の金額}{前年度の金額}×100 \quad ……（式２）$$

　図表14－2は総資産と売上高等の推移を示したものである。対前年度比率や伸び率を計算することにより，金額よりも増減が判りやすくなる特徴がある。対前年度比率については100％を超える数値，伸び率についてはプラスの数値が増加を表している。

　この図表からも1990年代に入るまで総資産，売上高ともに拡大を続けていることが判る。それに対して，バブル経済崩壊後はわずかに増加あるいは減少してきたことが見て取れる。

2　利益率，効率性

　海外の機関投資家が重視している指標としてＲＯＥ，ＥＶＡ®，キャッシュフロー等がある。ここでは，ＲＯＥについてみることとする。ＲＯＥとはReturn on Equity の略であり，自己資本利益率または株主資本利益率のことをいう。

　自己資本利益率とは，株主から提供された資金を利用してどれだけの利益を上げたのか，効率的な経営を行っているかを判断する指標である。

　この指標を機関投資家が重視する理由としては，株価と関連しており，数値が高いほど株主に対する投資収益性が高いといわれているからである。

　自己資本利益率は，次の計算式で求められる。

$$自己資本利益率（％）＝\frac{当期純利益}{自己資本}×100 \quad ……（式３）$$

　また，上記の式をデュポン・システムと呼ばれる式に分解することもできる。この式では，右辺の第１項が売上高当期純利益率を，第２項が総資産回転率を，第３項が財務レバレッジを表している。数値が低い場合に，このように分解することで何に問題があり，何を改善すべきかを考えることができる。

$$\text{自己資本利益率（％）} = \frac{\text{当期純利益}}{\text{売上高}} \times \frac{\text{売上高}}{\text{総資産}} \times \frac{\text{総資産}}{\text{自己資本}} \quad \cdots\cdots \text{（式4）}$$

3 位置付けと評価

　図表14－3は，ＲＯＥ等の推移を示したものである。全体をみると，ＲＯＥは1980年代が高く，バブル経済崩壊後の1990年代に入り低下し，2000年代半ばに増加がみられる。

　このことから1980年代が最も効率的な経営をしていたように思えるが，そうとは限らない。1980年代はバブル経済による好景気の時代であり，モノを作れば売れるといわれた時代であり，収益・利益を上げやすい時代であった。

　それに対して，バブル経済崩壊後の景気の低迷を経て，利益を上げにくい環境のもと，2000年代に入り企業はいかに効率的に利益を上げるかを重視してきたと捉えることができる。また，この図表は調査対象企業の総計であり，個別企業の分析をすることも必要である。

●図表14－3　企業業績推移

年度	資本・総資産	当期純利益	ＲＯＥ	年度	資本・総資産	当期純利益	ＲＯＥ
1981	849,904	72,764	8.6	1996	2,604,118	88,591	3.4
1982	913,157	69,623	7.6	1997	2,613,163	82,758	3.2
1983	991,748	70,439	7.1	1998	2,523,187	△5,333	△0.2
1984	1,094,449	86,841	7.9	1999	2,869,796	21,678	0.8
1985	1,245,084	85,921	6.9	2000	3,363,388	84,173	2.5
1986	1,370,878	84,380	6.2	2001	3,134,800	△4,656	△0.1
1987	1,511,460	119,831	7.9	2002	3,380,944	62,230	1.8
1988	1,753,620	164,065	9.4	2003	3,480,933	131,601	3.8
1989	2,013,624	179,823	8.9	2004	3,836,558	168,210	4.4
1990	2,186,425	175,704	8.0	2005	4,037,846	231,569	5.7
1991	2,321,310	140,850	6.1	2006	4,554,280	281,650	6.2
1992	2,392,886	78,002	3.3	2007	4,539,880	253,728	5.6
1993	2,453,185	37,447	1.5	2008	4,759,525	73,909	1.6
1994	2,470,024	45,142	1.8	2009	4,955,726	92,239	1.9
1995	2,535,347	76,819	3.0	2010	5,148,828	186,864	3.6

（注）　単位は，総資産および売上高は億円，比率は％，法人数は社である。
（出所）　図表14－2に同じ。

なお，個別企業の経営分析を行うにあたり注意しなければならないこととして，株主構成をおさえておくことが挙げられる。株主は投資による利益を期待するが，それを実現するための手段や企業への影響力が異なるからである。

さらに，株主構成の変化による企業の業績だけではなく，どのような事業に取り組んでいるのかを併せてみることで，数値の分析だけではない分析を行うことができる。

4 事例分析：キヤノン株式会社

機関投資家が投資をする企業とはどのような企業なのか。ここでは，世界的優良企業と位置付けられるキヤノン株式会社についてみることとする。なお，数値は同社の有価証券報告書，ファクトブック2013／2014のデータを用いている。

まず株主構成であるが，1991年度は金融機関が55.94%，外国人法人等が21.84%という状況である。大株主をみると，上位9位までが都市銀行や生命保険会社である。その後，外国人投資家の日本企業への投資が増加する中，2004年時点で外国人投資家の持ち株比率が50.9%と上場企業として最高となった。2005年度の株主構成は金融機関が37.16%，外国法人等が51.12%となり，大株主も半数を機関投資家が占める状況となった。

「共生」を企業理念とするキヤノンは，組織改革，コスト削減，環境問題などに取り組んでいた。そうした中，1996年にグローバル優良企業グループ構想をスタートさせた。この構想について，当時の社長であった御手洗冨士夫氏は「『雇用の維持』『株主への還元』『新規事業創出』『社会貢献』の四つが達成できなければ企業の存在価値はない」と企業のあり方を示している（日経産業新聞1999年9月27日付）。同構想は5年ごとに更新され，2011年には第4段階（フェーズⅣ）に入っている。

こうした構想のもとに活動しているキヤノンの業績（単体）は，図表14－4のとおりである。売上高，純利益ともに2007年度をピークとし減少している。

また，ＲＯＥについては，2007年度の19.4%から2009年度は4.5%まで低下したが，2011年度には10%まで回復している。キヤノンの業績は，一時期低

●図表14-4 キヤノン株式会社の業績推移（単体）

	2003	2004	2005	2006	2007
売上高	2,023,722	2,278,374	2,481,481	2,729,657	2,887,912
経常利益	320,616	396,250	440,711	523,996	552,843
当期純利益	228,667	249,251	289,294	337,520	366,973
総資産	2,059,317	2,384,803	2,652,847	2,938,072	2,790,892
純資産	1,444,160	1,651,407	1,875,433	2,109,283	1,890,566
ＲＯＥ	15.8	15.1	15.4	16.0	19.4

	2008	2009	2010	2011	2012
売上高	2,721,094	2,025,546	2,317,043	2,160,732	2,113,420
経常利益	359,086	142,684	274,742	282,052	235,728
当期純利益	224,135	80,778	152,498	173,201	157,647
総資産	2,618,998	2,551,100	2,603,429	2,511,608	2,337,002
純資産	1,865,005	1,812,718	1,811,901	1,729,096	1,594,688
ＲＯＥ	12.0	4.5	8.4	10.0	9.9

（注）　単位：金額は百万円，比率は％である。
（出所）　キヤノン株式会社『ファクトブック2013／2014』より作成。

下したことがみられるが，図表14-3と比べても，高い水準を維持していることがわかる。

5 株主価値経営から共通価値経営へ

　高度成長期・拡大経営期の日本企業は，売上高や利益額を重視した経営を行ってきた。1990年代に入り海外の機関投資家の影響力の増加によりＲＯＡやＲＯＥといった効率性を重視する経営にシフトし，株主価値経営といった概念が注目されるようになった。こうした時代は，機関投資家が期待する業績を上げる企業が資金調達に有利であるという時代であった。

　これからの共通価値経営期では，企業は業績や経営指標だけでは資金調達を

することが困難になってくる。もちろんこうした指標は重要ではあるが，それらに加えて，企業がどのようなことに取り組んでいるのかが問われる時代となってきている。

　機関投資家は，企業活動を環境（Environment），社会（Social），コーポレート・ガバナンス（Governance）という点で評価し，投資するということが行われている。これは，2006年に国連が公表した責任投資原則（ＰＲＩ：Principles for Responsible Investment）で提唱された基準である。

　企業も資金を調達するためにこうした活動を積極的にアピールすることが必要であるが，キヤノン株式会社では「キヤノン　サステナビリティ　レポート」を毎年発行している。同報告書では，経済・社会・環境の側面にかかわる活動を中心にまとめられている。

　こうした投資原則に賛同する日本の機関投資家は少数ではあるが，今後広まっていくものと考えられる。

【参考文献】
石崎忠司『エッセンシャル経営分析』同文舘出版，2011年。
植田和弘・國部克彦責任編集，水口剛編著『環境と金融・投資の潮流』中央経済社，2011年。
坂本恒夫・文堂弘之編著『成長戦略のための新ビジネスファイナンス』中央経済社，2007年。
坂本恒夫・松村勝弘編著『日本的財務経営』中央経済社，2009年。
森田松太郎『ビジネスゼミナール　経営分析入門［第4版］』日本経済新聞出版社，2009年。

（澤田　茂雄）

第15講

コーポレート・ガバナンスと経営分析

1．意義と目的

意義⇒「会社とは誰のものか」という本質的な問いかけに応える
目的⇒最適なコーポレート・ガバナンスを導き出すための経営分析手法を明らかにする

2．コーポレート・ガバナンスの定義と歴史的な流れ

株式市場評価力という観点から，東京証券取引所のコーポレート・ガバナンス原則の定義
↓
「コーポレート・ガバナンスは企業統治と訳され，一般に企業活動を律する枠組みのこと」
＊日本のコーポレート・ガバナンスの歴史的な流れ

1950～1990年	1991～2007年	2008年以降
メインバンクシステムを主体とする規模拡大経営期のインサイダー型のコーポレート・ガバナンス	株主価値重視のコーポレート・ガバナンス	共通価値経営および調和（循環）型経営を創造するコーポレート・ガバナンス

3．コーポレート・ガバナンス分析の重要な要素と評価基準

Bad ←低い←取締役全体に占める社外取締役の比率ならびに独立取締役の比率→高い→Good
Bad ←無い←　　　指名委員会またはそれに代替する機関の有無　　　→有る→Good
Bad ←低い←　　　　　経営者報酬制度とその透明性　　　　　　→高い→Good
Bad ←無い←　　ＣＳＲ委員会またはコンプライアンス委員会の設置　　→有る→Good

4．個別企業のコーポレート・ガバナンス分析

オリンパスと大王製紙⇒企業不祥事を発生させた要因をＴＤＫとの比較により分析
↓
両社に共通しているのは，インサイダー型の閉鎖的なコーポレート・ガバナンスを構築している点

5．優れたコーポレート・ガバナンスの事例　⇒資生堂

資生堂は，共通価値経営および調和（循環）型経営を創造するコーポレート・ガバナンスを構築

本講では株式市場評価力という観点から，コーポレート・ガバナンスを分析する手法を提示する。具体的には証券取引所および機関投資家のコーポレート・ガバナンスへの評価基準を整理することによって，ガバナンス分析手法を明らかにする。そしていくつかの日本企業にその手法を適用し，最適なコーポレート・ガバナンスを導き出す。

1 意義と目的

日本でのコーポレート・ガバナンスに関する議論は，企業不祥事が続発し，外国人投資家比率が高まった1990年代以降に活発化してきた。コーポレート・ガバナンスを分析する場合には，経営者の暴走による企業不祥事を防止する視点と経営効率を高めて競争力・収益力を向上させるという視点がある。さらにコーポレート・ガバナンスに対する分析は経営学のみならず経済学，法学においても盛んに行われており，「会社とは誰のものか」との本質的な問いかけにも応える意味で大きな意義があると考えられる。本講では株式市場評価力の観点からコーポレート・ガバナンスを経営分析の俎上にどのように載せるかということを考察しながら，最適なコーポレート・ガバナンスを導き出すための分析手法を明らかにすることが目的となる。

2 コーポレート・ガバナンスの定義と歴史的な流れ

これまでコーポレート・ガバナンスに関して多くの考え方が提唱されており，確立された定義というものは存在しない。それはコーポレート・ガバナンスをどのような観点から捉えるかということと深く関連してくるからである。

株式市場評価力の観点からのガバナンスの定義として，東京証券取引所により作成された上場会社コーポレート・ガバナンス原則は，「コーポレート・ガバナンスは企業統治と訳され，一般に企業活動を律する枠組みのことを意味する。」と説明している。

また時代によってコーポレート・ガバナンスの質に違いがみられるので，分析する際にはガバナンスやそれを取り巻く経営環境の歴史的な変遷を理解する

必要がある。1990年代半ばまで日本企業は規模拡大志向の経営が主体で，成長率を高めながら，マーケットシェアの拡大を図ることが大きな経営目標であった。その期間までの日本企業のコーポレート・ガバナンスについて山本（2012）は，「声」を挙げない機関投資家の存在，株式相互持合いによる「相互信任─相互不干渉」の制度化，経営者の内部昇進制度などによって株主主権が形骸化され，日本型ガバナンスが確立されたと説明している。つまり間接金融主体のメインバンクシステムを基盤とした，会社内外の利害関係者から構成されるインサイダー型のコーポレート・ガバナンスであったと考えられる。

そして1990年代前半から外国人投資家の日本株式市場への進出が活発化し，投資のグローバル化が顕著になり，世界的に英米基準の株主価値経営の必要性が叫ばれるようになった。その中で，重要な役割を果たしたのがカルパースで代表される年金基金などの機関投資家であり，投資先企業に対して「物言う株主」としての存在感を高めていった。経営目標として時価総額の最大化やＲＯＥ（株主資本利益率）の向上が多くの日本企業に組み込まれるようになり，2002年の商法改正で米国型システムに近似した委員会等設置会社[1]が導入された。しかしながら，米国において2001年に相次いで，主に経営トップが関与したエンロン，ワールドコムの不正会計が明るみになって，最適解と思われていた米国型のコーポレート・ガバナンスシステムに対して多くの疑問が投げかけられるようになった。

さらに決定的だったのが，2007年の米国のサブプライム問題を契機に発生した世界金融危機であり，極めて過大な報酬額をもたらす経営者報酬システムとリンクした欧米金融機関のコーポレート・ガバナンスへの批判が高まった。同時に株主価値を最も重視するという経営から，株主と株主以外のステークホルダーとの共通価値経営および環境負荷を低減させる等の社会との調和（循環）型経営[2]というコンセプトが重要視されるようになった。つまり経営目標も株主価値の最大化だけではなく，併せて社会的価値も向上させていくことが要請されるようになってきたのである。つまり，坂本（1998）がすでに論じていたように，社会的な視点も含めて，コーポレート・ガバナンスは現代の公開会社のあり方，あるいは経営行動のあり方，経営者のあり方を論じるものであると考えられる。

3 コーポレート・ガバナンス分析の重要な要素と評価基準

　わが国においてコーポレート・ガバナンスが注目されるようになったのは1990年代半ば以降であり，一般化されたコーポレート・ガバナンス分析はほとんどみられなかった。さらにコーポレート・ガバナンスに対しては，財務分析のような明確な数値として示される経営分析の手法というものは存在しない。そこで株式市場評価力としてコーポレート・ガバナンスを経営分析の対象にする場合には，証券取引所や機関投資家によるコーポレート・ガバナンスの評価基準が参考になると思われる。これらの評価基準を整理すると，とくに重要だと思われる要素は以下の4点であると考えられる（図表15-1参照）。

① 取締役全体に占める社外取締役の比率ならびに独立取締役の比率
② 指名委員会またはそれに代替する機関の有無
③ 経営者報酬制度とその透明性
④ ＣＳＲ委員会またはコンプライアンス委員会の設置

　株主価値重視の経営期には①から③が重要な分析要素であったが，共通価値経営および調和（循環）型経営期にはこれらに④の要素を加えた総合的な分析が重要になると考えられる。

　①に関しては，取締役会の独立性を高めながら，経営者への監督機能を強化することと関連する。つまり取締役全体に占める社外取締役の比率が高ければ，経営者の暴走を食い止める確率が高まり，リスクマネジメントのうえでも大きなプラスの効果をもたらすと考えられる。さらに近年，取締役会の監督機能強化の観点から，社外取締役よりも独立性の高い非執行の取締役である独立取締役の設置が要請されるようになっており，海外においてそれは実質的に義務化されつつある。わが国においても東京証券取引所は，2010年より，独立役員（一般株主と利益相反が生じるおそれのない社外取締役又は社外監査役）1名を届け出ることを義務付けており，2012年には独立役員の独立性に関する情報開示強化の義務を図っており，今後いっそう独立取締役の比率の重要性の方が高まることは確実である。

　②は，社長および役員人事がお手盛りかつ密室で行われることを防ぐ仕組み

● 図表15-1　コーポレート・ガバナンス分析の重要な要素と評価基準

① 取締役全体に占める社外取締役の比率ならびに独立取締役の比率

①-1　社外取締役の比率

低い	中	高い
Bad		Good

①-2　独立取締役の比率

低い	中	高い
Bad		Good

② 指名委員会またはそれに代替する機関の有無 （委員のうち半数以上は社外取締役）

無い	有る
Bad	Good

③ 経営者報酬制度とその透明性

③-1　報酬委員会またはそれに代替する機関の設置の有無
（委員のうち半数以上は社外取締役）

無い	有る
Bad	Good

③-2　経営者報酬に関する情報開示の進展度

低い	高い
Bad	Good

④ CSR委員会またはコンプライアンス委員会の設置

無い	有る
Bad	Good

が構築されているかという問題と関連する。つまり，企業価値向上のための経営戦略と自社の将来の方向性の観点から，誰が経営者として適任かを，社内外の人間から候補を選び，公正かつ適正な基準で検討することである。重要なこ

とは，監査役設置会社が指名委員会またはそれに代替する機関を設置する場合には，委員のメンバーの半数以上は社外取締役で占められることが必要である。

③は，欧米金融機関の法外で高額な報酬をもたらす経営者報酬制度が2000年代後半に発生した世界金融危機の大きな要因の一つであったことから，近年，機関投資家が注目している要素である。その具体的な中身として経営者報酬を決定する機関，経営者報酬の方針，経営者報酬制度の開示，経営者報酬システムの4点を挙げることができる。日本企業への大きな批判の一つは，欧米とは正反対で報酬制度が固定報酬主体で，経営者がリスクを負っていないことである。適正なストック・オプションならびに株式報酬等の中長期インセンティブ報酬を導入することにより，業績連動給の割合を高めて経営者に適正なリスクテイクによる企業価値向上を促し，それを実現できなかった場合には結果責任を負わせることが必要である。これらを報酬委員会またはそれに代替する機関で検討し，有価証券報告書や事業報告書等で開示することが求められる。監査役設置会社においては，②と同様に報酬委員会またはそれに代替する機関のメンバーのうち半数以上は社外取締役で占められることが必要である。

④も昨今多くの関心を呼んでいる。現在，コーポレート・ガバナンスの評価において，社会的価値を高めることが重要な要素になっている。CSR（企業の社会的責任）は多くの要素を内包するが，ガバナンス上重要なのはコンプライアンス（法令遵守）である。一般的にコンプライアンスは，CSRの枠組みに含まれ，これはリスクマネジメントの高度化と大きく関連する。CSRあるいはコンプライアンスに関する専門部署は経営上位層の中に設置されていることが必要である。

4 個別企業のコーポレート・ガバナンス分析：オリンパス，大王製紙，TDK

個別企業の分析として，2011年に経営トップによる企業不祥事を引き起こした2010年3月時点のオリンパスと大王製紙のコーポレート・ガバナンスを3節の手法をもとに分析した（図表15-2，図表15-3参照）。その際に，経営者報酬に関する情報開示に関しては，報酬の指針，報酬決定機関とそのプロセス，

第15講　コーポレート・ガバナンスと経営分析

● 図表15-2　オリンパスのガバナンスレーダーチャート図

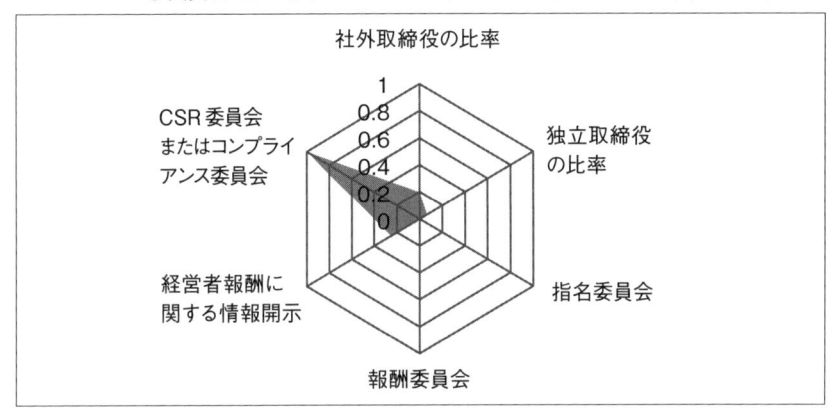

● 図表15-3　大王製紙のガバナンスレーダーチャート図

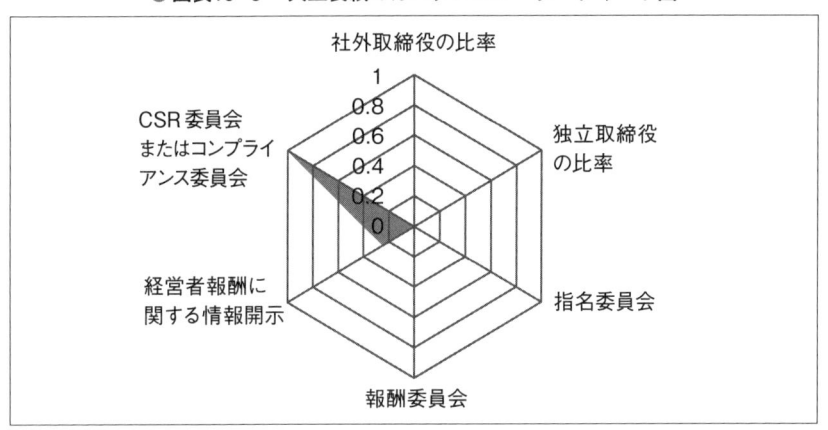

報酬算定公式，役員報酬の個別開示ごとにそれぞれ詳細に開示されている場合に0.25を付与し，合計で1とした。この分析の限界は，たとえば経営上位層のなかにCSR委員会やコンプライアンス委員会あるいはそれに相当する機関を設置していると1を与えるが，その質までは表すことはできない点にある。しかしながらガバナンスの品質を全体的な観点から，視覚に訴えるという点では有益である。そして比較対象として，市場からの評価が高い2010年3月時点のTDKのコーポレート・ガバナンスを取り上げる（図表15-4参照）。なお，

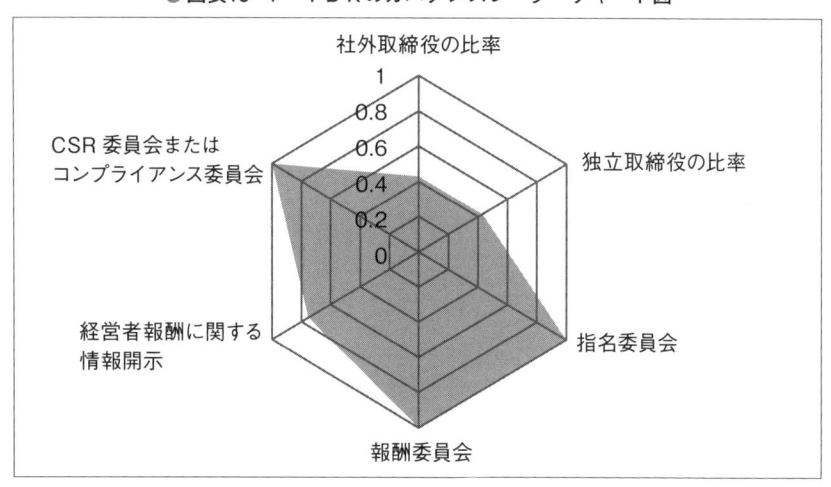

第 3 部　株式市場評価力と経営分析

●図表15-4　ＴＤＫのガバナンスレーダーチャート図

　オリンパス，大王製紙，ＴＤＫは監査役設置会社である。オリンパスと大王製紙のレーダーチャート図をみると，いずれも一方向にのみ線が広がり，面積が非常に小さく，バランスがとれていない形となっており，コーポレート・ガバナンスの質が低いことを示している。

　一方，ＴＤＫは図表15-4のようにバランスがとれた面積の大きい形となっており，コーポレート・ガバナンスの質が高い。同社は，取締役7名のうち3名が独立性の高い社外取締役であり，取締役会の議長も社外取締役である。報酬諮問委員会，指名諮問委員会を有し，いずれも社外取締役が委員長であり，経営者報酬に関する開示も詳細に行われている。さらに同社が優れている点は，企業倫理・ＣＳＲ委員会を取締役会直轄下に設置しているだけではなく，東証のコーポレート・ガバナンス報告書において，ステークホルダーの立場の尊重に係る取組状況を詳細に開示しており，これらは共通価値型経営への志向が強いことを示すものである。

　以上より，オリンパスと大王製紙のコーポレート・ガバナンスの質の低さが経営者による企業不祥事を引き起こした要因であることを導き出すことができる。具体的に両社に共通しているのは，インサイダー型の閉鎖的なコーポレート・ガバナンスを構築していたことである。

5 優れたコーポレート・ガバナンスの事例：資生堂

　優れたコーポレート・ガバナンスの事例として資生堂を挙げる。同社は、「責任体制の明確化」、「経営の透明性・健全性の強化」、「意思決定機能の強化」、「監督・監査機能の強化」の４つの観点から、コーポレート・ガバナンスの改革を実施している。ガバナンス体制とレーダーチャート図はそれぞれ図表15-5，15-6で示されるが、レーダーチャート図を分析すると、ＴＤＫ同様にバランスのとれた面積が大きい形で、ガバナンスの質が高い。同社は監査役設置会社でありながら、執行役員制度と役員報酬諮問委員会および役員指名諮問委員会を設置するハイブリッド型のガバナンスシステムとなっている。注目されるのが、９名の取締役のうち、独立性の高い社外取締役３名を除く６名の社内取締役のうち１名が資生堂以外のキャリアをもつ人材であるということである。これは経営者の暴走への抑止のみならず、取締役会に第三者からの社会の視点を入れて、ダイバーシティに対応しながら、企業価値の向上へ寄与すると考えられる。

　また経営者報酬制度の質とその開示に関しても同社は極めて優れており、2001年より役員報酬諮問委員会を設置し、委員長は社外取締役が務めている。経営者報酬に関する開示においても、報酬の指針や決定プロセスならびに報酬体系を詳細に開示しており、さらに注目すべきは、2010年に、金融庁からの義務付けである１億円以上の役員報酬の個別開示だけではなく、１億円を下回る役員の開示も自発的に行っている点である。実際に、米国の議決権行使助言大手機関であるＩＳＳ（Institutional Shareholder Services Inc.）は同社の報酬関連議案を高く評価している。

　最後に資生堂のコーポレート・ガバナンスの優位性は、経営トップ層が企業の社会的責任の重要性を認識しており、全従業員の業務にそれを落とし込んでいる点にある。コーポレート・ガバナンスの基本方針の中で同社は、「すべてのステークホルダーから「価値ある企業」として支持され続けるために、企業価値・株主価値の最大化に努めるとともに、社会的な責任を果たし、かつ持続的な成長、発展を遂げていくことが重要である」と謳っている。また、内部統

第3部　株式市場評価力と経営分析

●図表15-5　資生堂のガバナンス体制

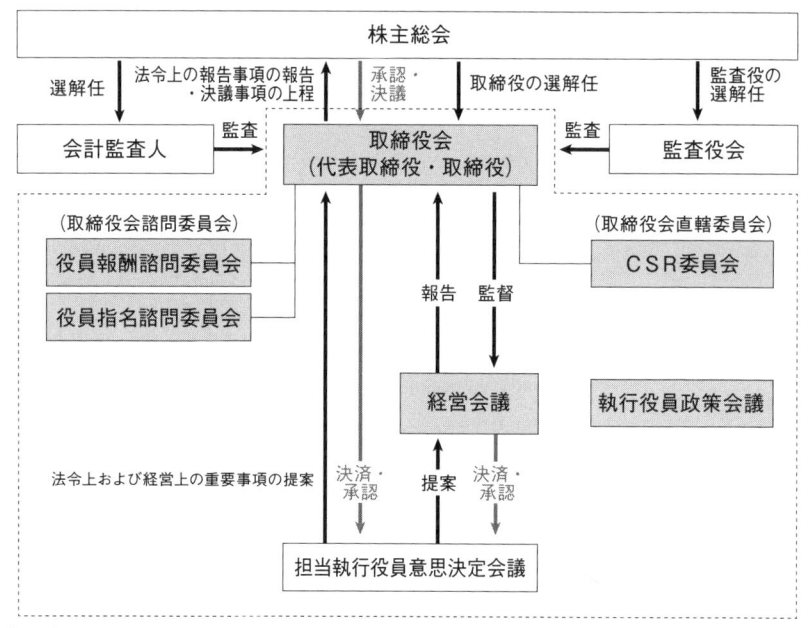

(出所)　資生堂ホームページ（2014年1月5日）。
　　　（http://group.shiseido.co.jp/ir/account/governance/management.html）

●図表15-6　資生堂のガバナンスレーダーチャート図

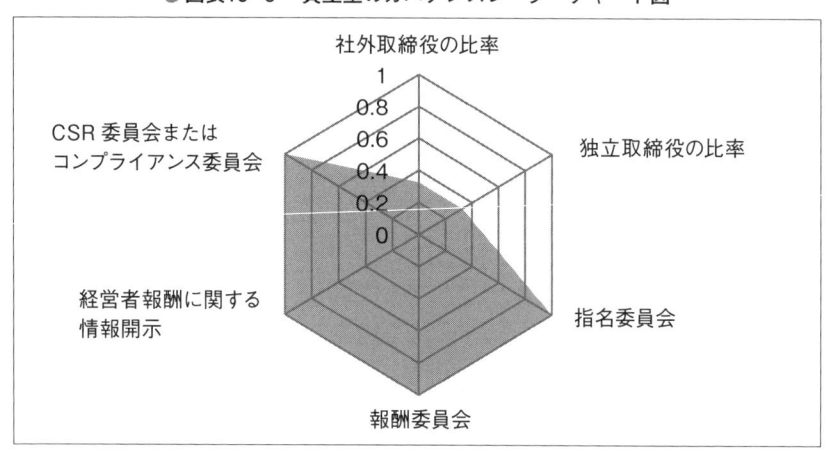

制システムの基本方針によると，ＣＳＲ委員会は取締役会直轄化にあり，「グループ全体の適法かつ公正な企業活動の推進」や「リスク対策」など，企業品質向上に向けた活動を統括し，活動計画や活動結果を取締役会に提案・報告しており，ＣＳＲを理念だけではなく，具体的な経営活動にインプットしている。以上のことより同社は，共通価値経営および社会との調和（循環）型経営を創造するコーポレート・ガバナンスを構築している点で，他の日本企業にとって大いに参考になるモデルであると考えられる。

【注】
1) 2006年5月の会社法施行により，委員会設置会社と呼称が変更された。委員会設置会社とは社外取締役を中心とした指名委員会，監査委員会，報酬委員会の3つの委員会を設置すると同時に，業務執行を担当する役員として執行役が置かれ，経営の監督機能と業務執行機能を分離した会社機構となっている。各委員会はそれぞれ取締役3名以上で構成されて，その過半数は社外取締役で構成される。
2) 詳しくは坂本（2012）の第10章と終章を参照のこと。

【参考文献】
オリンパス「有価証券報告書」各年版。
企業年金連合会「企業年金連合会　株主議決権行使基準」（2012年9月30日）
　（http://www.pfa.or.jp/jigyo/shisan/gava_giketsuken/files/gov_20101228.pdf）。
小山明宏（2011）『経営財務論』創成社。
坂本恒夫・佐久間信夫編（1998）『企業集団支配とコーポレート・ガバナンス』文眞堂。
坂本恒夫（2012）『イギリス4大銀行の経営行動1985－2010　株主価値経営の形成・展開・崩壊』中央経済社。
資生堂「有価証券報告書」各年版。
大王製紙「有価証券報告書」各年版。
ＴＤＫ「有価証券報告書」各年版。
ＴＤＫ「東証コーポレート・ガバナンス報告書」（2012年9月30日）
　（http://www.tdk.co.jp/ir/tdk_management_policy/governance/pdf/governance.pdf）。
東京証券取引所「上場会社コーポレート・ガバナンス原則2009年12月22日改定版」（2012年9月30日）
　（http://www.tse.or.jp/rules/cg/principles/b7gje60000002yj4-att/governance_091222.pdf＃search＝'上場会社コーポレート・ガバナンス原則2009年12月22日改定版'）。
山本哲三（2012）「コーポレート・ガバナンスの規範分析」『早稲田商学』第431号，pp. 213-242。

（境　睦）

第16講

PERとPBR

1．手法の意義
- PERやPBRは将来の株価予想のための指標である。
- PER，PBRは分析対象企業の株価が相対的に割高か，割安かを判断する材料として用いることができる。
- この両指標は，財務数値と株価との関係を相対的に表す指標でもある。

2．基本的な事項
- EPSとBPSは，1株当たりの利益と株主資本の価値を表す。
- EPSは，1株当たりの企業の配当能力を表す指標として，BPSは，企業の安全性を示す指標として使うことができる。
- EPS，BPSはともに絶対的な指標であって，相対的なものではなく，市場の評価は織り込まれていない。

3．PERとPBRの求め方
- $PER = \dfrac{1株当たりの株式時価}{EPS（1株当たりの当期純利益）}$（倍）
- $PBR = \dfrac{1株当たりの株式時価}{BPS（1株当たりの株主資本）}$（倍）
- PERは15～20倍，PBRは1倍が割高，割安の目安となる。
- PERは，通常15～20倍が目安で，それ以上であれば割高，それ以下であれば割安とされる。
- PBRは，1倍を下回っていれば割安とされる。

4．PER，PBRの指標としての役割
- PERやPBRはM&Aを判断するための指標である。
- 高いPERの企業は，将来性を高く評価されていることを利用して，新株発行による資金調達が容易であり，また株式交換などの手段によって自社よりも低いPERの企業を買収することも容易である。
- PBRが1倍を割りこんでいれば，割安な状況にあるとして，買収の対象にされる可能性がある。

1 手法の意義

　ＲＯＡやＲＯＥなどの財務指標は，企業の資本効率性や利益率を測るための指標である。これらの指標は，その企業のパフォーマンスを測る上で，伝統的に用いられる手法である。一方で，こうした指標が高いからと言って必ずしも株価が高くなるとは限らない。なぜならば，投資家はその企業の将来性や総合的な財務内容を勘案して投資しているのであって，必ずしも「高いＲＯＥ・ＲＯＡ＝高い株価」とは限らない。

　『現在ではなく，将来の企業の状況を知りたい』

　これが投資家にとっての本音であろう。ＲＯＡやＲＯＥも『企業の将来』を予測する上での一要素に過ぎない。投資家にとって，投資を行う（もしくは投資を行うことを検討している）企業の将来性を知る手段として，株価の動きを見るということが考えられる。株価は理論的には将来キャッシュフローの期待値であり，「企業の将来性」を知る上で重要な要素であるのは間違いない。

　しかしながら，投資家が常にその企業のファンダメンタルズ（財務的な諸要因）を正しく織り込んで，合理的な投資を行っているとは限らないし，企業の将来性を適正に評価できていない可能性もある。過去の株式市場においては，しばしば投資家が企業を過大評価し，バブルという状況が作り出してきた。投資家がその企業を過大評価していることもありうるし，逆に過小評価している場合もありうる。

　株価収益率（Price Earnings Ratio：以下，ＰＥＲ），株価純資産倍率（Price Book-value Ratio：以下，ＰＢＲ）は分析対象企業の株価が相対的に割高か，割安かを判断する際に用いられる指標である。また，この両指標は，財務数値と株価との関係を表すための指標でもある。ＰＥＲは株価が利益に対してどの程度の倍率なのかを表し，ＰＢＲは株価が純資産に対してどの程度の倍率なのかを表す。

2 基本的な事項

　ＰＥＲとＰＢＲを求めるためには，事前にいくつかの財務比率および株価の情報が必要となる。1株当たり当期純利益（Earnings Per Share：以下，ＥＰＳ）および1株当たり純資産（Book-value Per Share：以下，ＢＰＳ）について説明する。

1　ＥＰＳ

　ＥＰＳとは，当期純利益を発行済株式総数で割ったものである。企業の各期の配当は，各年度の当期純利益の額に左右される所が大きい。つまり，ＥＰＳは，1株当たりの企業の配当能力を表す指標として用いることができる。ただし，稼いだ利益を必ずしも企業が配当に回すとは限らないし，企業によってはその期の当期純利益が少なかったとしても，安定的な配当を実施するために剰余金を取崩す場合もある。ＥＰＳが高いからといって，必ずしも企業が高い配当をしているとは限らない。ＥＰＳは以下の式で求める。

$$ＥＰＳ＝\frac{当期純利益}{期中発行済株式総数}$$

　分母となる発行済株式総数は親会社単独の数値を使う。この情報は有価証券報告書の中に記載されている。注意が必要なのは発行済株式総数の計算である。最近では資本効率化の観点から，ＲＯＥの向上を目的に企業が自己株式を購入することが多い。この計算では保有している自己株式は控除しなければならない。また年度の途中で，増資などにより株数が変化する場合もある。その場合は加重平均して期中の平均株式数を求める必要がある。

2　潜在株式調整後ＥＰＳ

　もう一つ注意が必要なのは，潜在株式の存在である。潜在株式とは，普通株式を取得することができる権利や，普通株式に転換することができる権利，または契約などを指す。具体的には，ストック・オプションや転換社債型新株予

約権付社債などがこれに該当する。こうした潜在株式が存在している場合は，各々の潜在株式に係る権利行使を考慮する必要がある。これを「潜在株式調整後ＥＰＳ（１株当たり当期純利益）」という。潜在株式調整後ＥＰＳは以下の式により求める。

$$潜在株式調整後ＥＰＳ＝\frac{当期純利益＋当期純利益の調整額}{期中発行済株式総数＋普通株式増加数}$$

当期純利益の調整額には，権利行使された場合に生じる当期の支払利息や社債の発行差金の償却などが含まれる。また潜在株式の発生は，１株当たりの株価を下げる（希薄化）効果があるため，『希薄化後ＥＰＳ（１株当たり当期純利益）』ともいう。

以上は，厳密な計算例であるが，当期純利益の調整額などの計算は自身で行うのは難しい。上場企業ではＥＰＳだけでなく，潜在株式調整後ＥＰＳの情報も有価証券報告書の中で開示することが義務付けられている。自分で計算しなくても，こうした中から情報を入手することもできる。

３ ＢＰＳ

ＢＰＳとは，株主資本を発行済株式総数で割ったものである。株主資本はその企業がどの程度の余力を持っているかを表しており，企業は自己資本が減少すると債務超過に陥り，「倒産」する可能性が高まる。ＢＰＳは以下の式により求める。

$$ＢＰＳ＝\frac{株主資本}{期中発行済株式総数}$$

株主資本は自己資本とも呼ばれ，企業の資本金の純額である。株主資本は，企業の貸借対照表の「純資産の部」に記載されているので，そこから情報を入手できる。厳密には期末の株主資本ではなく，期首と期末で単純平均した値を用いるのが望ましい。分子を株主資本ではなく，純資産の合計額を使う場合や，自己資本（株主資本＋その他の包括利益累計額）を使う場合もある。どちらを使うかは分析の目的によっても異なる。なお，ＢＰＳではＥＰＳの場合とは異

なり潜在株式の調整が行われないのが一般的である。

4 EPS，潜在株式調整後EPS，BPSに関する事例

EPS，潜在株式調整後EPS，BPSの各数値がどのような形で表示されているのかを，まず，トヨタ自動車株式会社（以下，トヨタ），日産自動車株式会社（以下，日産）の事例を通じて見てみる。

●図表16-1　トヨタのEPS，潜在株式調整後EPS，BPS

	2009年3月期	2010年3月期	2011年3月期	2012年3月期	2013年3月期
EPS	△139.13	66.79	130.17	90.21	303.82
潜在株式調整後EPS	△139.13	66.79	130.16	90.20	303.78
BPS	3,208.41	3,303.49	3,295.08	3,331.51	3,835.30

●図表16-2　日産のEPS，潜在株式調整後EPS，BPS

	2009年3月期	2010年3月期	2011年3月期	2012年3月期	2013年3月期
EPS	△57.38	10.40	76.44	81.67	81.7
潜在株式調整後EPS	—	—	—	—	—
BPS	644.60	663.90	703.16	750.77	890.73

（注1）　潜在株式調整後EPSは潜在株式が存在しないため記載していない。

図表16-1と図表16-2は，2009年3月期から2013年3月期の5年間における，トヨタと日産のEPS，潜在株式調整後EPS，BPSの値である。両社の数値を比較すると，EPSと潜在株式調整後EPSはほとんど0.01～0.04単位のみの違いであることが分かる。EPSは分子に当期純利益を使うため，各期の利益が赤字であればマイナス（△）の値が出てしまう。EPSはマイナスの場合，意味のない指標となってしまうことに注意が必要である。EPSにおいてもBPSにおいても，トヨタは日産の数値を常に上回っている。特にBPSでは4倍以上の差をつけている。ただし，分母である発行済株式総数によって数

値は変化するので，この数値のみでトヨタが日産よりも優れていると断定することはできない。

EPS，潜在株式調整後EPS，BPSは相対的な指標ではないものの，時系列で見てみることで分析企業の成長度を把握することができる。図表16-3はApple Inc.（以下，アップル）のEPS，潜在株式調整後EPS，BPSの値である。アップルはトヨタ，日産と決算期が異なるため，6年分のデータを記載している。

音楽プレイヤーのiPodの販売を足掛かりに飛躍したアップルは，iPhoneやiPadをはじめとする販売により，さらに売り上げを伸ばし，2012年8月21日には，時価総額は6,230億ドル（1ドル80円換算で49兆8,400億円）と，これまでの世界最高を記録した。アップルのEPS，潜在株式調整後EPS，BPSを見ると，2008年9月期から2012年9月期に至るまで各指標の数値は伸び続けている。2012年9月期の数値は，2008年9月期との比較で見ると，EPSは6.43倍，潜在株式調整後EPSは6.51倍，BPSは5.00倍になっている。これらの数値から，トヨタ，日産と比べてアップルの成長が如何に著しいかが分かる。

●図表16-3　アップルのEPS，潜在株式調整後EPS，BPS

	2008年9月期	2009年9月期	2010年9月期	2011年9月期	2012年9月期	2013年9月期
EPS	6.94	9.22	15.41	28.05	44.64	40.03
潜在株式調整後EPS	6.78	9.08	15.15	27.68	44.15	39.75
BPS	25.29	35.43	52.55	82.89	126.45	133.52

3　PERとPBRの求め方

EPS，BPSはともに絶対的な指標であって，相対的なものではない。そのため企業間の比較を行う際に使うのは難しい。また発行済株式数と利益，株主資本を割っただけで，そこに市場の評価は入っていない。本節で学ぶPERとPBRは，相対的な指標でもあり，かつ市場の評価を織り込んでいる。

1　PERの計算方法

$$PER = \frac{1株当たりの株式時価}{EPS（1株当たりの当期純利益）} （倍）$$

　PERは，現在の利益水準が継続したと仮定した場合の投資回収期間を表す。つまり，この比率は利益水準から見て株価が高いか，低いかを判断する指標である。PERが低い場合，投資家は，将来の利益水準が継続しないことを予想していると考えられる。一方，PERが高い場合は，投資家がこの利益水準が長期間にわたって続く，もしくはさらに利益水準が向上すると予想していると考えられる。PERがどの程度であれば高いか，低いかを判断する材料としては，その時々の市場の状況に応じて判断する必要がある。通常15〜20倍程度で，15倍を下回ると割安，20倍を超えると割高と言われる。

2　PBRの計算方法

$$PBR = \frac{1株当たりの株式時価}{BPS（1株当たりの株主資本）} （倍）$$

　PBRは，株主資本が市場価格と比べて割安か，割高かを表す。PBRが1倍を下回る場合，株主資本の帳簿価格が時価よりも下回っている（つまり，割安である）ことを意味し，買収の標的にもなりやすい。

3　PBRとPERの事例

　図表16-4と図表16-5は2009年3月期から2013年3月期までのトヨタと日産のPER，PBRの数値である。トヨタのPER，PBRを見てみると金融危機の影響を受けた2009年3月期が特に数値は低調であり，PERはマイナスで，PBRは0.97倍と割安の水準に落ち込んでいることが分かる。日産も同様の傾向がみられ，特に2009年3月期のPBRは0.54倍とかなり割安な水準になっている。両社とも他の年度においてはPBRは1倍を上回っていることから，この年度が如何に厳しい株式市場の環境であったかが窺える。

図表16-6はアップルのＰＥＲとＰＢＲの結果である。アップルは数値からは金融危機による影響はほとんど感じられない。アップルはＰＥＲが15〜20倍を超えている年度はなく，2011年９月期は15倍を割り込んでいる。アップルは市場において現在，株式時価総額において世界で一番高い企業（2013年８月末現在）であり，市場における影響度は大きい。しかしながら，意外にも株価は割高に評価されていない。2011年９月期と2013年９月期は割安となっている。一方，アップルのＰＢＲは常に３倍の水準を上回っており，割高な数値となっている。つまりフローベース（利益ベース）で見た場合は，アップル株は平均的かつ時に割安な評価を受けているが，ストックベース（純資産ベース）で見た場合は，かなり割高な評価を受けていることが分かる。このように同じ市場評価を織り込んだ指標であっても，その評価が異なることはありうる。

●図表16-4　トヨタと日産のＰＥＲ，ＰＢＲ

	2009年3月期	2010年3月期	2011年3月期	2012年3月期	2013年3月期
ＰＥＲ	△22.43	56.07	25.74	39.57	16.00
ＰＢＲ	0.97	1.13	1.02	1.07	1.27

●図表16-5　日産のＰＥＲ，ＰＢＲ

	2009年3月期	2010年3月期	2011年3月期	2012年3月期	2013年3月期
ＰＥＲ	△6.10	77.02	9.65	10.79	50.67
ＰＢＲ	0.54	1.21	1.05	1.17	1.02

●図表16-6　アップルのＰＥＲ，ＰＢＲ

	2008年9月期	2009年9月期	2010年9月期	2011年9月期	2012年9月期	2013年9月期
ＰＥＲ	16.30	19.85	18.22	13.40	15.11	12.10
ＰＢＲ	4.37	5.09	5.25	4.47	5.28	3.63

4　ＰＥＲ，ＰＢＲの指標としての役割

　企業経営を，規模拡大経営期（1950－1990年），株主価値経営期（1990－2007），調和型・共通価値経営期（2008年以降）と分けるならば，ＰＥＲやＰＢＲは，まさに株主価値経営の中心的な指標であり，Ｍ＆Ａの意思決定に影響を与える指標でもあった。

　高いＰＥＲの企業は，将来性を高く評価されていることを利用して，新株発行による市場から資金調達が容易であり，また株式交換などの手段によって自社よりも低いＰＥＲの企業を買収することが容易になる。一方，ＰＢＲが１倍を割りこんでいれば買収の対象になりかねない。そのため，ＰＥＲ，ＰＢＲともに企業は高い数値を維持しなければならない。

　1980年代（規模拡大経営期）に，アメリカでは機関投資家がＴＯＢやＬＢＯなどの手段により買収攻勢を仕掛けるにしたがい，各企業は自己防衛のために高株価経営に傾斜していった。ＰＥＲやＰＢＲはその企業の割安，割高を示す指標であり，被買収対象企業の意思決定に用いられた。それが一層拡大したのが，株主価値経営期（1990－2007）である。企業が株価を上昇させ，財務テクニックを駆使することで高いＰＥＲ，ＰＢＲを実現し，Ｍ＆Ａを積極的に仕掛けていくようになった。その手法の影響は我が国にも及んでおり，例えば，ライブドアは度重なるＭ＆Ａと株式分割などの手法を駆使して，2004年４月に同社が行った公募増資時では，ＰＢＲで23倍，ＰＥＲで200倍近くもの高値に及んでいたことで知られる[1]。

　リーマンショック後（調和型・共通価値経営期）においてもＰＥＲやＰＢＲが自社の株価を相対的に測定するための有力な指標であり，Ｍ＆Ａ案件を判断する上でも役立てられることには変わりない。しかしながら，株価が過大に評価される状況ではないことを考えれば，以前のように意図的に高いＰＥＲやＰＢＲの状況を作り出すことは困難である。つまり，企業戦略の一環として行う正常なＭ＆Ａのために，被買収企業のＰＥＲやＰＢＲを意思決定として用いることになろう。ただし，再び，株価が過大に評価されるようになれば，株主経営期にみられたような状況に陥る可能性もある。その際にもＰＥＲやＰＢＲ

は，M&Aの意思決定における割安，割高を示す指標として積極的に使われることになるであろう。

【注】
1) 詳細については川北英隆「ライブドアの情報と株価」『ニッセイ基礎研所報』第53号，1－24ページを参照されたい。

【参考文献】
川北英隆「ライブドアの情報と株価」『ニッセイ基礎研所報』第53号，1－24ページ。

（上野　雄史）

第17講

EVA®による企業評価

1．本講の意義・目的と概要

- EVA®（Economic Value Added）は経済的利益の一種
    EVA® ＝NOPAT－資本コスト率×期首投下資本
- 戦略的に意味のある調整項目
- 財務会計上の利益でもキャッシュフローでもない新しい企業の評価指標
- 理論上は企業価値も表現

2．NOPATと投下資本の算定要素について

- 事業利益と調整前投下資本
- 3つの標準的な調整項目…オペレーティング・リース調整
    　　　　　　　　　　　　研究開発費の資本化
    　　　　　　　　　　　　貸倒引当金（キャッシュ調整）

3．資本コスト率の算定方法

- 加重平均資本コスト率（WACC）％ ＝ $\dfrac{支払利息（1－税率）株主資本コスト率×株式時価総額}{有利子負債＋株式時価総額}$ ×100
- 株式時価総額と有利子負債
- 株主資本コスト率…CAPM，リスクフリーレート，β値

4．事例研究　－東　芝－

- EVA®の計算に必要な諸項目
- NOPATと投下資本の計算式
- オペレーティング・リース，研究開発費，貸倒引当金
- WACCの算定
- EVA®の計算

第17講　ＥＶＡ®による企業評価

1 本講の意義・目的と概要

　ＥＶＡ®とは，Economic Value Added の略であり，日本語では経済的付加価値と訳す。それは経済的利益の一種である。経済的利益とは，企業を財務的に評価する指標として財務会計上の利益やフリーキャッシュフローの欠点を補うべく発展してきた利益概念である。経済的利益は少なくとも次の２つの条件を満たすものと解釈される（平岡〔2010〕）。

① ある期間に企業が創造した価値を測定した値であること。
② 会計帳簿に記録された費用と資本の機会コスト（つまり株主資本コスト）の両方を収益から控除した値であること。

　ＥＶＡ®は，経済的利益のなかでもとくに，それを構成する資本コスト控除前の利益，資本コスト率，投下資本の３つの要素に特異性がみられる。資本コスト控除前の利益としては，ＮＯＰＡＴ（Net Operating Profits After Taxes）という概念が用いられ，日本語に訳すと税引後営業利益ということになるが，これは，たんに財務会計上の営業利益に（１－法人税等の率）を乗じた数値を意味するものでない。戦略的に意味のある諸々の調整計算を必要とする。資本コスト率は負債金利と株主資本コストを加重平均した率となるが，ＥＶＡ®の特異性は，株主資本コストの算定にＣＡＰＭ（Capital Assets Pricing Model）と呼ばれるモデルを用いている点にある。また，投下資本もＮＯＰＡＴと対応させて諸々の調整計算が行われる。このようにＥＶＡ®は，戦略的に意味をもつ調整が施された，財務会計上の利益でもキャッシュフローでもない，その双方の利点を取り入れた比較的新しい企業の評価指標であるといえよう。それは，次式で算定され，理論的にはＥＶＡ®で企業価値も表現できる。

　　ＥＶＡ®＝ＮＯＰＡＴ－資本コスト率×期首投下資本

$$現時点の企業価値 = 現時点の投下資本 + \sum_{i=1}^{\infty} \frac{EVA_i}{(1+資本コスト率)^i}$$

　　EVA_i は，i 年後のＥＶＡ®を示す。

2 NOPATと投下資本の算定要素について

EVA®の構成要素であるNOPATと投下資本の調整計算前のベースは，財務諸表の数値から計算できる次の項目と定める。

事業利益＝営業利益＋受取利息・配当金
調整前投下資本＝総資産－無利子流動負債

EVA®はスターン スチュワート社の登録商標であり，NOPATや投下資本の調整計算の過程で，当社がコンサルティングをするクライアントの会社には，カスタマイズされた調整項目が提示される。そのうち，ここでは次の3つの標準的な調整項目について説明する。

① オペレーティング・リース調整
② 研究開発費の資本化
③ 貸倒引当金

まず，①のオペーレーティング・リースは，現行の会計制度では，リース料のみが費用計上される賃貸借取引が採用されているが，これをオンバランス（つまり貸借対照表に計上）する。それに伴って投下資本も増加させる。そして，この増加分にも資本コスト率が乗じられてEVA®の計算過程で後に資本コスト額が控除されるので，二度引きにならないように，NOPATの計算過程でオンバランスされたリース資本化額の利子を先に足し戻す。

次の②は，将来に向けての戦略的投資の意味合いが強い研究開発費の資本化である。わが国の会計制度では，研究開発費は支出年度に一括費用処理されているので，これを5年の有効期間があるとみなして，5分の1だけを当期の費用とし，残りを資本化するため資産に計上する。よって，研究開発費の5分の4だけ，NOPATの計算過程で足し戻し，同額を投下資本の計算過程に算入させる。

最後の③は，貸倒引当金のキャッシュ調整であるといってよい。貸倒引当金の増加額をNOPATに足し戻し，貸倒引当金の残高を投下資本に足し戻す。

その他の重要な調整項目の一つとして，たとえば，のれん償却の足し戻しが

あるが，米国の会計基準や国際会計基準を採用している場合，のれんは償却しないため，この処理は必要とされない（のれんの減損処理はリストラ費用としていったん資本化してから段階的に費用処理する調整項目もＥＶＡ®論者は提唱しているが，煩雑さを伴うため，ここでは省略する）。

3 資本コスト率の算定方法

3つ目のＥＶＡ®の構成要素は資本コスト率である。これは次式により，加重平均資本コスト率（Weighted Average Cost of Capital：以下，ＷＡＣＣと略す）として求められる。税率は，法人税等の率を用いる。

$$\text{WACC}（\%）＝\frac{支払利息（1－税率）＋株主資本コスト率×株式時価総額}{有利子負債＋株式時価総額}×100$$

支払利息には社債利息を含み，有利子負債と株式時価総額は期首と期末の平均を用いる。株主資本コスト率は，1節でも述べたように，ＣＡＰＭを用いるのがＥＶＡ®の特徴でもある。ＣＡＰＭによる株主資本コスト率は，次式で求められる。

$$株主資本コスト率＝リスクフリーレート＋β×リスクプレミアム$$

この式のリスクフリーレートとは，債務不履行のリスクをもたない証券のリターンと同類のものを意味するが，実質的には完全にリスクフリーとなる証券を探すのは困難なので，わが国の実務では中期や長期の国債の利子率で代用することが多い。リスクプレミアムは，市場ポートフォリオの期待収益率とリスクフリーレートとの差を示す。市場ポートフォリオの期待収益率とは，株主が市場全体に対して平均的に期待する利回りを示し，証券市場によってその水準は異なるが，わが国の場合は，東証株価指数（ＴＯＰＩＸ）や日経平均株価などを参考にして決定される。よって，同じ証券市場で取引を行っている企業群の同一期間の株主資本コストを算定するとき，リスクフリーレートとリスクプレミアムは全社に共通の率を用いることができる。結局，各企業に固有の値はβだけとなる。

βとは，市場ポートフォリオの期待収益率と分析対象企業の株価収益率との共分散を市場ポートフォリオの期待収益率の分散で割った値である。実務的には，市場ポートフォリオの期待収益率の代用としてTOPIXなどの変化率，分析対象企業の株価収益率の代用として株価の変化率の過去十数か月の指標を入手し，前者を説明変数，後者を被説明変数とした単回帰線の傾きを推定すると，それがβとなる。β＞1ならば，その企業の株価収益率のばらつきは，市場全体の平均的な株価収益率のそれよりも高く，高リスクであることを示すため，株主資本コスト率はそれだけ高くなる。1＞β＞0ならば，その企業の株価収益率のばらつきは，市場全体の平均的な株価収益率のそれより低く，低リスクであることを示すため，株主資本コスト率はそれだけ低くなる。βが1に等しい企業は，その株価収益率が，市場全体の株価収益率と同じ変動を示しているといえる。

4 事例研究 －東　芝－

ここでは，東芝の連結財務諸表や株価などのデータを用い，3節で述べた3つの項目のみの調整計算をした場合のEVA®を算定してみる。まず，調整計算後のNOPATと投下資本を図表17-1の（注）のように定義する。

諸々の計算に必要なデータの一覧は図表17-1のとおりである。法人税等の率には，標準実効税率の40.7％を用いる。無利子流動負債は，ここでは仕入債務である。

リース資本化額については，東芝の有価証券報告書における連結財務諸表の注記のオフバランス・リース情報のうち，オンバランスに必要な情報が開示されている解約不能なオペレーティング・リースのみをリース資本化額の対象とする。期首投下資本に算入されるリース資本化額の計算に必要な情報は，次のとおりである。

2011年3月31日現在における将来の最低リース料支払額：

 2011年度：71,426百万円

 2012年度：53,275百万円

 2013年度：20,557百万円

図表17-1　東芝のＥＶＡ®計算に必要な諸項目

（単位：百万円）

貸借対照表項目ほか	2011年度末	2010年度末
総　資　産	5,731,246	5,379,319
無利子流動負債	1,293,028	1,194,229
有利子流動負債	326,141	311,767
有利子固定負債	1,056,884	967,085
貸倒引当金	19,651	17,079
株　価　（終　値）	364円	407円
発行済株式総数	4,237.6百万株	4,237.6百万株
損益計算書項目	2011年度（2011年4月～2012年3月）	
営　業　利　益	206,649	
受取利息・配当金	10,684	
支　払　利　息	31,815	

（注）　ＮＯＰＡＴ＝事業利益×（１－法人税等の率）＋リース資本化額の利子
　　　　　＋研究開発費の資本化額＋貸倒引当金増加額
　　　投下資本＝調整前投下資本＋リース資本化額＋研究開発費の資本化額＋貸倒引当金

2014年度：5,703百万円

2015年度：5,027百万円

2016年度以降：21,190百万円

オペレーティング・リースの金利情報が開示されていないので，3％と仮定してリース資本化額を計算すると，次のとおりである（単位：百万円）。ここでは，2016年度以降の額は2017年度にまとめて支払うものと仮定する。

$$\text{リース資本化額} = \frac{71,426}{(1+0.03)^1} + \frac{53,275}{(1+0.03)^2} + \frac{20,557}{(1+0.03)^3}$$
$$+ \frac{5,703}{(1+0.03)^4} + \frac{5,027}{(1+0.03)^5} + \frac{21,190}{(1+0.03)^6}$$
$$\fallingdotseq 69,346 + 50,217 + 18,813 + 5,067 + 4,336 + 17,746$$
$$= 165,525$$

リース資本化額の利子＝165,525×3％≒4,966

リース資本化額が投下資本の，リース資本化額の利子がＮＯＰＡＴの算定過程で加算される。

次に，2010年度の研究開発費について，2011年度の期首に資本化されるため資産に計上される金額は次のように計算される（単位：百万円）。同額がＮＯＰＡＴと投下資本の算定過程で加算される。

研究開発費の資本化額＝319,693×4年÷5年≒255,754

2011年度における期首と期末の貸倒引当金残高については，次のとおりである。

2011年度期首貸倒引当金残高：17,079百万円
2011年度期末貸倒引当金残高：19,651百万円

よって，貸倒引当金増加額（単位：百万円）は，

貸倒引当金増加額＝19,651－17,079＝2,572

となり，貸倒引当金増加額がＮＯＰＡＴの算定過程で足し戻され，2011年度期首貸倒引当金残高が投下資本の算定過程で足し戻される。

以上の結果に基づき，2011年度のＮＯＰＡＴと期首投下資本を計算すると，次のとおりである。

ＮＯＰＡＴ＝(206,649＋10,684)×(1－0.407)＋4,966＋255,754＋2,572
　　　　　≒392,170
投下資本＝5,379,319－1,194,229＋165,525＋255,754＋17,079≒4,623,448

続いて，ＷＡＣＣを求める。株主資本コスト率を計算するためにはβの算定が必要である。ここでは，図表17-2に示すとおり，2011年3月末から遡って13か月分のＴＯＰＩＸと東芝の株価（月末終値）を用いて12か月分の変化率を

求め，EXCELのSLOPE関数を用いて，βの推定を行った。

● 図表17−2　βの算定に必要なTOPIXと株価に関するデータ

年・月	(a) TOPIX	(b) 東芝の株価	(a) 変化率	(b) 変化率
2011.3	869.38	407		
4	851.85	427	−2.0%	4.9%
5	838.48	430	−1.6%	0.7%
6	849.22	422	1.3%	−1.9%
7	841.37	400	−0.9%	−5.2%
8	770.6	331	−8.4%	−17.3%
9	761.17	320	−1.2%	−3.3%
10	764.06	349	0.4%	9.1%
11	728.46	347	−4.7%	−0.6%
12	728.61	315	0.0%	−9.2%
2012.1	755.27	329	3.7%	4.4%
2	835.96	351	10.7%	6.7%
3	854.35	364	2.2%	3.7%

その結果，βはおよそ1.0と計算された。市場が期待する平均収益率にTOPIXの実績値をそのまま用いるとマイナスとなってしまうので，2011年3月のTOPIX 869.38が一年間で973.71まで上昇してほしかったと市場が期待していたと仮定した場合，

　　市場が期待する平均収益率 = (973.71 − 869.38) ÷ 869.38 × 100 ≒ 12%

となり，また，現在リスクフリーレートを1%（同時期の10年物国債の平均利回り）と仮定すると，

　　株主資本コスト率 = 1% + 1.0 × (12% − 1%) = 12%

また，WACCの計算に必要な有利子負債と株式時価総額のデータは，

2011年度有利子負債の期首・期末平均（単位：百万円）
　＝（311,767＋967,085＋326,141＋1,056,884）÷2＝1,330,938.5
2011年度株式時価総額の期首・期末平均（単位：百万円）
　＝（364円＋407円）×4,237.6百万株÷2＝1,633,594.8

となるので，

$$WACC = \frac{31,815 \times (1 - 0.407) + 0.12 \times 1,633,594.8}{1,330,938.5 + 1,633,594.8} \times 100 ≒ 7.2\%$$

これらにより，ＥＶＡ®を計算すると，
　ＥＶＡ® ＝392,170－4,623,448×7.2％≒59,282

となり，東芝は株主が期待する価値を生み出していることになる。

　もし，市場が期待する平均収益率が15％となったら，ＷＡＣＣは約8.9％となり，この場合，ＥＶＡ®は赤字でおよそ△19,317百万円となり，東芝は株主が期待する価値を生み出していないことになる。

5　指標の時代的位置づけ

　ＥＶＡ®そのものは，1990年代からの株主価値経営期に普及した指標であるが，その特徴は1890年代から続いている経済的利益の一種であり，その進化形である。類似指標である残余利益は1960年代に管理会計目的のために事業部の評価指標として用いられ，現代でも，わが国においては，パナソニックをはじめとする多くの企業で事業の業績評価指標として用いられている。拡大経営期は，残余利益額の増加のための積極的な投資に見合ったリターン額の増加で業績が評価されるが，株主価値経営期は，ＥＶＡ®により資本市場の評価も加味した資本効率が問われるようになった。そして，調和型・共通価値経営期にお

いて，財務的指標のＥＶＡ®活用の在り方は，たとえば本講であげた総合電機グループの場合は，社会インフラ事業や医療分野などで，社会的課題を解決することと本業とが結びついて長期的に安定した利益を獲得できているかどうかを見ることであろう。つまり，社会的価値を創造していることが株主価値の創造と両立されているかを示す長期的な指標としてのＥＶＡ®を志向しなければならないということである。

【参考文献】
平岡秀福『現代の会計と財務諸表分析〔基礎と展開〕』創成社，2005年。
平岡秀福『企業と事業の財務的評価に関する研究―経済的利益とキャッシュフロー，セグメント情報を中心に―』創成社，2010年。
門田安弘編著『管理会計レクチャー〔基礎編〕』税務経理協会，2008年。
Stewart, G. B. Ⅲ. (1991). *The Quest for Value : The EVA™ Management Guide*, Harper Business.
Young, S. D. and O'Byrne, S. F. (2001). *EVA® and Value-Based Management : Practical Guide to Implementation*, McGraw-Hill.Q

(平岡　秀福)

第18講

証券化と経営分析

目　的
・証券化は資金調達だけの手段ではなく，企業成長かつ経営財務の改善にもつながる

1．なぜ，ソフトバンクはボーダフォン日本法人を買収する必要があったのか

① 積極的な出資や買収　→　効果が売上高や利益に反映されず
② 主力事業の赤字続き　→　ヤフーBBの過剰な先行投資
③ ボーダフォン買収　→　2兆円を上回る売上高・黒字化を目標

2．LBOにより膨らむソフトバンクの金利負担

① D／Eレシオの低さ　→　米国の格付機関による投機的格付け
　資本市場での調達・・・困難
② 営業活動によるキャッシュフローはマイナス続き
　金融機関からの融資・・・消極的
⇒　LBOの実施　⇒　高金利，短期借入金　⇒　金利負担，資金繰りでの苦悩

3．リファイナンスとしての証券化

① 証券化により，長期借入金にシフト　→　資金繰りの解決
② ソフトバンク本体の格付けよりも高い格付けを取得
　単独での債券発行よりも，低い金利で債券発行

4．ソフトバンクによる買収効果

① ボーダフォン買収後　→　利益率など向上
　ブロードバンド・インフラ事業，インターネットカルチャー事業も利益率向上
② 財務内容の改善　→　格付機関による格付け向上
③ 証券化により調達した買収資金を早期償還
　移動体通信事業が安定的な利益を生み出しているため金利負担の軽減
④ 移動体通信事業のさらなる強化　→　米国携帯電話スプリントの買収など

1 なぜ，ソフトバンクはボーダフォン日本法人を買収する必要があったのか

　日本における証券化は，1990年代のバブル崩壊以降，株価の落ち込みにより，もしくは格付機関からの格下げにより資本市場での資金調達が，さらには金融機関からの融資すら困難な企業が最後の手段として活用したことにより注目を浴びるようになった。そのため証券化は，後向きの手段として思われてきた。しかしながら，本講では，この証券化が企業の新たな成長，そして挑戦にもつながり，最終的には財務改善の契機につながることをソフトバンクの経営分析を行うことによって明らかにする。

　ソフトバンクは，いまや，携帯電話会社として認識されている。ボーダフォン日本法人を買収する前のソフトバンクは，日本債券信用銀行（現 あおぞら銀行）への出資，福岡ダイエーホークスや日本テレコムの買収などを手掛けてきた。このような出資・買収の変遷を見ると，ソフトバンクは一体どのような業種であるのかと疑問が残る。

　もともとソフトバンクは，パーソナルコンピューター用パッケージソフトの流通業から出発した。その後，いくつかの企業を買収することによって柱となる5つの事業を構築していった。しかしながら2005年度に至るまで，ソフトバンクの売上高は横ばい，営業利益や当期純利益は，マイナス状況が続いていた（図表18-1参照）。つまり，ソフトバンクは，買収を繰り返し事業規模が大きくなったが，売上高や利益が大幅に上昇することなく，買収による効果はみられなかった（図表18-2参照）。たとえば，固定通信事業をみると，日本テレコムを買収した時から利益率がマイナスになっていた。そのため，黒字化を達成するためにも，ボーダフォン日本法人の買収が必要となった。

2 ＬＢＯにより膨らむソフトバンクの金利負担

　買収企業が買収時に余剰資金がない場合，低コストで資金調達ができる資本市場を活用するのが一般的である。ソフトバンクは，ボーダフォン日本法人買

第3部　株式市場評価力と経営分析

●図表18-1　ソフトバンクの売上高及び利益の推移

(単位：百万円)

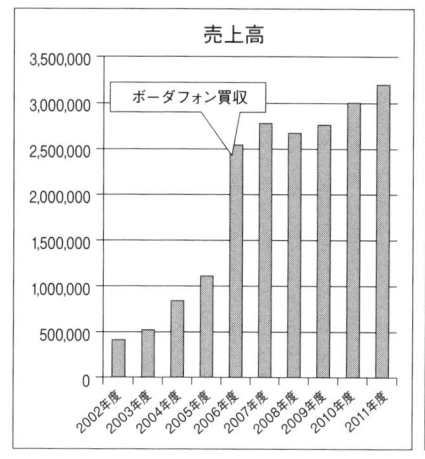

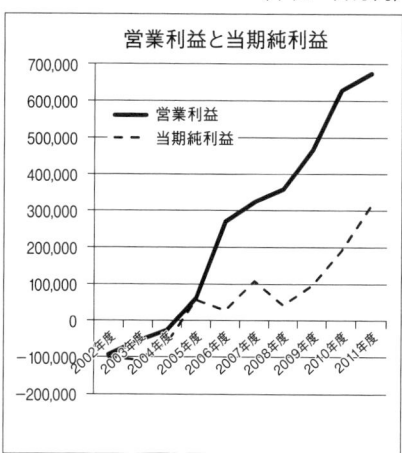

(出所)『有価証券報告書』により作成。

収の際，なぜ，ＬＢＯを利用したのか1)。当時，ソフトバンクは，格付けが低いため，社債を発行することが困難であった2)。その理由としてソフトバンクは，格付機関が最も重視しているＤ／Ｅレシオが2004年以降悪化していたということがあげられる3)。さらに，日本テレコムを買収した時，手持ち資金での買収と言いながらも有利子負債が膨れ上がったため，Ｄ／Ｅレシオは1.32倍から2.41倍に悪化した。

続いて，ソフトバンクの営業キャッシュフローを見ると，2002年度から2004年度にかけて3期連続赤字であった（図表18-3参照）。営業キャッシュフローが2期連続赤字の場合，銀行は融資を引き揚げることがある。そのため，この状況から見ると，銀行はソフトバンクに対する融資に消極的になる可能性は高かったものと考えられる4)。

以上から，ソフトバンク本体の信用力では，買収資金を調達することは不可能である。そこで，ソフトバンクは，ボーダフォン日本法人による将来生み出すキャッシュフローを担保にＬＢＯを実施することになった。つまり，資金調達が困難であるソフトバンクは被買収企業の信用力を利用したのである。しかしながら，2006年度は，ＬＢＯの実施を受けて，さらに有利子負債が拡大したことから，Ｄ／Ｅレシオは8.46倍に悪化した。同時に，自己資本比率も27％か

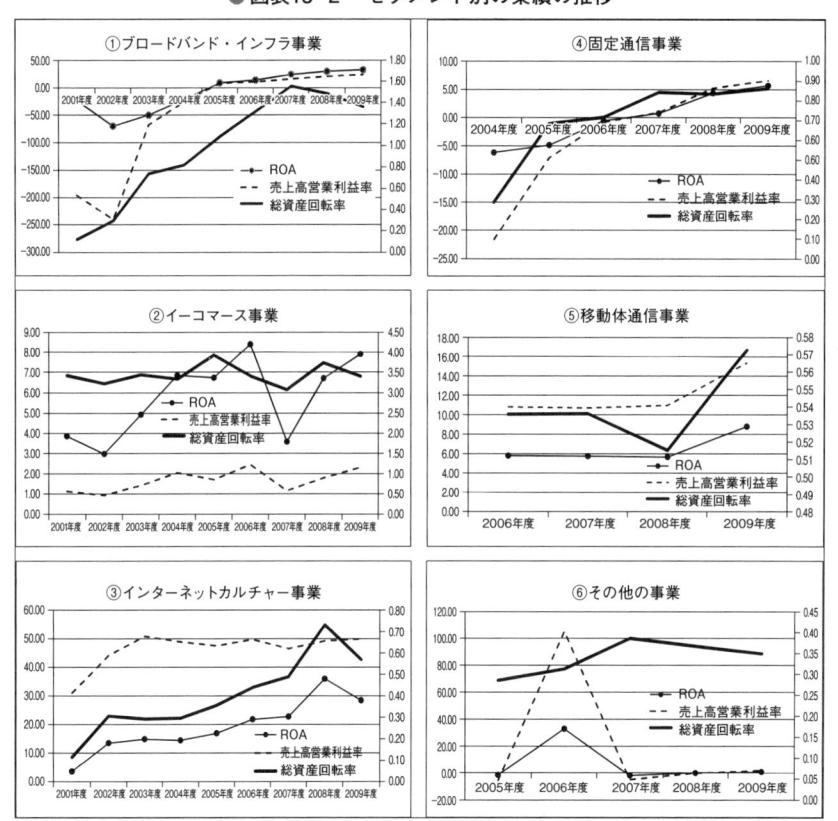

● 図表18-2　セグメント別の業績の推移

（注）　左軸：ＲＯＡ（総資産利益率），売上高営業利益率（％）。右軸：総資産回転率（回）。
（出所）　『有価証券報告書』により作成。

ら16％へと低迷することになった。

　ソフトバンクは，孫会社であるＢＢモバイルを通じて，ＬＢＯの手法によって複数の金融機関から１兆1,660億円を調達した[5]。その返済期間は１年の短期借入であった。有価証券報告書に掲載されている短期借入金の平均金利は1.78％である。他方，ＬＢＯによって融資を受ける場合，その金利は２〜３倍へと上昇する（図表18-4参照）。最初の５か月間で支払う利息は180億円以上ともなり，巨額な資金の融資とはいえ金利負担が非常に重いことが理解できる。ソフトバンクは，１年という短い返済期間そして高金利という問題を抱え，リファイナンスを検討していくことになった。

●図表18-3　ソフトバンクのキャッシュフローの推移

(単位：百万円)

	2002年度	2003年度	2004年度	2005年度	2006年度
営業活動によるキャッシュフロー	−68,600	−83,829	−45,989	57,806	311,201
投資活動によるキャッシュフロー	119,749	81,878	−242,944	27,852	−2,097,937
財務活動によるキャッシュフロー	−17,615	306,390	277,770	30,078	1,718,384

	2007年度	2008年度	2009年度	2010年度	2011年度
営業活動によるキャッシュフロー	158,257	447,857	668,050	825,837	740,227
投資活動によるキャッシュフロー	−322,461	−266,295	−277,162	−264,447	−375,655
財務活動によるキャッシュフロー	284,727	−210,348	−159,563	−397,728	−196,667

(出所)　『有価証券報告書』により作成。

●図表18-4　ソフトバンクが実行したＬＢＯの金利

借入期間	金　利
①　2006年4月27日〜9月30日	ＴＩＢＯＲ＋2.5%（ＴＩＢＯＲ 0.18%）
②　2006年10月1日〜12月31日	ＴＩＢＯＲ＋3.0%（ＴＩＢＯＲ 0.44%）
③　2007年1月1日〜3月31日	ＴＩＢＯＲ＋3.5%（ＴＩＢＯＲ 0.47%）

(出所)　『有価証券報告書』および『全国銀行協会資料』により作成。

3　リファイナンスとしての証券化

　米国格付機関によるソフトバンクの格付けは投機的なものであった。そのため，ソフトバンクは「財務体質は強固とはいえないため，利払い負担が膨らまないようにする」[6]という課題を抱えていた。そこで，2006年11月，ソフトバンクは移動体通信事業のキャッシュフローを裏付けに債券を発行する事業証券化（Whole Business Securitization，ＷＢＳ）に取り組むこととなった。

　証券化とは，収益を生み出す不動産，ローン債権，貸付債権などの資産を，バランスシートから切り離し，単体（不動産）もしくは複数の債権を1つにプールしたうえで，将来，生み出されるキャッシュフローを裏付けに債券を発行することである。このような証券化は，資産圧縮，有利子負債の返済，固定

費の変動費化など財務的意義を有している。そのため，従来，財務体質を改善する１つの手段として，証券化が活用されていた。

　ソフトバンクによる事業証券化と従来の証券化の相違点は何か。「既存のＡＢＳ（資産担保証券，Asset Backed Security）では，裏付けとなる資産（裏付資産）自体が将来キャッシュフローを生むがＷＢＳでは事業運営者が土地や設備などの事業資産を使用し，事業を行って初めてキャッシュフローが発生する」[7]という違いがあげられている。さらに，調達した資金の活用方法にも相違点が見られる。ソフトバンクによる事業証券化は買収資金のリファイナンスとしてのものである。

　続いて，事業証券化の基本的な仕組みについて見る（図表18-5参照）。特別目的会社（Special Purpose Company，以下ＳＰＣ）は移動体通信事業の将来生み出される事業のキャッシュフローを裏付けに債券を発行する。債券を発行する際には優先劣後構造，つまり支払い優先順位が異なる債券を発行する仕組みが用いられる[8]。その際，仲介役であるみずほ信託銀行は，移動体通信事業が携帯電話の契約状況やローン返済状況を監視する役割を担っていた。

　証券化される資産の持つ信用力は，発行体の信用力とは切り離されていることから，ソフトバンクの格付けが投資不適格であったが，資産が収益を生み出すものであったため，発行された債券は格付機関から高い格付けを取得することができた。たとえば，Ｓ＆ＰやムーディーズからはシングルＡを取得している。これを受けて「銀行借り入れで調達した場合に比べ１％程度，低い利率で調達できる」[9]と見込まれていた。

　また，当時のソフトバンクの格付けはダブルＢであったため，「通常のローンだと，４－５年しか貸せない」[10]と金融機関から評価されていた。しかしながら，事業証券化に取り組んだことにより，10年物や13年物の債券を発行することができた。つまり，日々，資金繰りで悩み続けていた短期借入金を長期借入金へとリファイナンスすることができたのである。これにより，ソフトバンクは，長期的な視野に立ち，計画的に有利子負債を返済する契機になったものと考えられる。

● 図表18-5　ソフトバンクによる事業証券化の仕組み

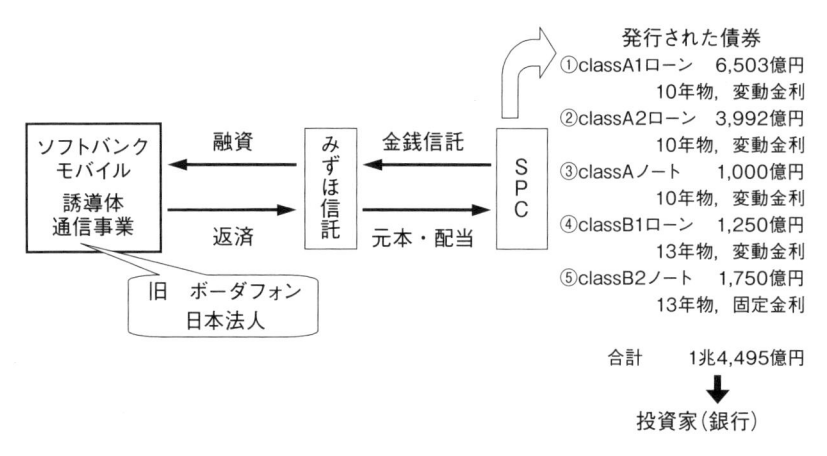

```
                                                    発行された債券
                                          ┌─→  ①classA1ローン    6,503億円
                                          │          10年物，変動金利
                                          │     ②classA2ローン    3,992億円
  ┌─────────┐  融資   ┌────┐  金銭信託  ┌───┐         10年物，変動金利
  │ソフトバンク │←──── │みず │←──────  │   │     ③classAノート     1,000億円
  │モバイル   │       │ほ信 │          │SPC│          10年物，変動金利
  │誘導体    │────→ │託  │──────→  │   │     ④classB1ローン    1,250億円
  │通信事業   │ 返済   └────┘ 元本・配当 └───┘          13年物，変動金利
  └─────────┘                                   ⑤classB2ノート     1,750億円
         ↑                                            13年物，固定金利
    ┌──────┐
    │旧 ボーダフォン│                          合計     1兆4,495億円
    │日本法人    │                                    ↓
    └──────┘                              投資家（銀行）
```

(出所)　『日経金融新聞』2007年9月4日付およびムーディーズＨＰ資料により作成。
(注)　ムーディーズの格付けによると①，②，③の格付けはA3である。④，⑤はBaa3である。

4　ソフトバンクによる買収効果

　ボーダフォン日本法人買収後，ソフトバンクは2兆円を上回る売上高そして黒字化を実現した。当初から掲げていた買収の目標をすぐに達成することができたということから，ソフトバンクはボーダフォン日本法人の買収を『成功』と評価している[11]。2009年9月には，7年という長い期間を経て，連結の欠損金を解消することもできた[12]。このことは，携帯電話事業が収益を伸ばしていること，ブロードバンド・インフラ事業が黒字化したことを受けている。

　また2010年，ソフトバンクはウィルコムに出資し，株主として連携するなど，自社の携帯電話事業にプラスになる行動を展開している。ソフトバンクは，有利子負債を順調に返済していることなどを受け，2011年2月には，ＪＣＲが11年振りに，ソフトバンクの格付けをシングルAに格上げした[13]。さらに，同年，ソフトバンクは，ボーダフォン日本法人買収の際の証券化による資金を，金融機関約20行からの協調融資（3年間）により償還期日前に返済することを発表した[14]。事業の証券化により資金を調達した際の金利は5％台であったが，協

調融資は１％台に抑えることができると期待されていた[15]。そのため，ソフトバンクの金利負担は，３年間で，100億円から200億円の削減を実現することができると見込まれていた[16]。

　なぜ，ソフトバンクは，協調融資による借り換えをしたのであろうか。勿論，金利コストを削減することが最大の目標である。しかし，今回はもう１つ目的があった。ソフトバンクが巨額のリファイナンスを実施するうえで，金融機関から財務上と事業上の目標値が設定されていた。金融機関の「要求値を下回る状態が３か月続いた場合，新規サービスなどを行う場合に金融機関の承認が必要になるほか，６か月で財務アドバイザーが送り込まれる」[17]ことなどが取り決められていた。加えて，資金管理については，移動体通信事業で稼いだキャッシュを自由に活用できないという制約があった。そこで，借換えを行うことにより，ソフトバンクは，自由な投資配分を手に入れたのである。

　2012年10月には，ソフトバンクは，株式交換により国内携帯電話４位のイー・アクセスを買収することを発表した。さらに，2013年７月，米国の携帯電話３位のスプリントを買収したのに引き続き，同年12月には，４位のＴモバイルＵＳの買収に取り掛かることを発表した。こういった買収劇により，移動体通信事業のさらなる強化につながると考えられる。

　ソフトバンクは，過去，過剰な先行投資の結果，本業で利益を生み出すことができない企業であった。そのため，格付機関による評価も低く，資本市場を活用することができなかった。現在，ボーダフォン日本法人を買収したことにより，また，他の事業も，これまでにない成果を生み出している。万一，事業証券化により資金調達の借換えができなかったのであるならば，ソフトバンクはここまで飛躍することができたであろうか。ソフトバンクが，計画的に財務を立て直すことができたのは，長期借入に移行することができた事業の証券化が影響しているであろう。

【注】

1) ＬＢＯファイナンスとは，標的企業の保有資産もしくは将来生み出されるキャッシュフローを担保に金融機関から借入れを行い，その資金で買収を実行することを意味している。
2) 2006年のソフトバンクの格付けを見ると，日本の格付機関であるＪＣＲはＢＢＢを，

米国の格付機関であるＳ＆ＰはＢＢ－を付与していた。
3）本来，Ｄ／Ｅレシオは１倍以下が望ましい。
4）2005年以降，ソフトバンクはみずほコーポレート銀行などに短期借入金の借入枠を1.5倍に拡大，さらには契約銀行を３倍の24行に拡大していた。
5）その際，ＬＢＯによるブリッジローンとして借入枠を１兆2,800億円に設定されていた。
6）『日本経済新聞（朝刊）』2006年９月26日。
7）宮町（2007），27ページ。
8）さらに投資家を保護するために，このような優先劣後構造の他に，超過担保，現金準備などの信用補完が付与されている。
9）『日本経済新聞（朝刊）』2006年９月26日。
10）『日経金融新聞』2007年９月４日付。
11）ソフトバンク「2007年３月期　決算説明会」2007年５月19日付参照。
12）『日本経済新聞（朝刊）』2009年10月27日。
13）ソフトバンクの格上げは，「米アップルの『iPhone（アイフォーン）』が好調で財務体質が急改善している（『日本経済新聞（朝刊）』2011年２月18日）」ことを受けている。
14）『日本経済新聞（朝刊）』2011年６月30日。証券化によって調達した際の2011年４月末の残高は，6,269億円であった。この資金を繰り上げ償還するために，銀行からの協調融資および手元資金で完済することになった。
15）同上。
16）『日本経済新聞（朝刊）』2011年７月23日。
17）『日経金融新聞』2006年10月18日。

【参考文献】

伊豆久（2007），「最近のＬＢＯブームの特徴と背景」『証研レポート』６月。
笹山幸嗣・村岡香奈子（2006），「第１章　買収ファイナンスの総論」『Ｍ＆Ａファイナンス』社団法人金融財政事情研究会。
宮地直紀（2006），「拡大続く本邦レバレッジド・ファイナンス市場の現状と課題」『金融財政市場』７月31日号。
宮町幸雄（2007），「事業の証券化（ＷＢＳ）─証券化市場の注目商品─」，『ニッセイ基礎研ＲＥＰＯＲＴ』８月。
森谷智子（2009），「金融危機と今後の証券化の行方」，『年報　中小企業・ベンチャービジネスコンソーシアム』第８号。

（森谷　智子）

第19講

キャッシュフローと経営分析

1．本講の目的
- キャッシュフロー情報の有用性とその利用方法について検討する。
- 具体的に見ていくのは次の2つ。
  (1) キャッシュフロー計算書にどのような役割が期待されていたか。
  (2) 国際会計基準によってキャッシュフロー計算書はどう変わるか。

2．キャッシュフロー計算書導入の背景と国際会計基準による変化
- 導入当初は利益情報の補完的な役割が期待され，間接法で作成されていた。
- 国際会計基準により今後直接法が主流になるとみられるが，利益情報の補完的な役割が依然として残る可能性が高い。

3．経営分析全体の中でのキャッシュフロー計算書の位置付け
- 主たる機能は，持続可能性や支払能力の評価のための情報を示すこと。
- 持続可能性や支払能力を評価するには，収入・支出と収益・費用を対比しながら見ていくことが必要である。

4．分析事例
- キャッシュフロー計算書を使った日本航空（JAL）の支払能力評価の事例を取り上げる。
- ここで見ているのは次の2つ。
  (1) キャッシュフロー情報を使ってJALの破綻を予測することができたか。
  (2) 存続している全日空（ANA）との違いを読み取ることができたか。
- 損益計算書と組み合わせて見ていくことで，JALの支払能力は正しく評価できる。

1 目的と意義

　本講では，キャッシュフロー情報の有用性とその利用方法について検討する。キャッシュフロー情報は，キャッシュフロー計算書を通じて提供されるものであるから，キャッシュフロー計算書をいくつかの面から眺めることを通してこのような点の検討を試みる。

　具体的には次の二つの点について検討する。一つ目は経営分析を行うためのツールの一つであるキャッシュフロー計算書がどのようなもので，経営分析の分析者からどのような役割が期待され，どのように利用されてきたかを検討する。二つ目は国際財務報告基準（IFRS）との関連においてキャッシュフロー計算書の表示形式も変化することが予想されているが，こうした変化がキャッシュフロー計算書の役割，キャッシュフロー計算書への期待をどのように変化させていくのかについて検討し，加えてキャッシュフロー計算書自体の在り方について考えてみる。

　一つ目の検討事項については，キャッシュフロー計算書導入の経緯，キャッシュフロー計算書の表示区分と作成方法を確認した後，現在の日本の上場企業のキャッシュフロー計算書の状況に触れ，キャッシュフロー計算書の役割について利用者と提供者の立場から考察する。導入の経緯については，日本よりも早くキャッシュフロー計算書を制度化した米国の例を示し，日本との差異について見ていく。二つ目の検討事項については，今後の日本の会計制度に大きな影響を及ぼすと考えられる国際財務報告基準のキャッシュフロー計算書に関する考え方に触れ，日本においてそれが導入された際の影響などについて考察する。最後に経営におけるキャッシュフロー計算書の位置づけとキャッシュフロー情報の有用性について検討し，キャッシュフロー計算書の利用方法を示した事例を示す。

　これらの点は，直接法，間接法といったキャッシュフロー計算書の作成方法と関連付けてみていくことが重要だと考えられる。それは，作成方法の選択がキャッシュフロー計算書の役割と密接にかかわっていると考えられるからである。さらに，作成方法の選択は，キャッシュフロー計算書の利用方法，キャッ

シュフロー情報の有用性といった点との関連を持っていると考えられる。したがって，ここでは，以上のような点をキャッシュフロー計算書の作成方法と関連付けて検討している。

2 分析と検討

ここでは，まず日本におけるキャッシュフロー計算書導入の背景および米国における状況，さらには日本の上場会社のキャッシュフロー計算書の作成状況を概観した後，キャッシュフロー計算書に期待されている役割について考察する。考察は，利用者と作成両方の立場から行ってみたい。次に国際財務報告基準におけるキャッシュフロー計算書の扱いについて概観し，キャッシュフロー計算書に期待される役割の変化，キャッシュフロー計算書の利用方法についての考え方を検討してみたい。

1 キャッシュフロー計算書の導入の背景

2000年3月期以降，それまで単独決算中心であった日本における財務諸表開示が連結決算中心に移行し，同時にそれまで単独決算について任意開示の書類として開示されてきた資金収支表に代わりキャッシュフロー計算書が基本財務諸表として作成を義務付けられ，監査対象書類にもなった。

キャッシュフロー計算書の作成が義務付けられるようになった背景としては，損益計算書に示される利益に対する不信感が増したことが挙げられる。「キャッシュは事実であり，利益は意見である」と言われているように利益には経営者の恣意性が反映されるため，客観性に欠けており，キャッシュフロー情報と比べて信頼性が低いのでキャッシュフロー情報により利益の質を確認する必要がある，という考え方がキャッシュフロー計算書の基本財務諸表化の裏にあったと考えられる。すなわち，日本においてキャッシュフロー計算書が導入された背景には，操作しにくいとされるキャッシュフロー情報に対して利益に代わる業績指標としての役割あるいは損益計算書に示されている利益の補完情報としての役割が期待されていたと考えられる。

米国では日本よりも13年早く1987年に作成が義務付けられているが，米国の

場合においても情報の利用者である金融機関は直接法を支持し,作成者側は間接法を支持した。米国においては財務会計基準審議会(FASB)が1987年に財務会計基準書(SFAS)第95号によりキャッシュフロー計算書を制度化するが,そこにおいては直接法の採用が奨励されている。ただし,直接法を採用する場合には利益と営業活動からのキャッシュフローの調整表の作成が義務付けられている。このように見かけ上は直接法支持のほうが優勢と考えられるが,米国においても実務的にはキャッシュフロー計算書は間接法で作成するのが主流となっている[1]。すなわち,米国では,利用者側は直接法,作成者側は間接法を支持し,実態としては間接法による作成が主流を占めているわけで,日本における状況もこれと似通ったものと考えられる。

しかしながら,オーストラリア,ニュージーランドのようにキャッシュフロー計算書を直接法で作成することを強制適用している国も存在している[2]。理由としては,「貸借対照表や損益計算書などでは提供されていない情報が利用可能となり,将来キャッシュフローの予測により有用な基礎情報を提供する[3]」というものであるという。ここでも利用者はキャッシュフロー計算書を直接法により作成することを望んでいるとされており,これらの国においては利用者側の考え方が実務に反映されている。米国や日本におけるのと異なる状況になっている国も存在している。

② キャッシュフロー計算書の資金区分と作成方法

キャッシュフロー計算書は,営業活動からのキャッシュフロー,投資活動からのキャッシュフロー,財務活動からのキャッシュフローの3つに区分して表示される。営業活動からのキャッシュフローは営業活動に係る収支を,投資活動からのキャッシュフローは投資活動に係る収支を,財務活動からのキャッシュフローは社外からの資金調達に係る収支を示している。営業活動からのキャッシュフローはこの3つの資金区分を通して,最下部に示されているように現金預金あるいは現金同等物の増減を示す表である。現金預金の増減理由を3つの区分に分類して表示する。これによって営業活動に係る収支を把握することができるのである。

キャッシュフロー計算書の作成方法については,直接法と間接法が認められ

ている。直接法と間接法の違いは営業活動からのキャッシュフローの部分の表示にある。すなわち，営業活動からのキャッシュフローの部分を収入と支出のように総額で表示するのが直接法であり，営業活動からのキャッシュフローの部分を収入と支出の差額である収支，すなわち純額で表示するのが間接法である。間接法のキャッシュフロー計算書では，収支が利益，減価償却費といった損益計算書項目と売上債権の増減，棚卸資産の増減，仕入債務の増減といった貸借対照表項目からの計算項目によって示される。投資活動からのキャッシュフロー，財務活動からのキャッシュフローについては直接法で作成した場合も間接法で作成した場合も基本的には差異はない。

営業活動からのキャッシュフローは，発生ベースで示された損益計算書の収益・費用を現金ベースで示したものということができる。それゆえこの部分を損益計算書や貸借対照表の営業関連資産，負債として示された値と関連付けてみることができる。そのように利用する際には，損益計算書や貸借対照表の項目名を用いて表示される間接法のキャッシュフロー計算書のほうが利用しやすいと考えられているのである。

3 キャッシュフロー計算書に期待される役割

日本の上場会社に関してみると，ほぼ100％の会社が間接法によりキャッシュフロー計算書を作成している。2011年度における日本の上場会社約3500社のうち直接法によりキャッシュフロー計算書を作成している企業は7社である。有価証券報告書提出会社まで範囲を広げてもキャッシュフロー計算書を直接法で作成している会社は9社しかない（図表19-1）[4]。

間接法のほうが容易に作成できる，間接法のほうが低コストで作成できるなどの理由から間接法が選択されていると言われている[5]。

日本企業はキャッシュフロー計算書が制度化される以前から任意開示ではあるが資金収支表を作成して開示してきた経緯を考えると，コストに関する問題がキャッシュフロー計算書を直接法で作成することについて大きな障害になるとは考えにくい。ただこの点に関しては，資金収支表が単独決算について作成されているのに対して，キャッシュフロー計算書が連結決算について作成されているという違いがあり，この違いがコストの問題を生じさせていると考えら

● 図表19-1　キャッシュフロー計算書を直接法で作成している会社

	証券コード	会社名	決算期
1	1734	（株）北弘電社	2012年3月期
2	4291	（株）ＪＩＥＣ	2012年3月期
3	4762	（株）エックスネット	2012年3月期
4	7578	（株）ニチリョク	2012年3月期
5	7638	（株）シーマ	2012年3月期
6	7883	サンメッセ（株）	2012年3月期
7	9720	（株）ホテル，ニューグランド	2011年11月期
8	非上場	（株）アップ	2012年3月期
9	非上場	（株）日貿信	2012年3月期

れる。そうだとすれば，キャッシュフロー計算書は基本財務諸表に加えられたものの，財務諸表を作成するシステムには完全には組み込まれていないということになる。そのために，キャッシュフロー計算書が間接法で作成されているとすると，「キャッシュフロー計算書は貸借対照表と損益計算書の従属的な位置づけに甘んじている」という指摘は妥当と考えるべきかもしれない[6]。

　実務的にはキャッシュフロー計算書は間接法で作成されている。このことは，キャッシュフロー計算書に対して損益計算書に示されている利益の質を確認するための情報としての役割が期待されていると考えるのが合理的である。

　一方国際財務報告基準は，キャッシュフロー計算書の作成方法に関して2008年10月のディスカッション・ペーパーで直接法が望ましいとし，2010年7月のスタッフ・ドラフトでは直接法の強制適用を示している。このことから今後キャッシュフロー計算書が直接法で作成されることになる可能性が高いと考えられる。しかし，国際財務報告基準は営業活動からのキャッシュフローから営業利益への調整表の作成を義務づけており，キャッシュフロー計算書そのものは直接法で作成せよといっている一方で，損益計算書の利益との関連付けができるようにせよと言っているのである[7]。

　国際財務報告基準は，これまで優勢と考えられていたが実務では完全には実現されることの無かったキャッシュフロー計算書を直接法により作成する方法

を支持する立場を採っている。実務においてキャッシュフロー計算書を間接法で作成する企業が多い日本に導入された場合の影響は大きいと見られる。また，このことはキャッシュフロー計算書に期待される役割の変化としてみることもできよう。

3 経営全体の中での位置付けと評価

　本来的にはキャッシュフロー計算書は企業の持続可能性の評価に用いるものである。収益や費用が発生主義で測定されるものであるため，現金主義により収入，支出の実態を把握したうえで持続可能性を評価することになる。ところが，実態をみるとキャッシュフロー計算書は損益計算書に代わる業績指標，利益の裏づけを確認するための情報として利用されている。

　直接法によるキャッシュフロー計算書の作成，表示は，一方で貸借対照表や損益計算書とキャッシュフロー計算書との関係を希薄化させる。これは，間接法では税引前当期純利益，減価償却費，売上債権の減少，仕入債務の増加といった貸借対照表や損益計算書の項目名の入った項目が用いられているが，直接法では収入や支出といったキャッシュフロー計算書固有の項目名が用いられるためである。他方，収益や費用といった発生主義で示された項目が，対応する収入や支出といった現金主義の項目として示されるので，総額での対応関係は把握しやすくなる。さらに，収入や支出のように総額で表示されていると，単純に利益と営業活動からのキャッシュフローの差額を見るのではなく，そのような差額がどのような理由によって生じたものであるか，すなわち差額の発生プロセスの部分から把握することが可能になるのである。

　ヒース（Loyd C. Heath）が「利益は，貨幣単位で測定された財産の変動であって［決して］お金ではない[8]」と言っているように損益計算書に示されている利益とキャッシュフロー計算書に示されている営業活動からのキャッシュフローとはまったく異なるものである。ところが，間接法のキャッシュフロー計算書では両者は関連のあるものとして扱われており，これがためにキャッシュフロー計算書の役割が本来と異なるものとして理解されてきたように思う。

　キャッシュフロー計算書本来の役割は，ヒースの言う「必要な支払をまかな

うため，適切な額の現金を獲得する能力」の評価である。損益計算書とキャッシュフロー計算書は，原因と結果の関係にある。すなわち，損益計算書は原因であってその結果がキャッシュフロー計算書に示される。収入は収益を原因として発生し，支出は費用を原因として発生するものである。その意味では，持続可能性の評価においては，キャッシュフロー計算書に示された結果を損益計算書に示された原因との整合性を確認したうえで評価することが必要になる。そのような用法のためには，キャッシュフロー計算書は直接法で作成されている必要がある。キャッシュフロー計算書は直接法で作成されるようになるとキャッシュフロー計算書が本来の役割で利用される可能性が高い。

4 事　例
－キャッシュフロー計算書を用いた日本航空の支払能力評価－

　今回，事例としては日本航空を取り上げる。日本航空は（以下ＪＡＬと略す）は，2010年1月19日に東京地裁に会社更生法を申請して破綻した。負債総額は2兆3千億円余りであって，金融機関を除くと戦後最大の規模であった。その後2011年3月28日に東京地裁から更生手続き完了の決定を受けたと発表し，裁判所の管理下を離れている。会社更生法の申請から約1年2か月での更生完了であった。さらに，2012年9月19日に東京証券取引所第1部に上場を果たしている。

　キャッシュフロー計算書が企業の持続可能性について示すものであるならば，ＪＡＬの場合においてもキャッシュフロー計算書から破たんの可能性を読みとることができると考えられる。ＪＡＬの破綻を取り上げた研究などにおいて，ＪＡＬの財務諸表などから破綻の兆候を読み取る試みが行われているが，指摘されている問題点は損益計算書，貸借対照表に関わる部分がほとんどであって，キャッシュフロー計算書に表れた問題点についてはほとんど指摘されていない[9]。ここでは，キャッシュフロー計算書を使ったＪＡＬの支払能力評価を行い，キャッシュフロー計算書によって破たんの兆候を読み取ることができるかどうかについて検討したい。

1 営業活動からのキャッシュフローなどの状況から評価すると

JAL，と全日本空輸（以下ANAと略す）のキャッシュフロー計算書に示された営業活動からのキャッシュフロー，小計，税金等調整前当期純利益は図表19-2のように推移している。

● 図表19-2　JAL，ANAの営業活動からのキャッシュフロー等の推移

（単位：百万円）

	ANA			JAL		
	営業活動からのキャッシュフロー	小　計	税金等調整前当期純利益	営業活動からのキャッシュフロー	小　計	税金等調整前当期純利益
2003／3	85,952	101,510	−54,821	131,783	160,276	10,527
2004／3	89,793	86,108	35,221	30,951	55,396	−82,969
2005／3	149,070	151,945	45,679	68,322	87,430	73,709
2006／3	128,525	195,884	52,433	41,756	62,006	−46,175
2007／3	158,714	191,908	51,064	102,449	116,205	44,563
2008／3	165,765	183,472	115,224	147,134	166,757	22,322
2009／3	−39,783	92,747	−4,445	27,788	21,811	−62,447

　この数値から両社の支払能力を評価してみると，次のようになる。まず，JALの2009年3月期の数値をみると，税金等調整前当期純利益が624億円を超える大幅なマイナスになったものの，営業活動からのキャッシュフロー，小計はプラスになっており支払能力は問題なしと評価できる。次にANAの2009年3月期の数値をみると，税金等調整前当期純利益と営業活動からのキャッシュフローがマイナスの数値になっており支払能力にはやや問題があったと評価しなければならない。しかし，小計がプラスであるので支払能力が失われているという状況ではないと評価できる。すなわち，2009年3月期のキャッシュフロー計算書による支払能力の評価ではJALの方がANAよりも優れているということになる。しかし，JALは2010年1月に破綻し，ANAはその後も存続している。

次に少し細かく見るためにＪＡＬの半期ベースの数値を追いかけてみると，営業活動からのキャッシュフロー，小計などは図表19-3に示したように推移している。

● 図表19-3　ＪＡＬの半期ごとの営業活動からのキャッシュフロー等の推移

(単位：百万円)

	累　計			半　期		
	営業活動からのキャッシュフロー	小　計	税金等調整前当期純利益	営業活動からのキャッシュフロー	小　計	税金等調整前当期純利益
2007／9	103,390	113,356	23,537	103,390	113,356	23,537
2008／3	147,134	166,757	22,322	43,744	53,401	−1,215
2008／9	89,008	75,137	44,742	89,008	75,137	44,742
2009／3	27,788	21,811	−62,447	−61,220	−53,326	−107,189
2009／9	−41,908	−34,673	−126,567	−41,908	−34,673	−126,567

　ＪＡＬの営業活動からのキャッシュフロー，小計はともに2008年度まではプラスだが，2009年度の上半期はマイナスに転落している。上期と下期に分けてみると2008年度下期からマイナスの値になっている。このことから，2008年度下期以降ＪＡＬの支払能力には問題があったことが分かる。ＪＡＬは2010年1月に破綻するが，その1年以上前には破綻の兆候がキャッシュフロー計算書に表れていたということができる。しかし，この見方には，次に示すような問題が残されている。

　ＡＮＡについても同様の見方を適用してみると，ＪＡＬとの差が見出せないのである。ＡＮＡは上場企業であるから営業活動からのキャッシュフローなどを四半期ベースで見ることができる。ＡＮＡの2008年度以降の営業活動からのキャッシュフローなどは図表19-4に示したように推移している。

● 図表19−4　ＡＮＡの四半期ごとの営業活動からのキャッシュフロー等の推移

（単位：百万円）

	累　計			四半期		
	営業活動からのキャッシュフロー	小　計	税金等調整前当期純利益	営業活動からのキャッシュフロー	小　計	税金等調整前当期純利益
2008／6	−38,848	42,862	11,988	−38,848	42,862	11,988
2008／9	26,483	110,780	38,715	65,331	67,918	26,727
2008／12	−1,422	125,504	19,477	−27,905	14,724	−19,238
2009／3	−39,783	92,747	−4,445	−38,361	−32,757	−23,922
2009／6	−8,538	−3,155	−48,052	−8,538	−3,155	−48,052
2009／9	71,342	40,002	−41,450	79,880	43,157	6,602
2009／12	83,055	55,749	−58,014	11,713	15,747	−16,564

これをみると2008年度第1四半期から2009年度第2四半期に至る1年強の期間において支払能力に問題があったことになる。それにもかかわらず、ＡＮＡはその後も存続している。したがって、営業活動からのキャッシュフローや小計がマイナスであることが破綻の兆候であるとは言えないことになる。さらに、これらのことから支払能力に問題があるという判断を行うことも難しいと言わなければならない。

以上見てきたとおり、キャッシュフロー計算書に示された数値だけから評価すると、ＪＡＬの支払能力に問題があった可能性は読み取ることができるが、破綻してしまったＪＡＬと存続しているＡＮＡとの違いについてはうまく説明が付かない。キャッシュフロー計算書は支払能力を評価するための情報を提供していると考えられるが、キャッシュフロー計算書に表れた数値をそのまま利用したのでは、その判別能力は十分ではないと考えられる。

２　損益計算書などを合わせ用いた支払能力分析と評価[10]

以上見てきたように、営業活動からのキャッシュフローなどキャッシュフロー計算書に示された数値をそのまま使っただけでは、企業の支払能力、言い換えると持続可能性について正しい評価はできないと考えられる。では、どの

ようにすれば，キャッシュフロー計算書に示された数値を補完して支払能力を評価することができるのだろうか。

キャッシュフロー計算書は現金および現金同等物の増減理由をいくつかの資金区分に分けて示したものであって，その中の一つが営業活動からのキャッシュフローすなわち営業活動にかかわる収支である。営業活動からのキャッシュフローは営業活動における収入と支出の差分を示したものであるが，ＪＡＬの2009年3月期の営業活動からのキャッシュフローの中でプラスの大きな値となっているものが，減価償却費と売上債権の減少額（キャッシュフロー計算書上は受取手形及び営業未収入金の増減額（△は増加））である。減価償却費は，2008年3月期から大きな変化はないが，売上債権の減少額は大幅に増加しており，これが営業活動からのキャッシュフローの大きな部分を占めている。2009年3月期のＪＡＬの営業活動からのキャッシュフローを見ていく上では，この部分に注目してみていく必要がありそうだ。そこで，売上債権の減少額の要因分析を行ったのが，図表19-5である。

● 図表19-5　ＪＡＬとＡＮＡの2009年3月期における営業未収入金の増減理由分析

（単位：百万円）

ＪＡＬ	営業活動からのキャッシュフロー	小　計	税金等調整前当期純利益	売上債権減少	営業未収入金の減少内訳 ①	②	③
2008／3	147,134	166,757	22,322	9,215	17,971	−9,407	651
2009／3	27,788	21,811	−62,447	68,416	46,303	27,343	−5,231
ＡＮＡ	営業活動からのキャッシュフロー	小　計	税金等調整前当期純利益	売上債権減少	営業未収入金の減少内訳 ①	②	③
2008／3	165,765	183,472	115,224	997	847	152	−1
2009／3	−39,783	92,747	−4,445	29,024	22,923	7,568	−1,467

（注）　①回収期間の短縮による部分，②月商の変化による部分，③回収期間と月商両方による部分。

このような考え方のもと，売上債権減少額を分析してみると，売上債権減少684億円のうち463億円が回収期間の早期化により生み出されたものであること

が分かる。この値は小計の値を上回っているので，この期のＪＡＬの小計は回収期間の早期化のおかげでプラスになっているが，実質的にはマイナスであったと考えられる。営業活動からのキャッシュフローもほとんどゼロに近い値で，支払能力は充分ではなかったと評価しなければならない。一方，ＡＮＡにも回収期間の早期化は見られるものの，その影響を差し引いても小計はプラスの値であって，支払能力には問題が無かったと評価できる。

３ まとめ

以上みてきたように，キャッシュフロー計算書上の数値だけからは，2009年３月期におけるＪＡＬとＡＮＡの支払能力に差が見出せなかったが，損益計算書の値と組み合わせた分析数値で評価すると，ＪＡＬの2009年３月期における支払能力は不十分，ＡＮＡの支払能力には問題がなかった両者の差を明確に確認できた。この意味において，ＪＡＬの破綻の兆候は，キャッシュフロー計算書から読み取ることが可能だったと考えられる。ただ，それは，キャッシュフロー計算書上の値に加え，他の財務諸表と組み合わせた分析が必要であった。キャッシュフロー計算書は事実を示しているが，それはやりくりを加味した結果の事実であって，やりくりの部分を調整した上で，利用しなければ正しい評価はできないのである。

【注】
1) 児島［2012］
2) 町田［2010］，児島［2012］
3) 児島［2012］
4) 古山［2010］，児島［2012］などを参考にした。
5) 上野［2001］，鎌田［1999］に述べられている。
6) 上野［2001］では，「間接法によるキャッシュ・フロー計算書では，純利益や減価償却費などの非現金項目が現金の源泉であるかのように扱われているが，純利益や減価償却費などの非現金項目は現金の源泉ではなく，これは利用者を混乱させる考え方である。」と述べられている。また，「ヒースは，間接法は致命的である。利益および減価償却費が現金の源泉であるという信じられない考え方を強いることによって利用者を混乱させている，と言っている。[Heath, 1981, p.170］」とヒースも同じ立場を採っていたとしている。
7) 遠藤［2009］，児島［2012］
8) 鎌田［1982］

9) 安達 [2010], 熊谷 [2010], ＪＡＬ [2010], 畠山 [2010] などがＪＡＬの倒産理由について分析している。
10) ここでの評価方法は，森脇 [2002], 古山 [2004] に詳しく説明されている。

【参考文献】

安達 [2010]：安達巧「ＪＡＬ会計監査人の監査判断について」,『尾道大学経済情報論集』10（2），尾道大学，2010年12月。

上野 [2001]：上野清貴『キャッシュ・フロー会計論―会計の論理統合―』創成社，2001年3月。

遠藤 [2009]：遠藤秀紀「キャッシュ・フロー計算書の再検討―直接法の適用に向けて―」,『東海学園大学研究紀要』第14号（シリーズＡ），東海学園大学，2009年3月。

遠藤 [2010a]：遠藤秀紀「ＩＦＲＳ導入の基本的課題に関する多面的課題」,『国際会計研究学会年報』2010年度。

遠藤 [2010b]：遠藤秀紀「財務諸表表示目的とキャッシュ・フロー計算書」,『東海学園大学研究紀要』第15号（シリーズＡ），東海学園大学，2010年3月。

熊谷 [2010]：熊谷重勝「日本航空の経営破綻と清算貸借対照表」,『立教経済学研究』64（2），立教大学，2010年10月。

鎌田，藤田 [1982]：鎌田信夫，藤田幸男共訳，ロイド・Ｃ・ヒース著『財務報告と支払能力の評価』国元書房，1982年11月。

鎌田 [1999]：鎌田信夫『キャッシュフロー会計』税務経理協会，1999年。

鎌田 [2006]：鎌田信夫『キャッシュ・フロー会計の原理［新版第2版］』税務経理協会，2006年7月。

倉田 [2002]：倉田三郎「資金計算書分析に関する一考察」,『尾道大学経済情報論集』2（2），尾道大学，2002年12月。

児島 [2012]：児島幸治「キャッシュ・フロー情報の表示法を巡る論点」,『国際学研究』1，関西学院大学，2012年3月。

佐藤靖 [2008]：佐藤靖「キャッシュ・フロー構成比分解分析の論理と実践：直接法情報の有効活用に向けて」,『商学論集』福島大学経済学会，2008年3月。

永田 [2004]：永田 靖「第三の財務表としてのキャッシュ・フロー計算書：直接法と間接法をめぐる内部矛盾」,広島大学マネジメント研究，広島大学，2004年3月。

ＪＡＬ [2010]：株式会社日本航空コンプライアンス調査委員会著『調査報告書（要旨）』2010年8月26日。

畠山 [2010]：畠山肇（国土交通省調査室）「ＪＡＬの再生問題」,『立法と調査』2010年2月 No.301。

古山 [2004]：古山徹『支払能力の測定と評価　建設業の場合』創成社，2004年4月。

古山 [2010]：古山徹「キャッシュフローだけでは倒産の前兆が見えない―キャッシュ・フロー計算書を用いた支払い能力の評価方法について」,『ＴＳＲ情報』2010夏季特集号，東京商工リサーチ，2010年8月。

町田 [2010]：町田耕一「直接法によるキャッシュフロー計算書」,国士舘大学政経論叢，国士舘大学政経学会，2010年3月。

森脇 [2002]：森脇彬『資金と支払い能力の分析［四訂版］』税務経理協会，2002年8月。

渡邉［2002］：渡邉泉「運転資本変動計算書からキャッシュ・フロー計算書へ」,『大阪経大論集』第53巻第3号, 大阪経済大学, 2002年9月。

(古山　徹)

第20講

フリーキャッシュフローと企業価値

1．本講の意義・目的と概要

連結キャッシュフロー計算書 ⇒ キャッシュフロー情報
　⇒ フリーキャッシュフロー ⇒ 企業価値，株主価値，理論株価
・理論株価＞実際の株価　理論株価＜実際の株価　⇒ 買い時か売り時か
・フリーキャッシュフローの一定値モデルと一定率成長モデル

2．フリーキャッシュフローとは何か

要約キャッシュフロー計算書の一部
・営業活動によるキャッシュフロー
・投資活動によるキャッシュフロー
・フリーキャッシュフロー

3．フリーキャッシュフローによる企業価値の測定

・企業価値＝f（現時点の現金および現金同等物残高，フリーキャッシュフロー）
・現金および現金同等物の範囲
・一定値モデルと一定率成長モデル

4．企業価値のドライバーとなる運転資本の増減と投資活動の情報

・運転資本の増減の主要素…売上債権，棚卸資産，仕入債務
・投資活動…有形固定資産，無形固定資産，系列化のための投資等

5．事例研究　－東　芝－

・フリーキャッシュフロー，加重平均資本コスト（WACC）
・理論上の株主価値，理論株価，期待される企業価値，目標の成長率

第20講 フリーキャッシュフローと企業価値

1 本講の意義・目的と概要

　キャッシュフローと経営分析については，第18講で述べた。本講では，連結キャッシュフロー計算書から入手できるキャッシュフロー情報をもとに，フリーキャッシュフローと呼ばれる指標を算定して，これを企業価値の測定に活用する方法を学習する。企業価値から負債価値を控除すると株主価値になるので，企業価値が理論的にフリーキャッシュフローで測定できるという仮定の下に，理論上の株主価値を測定し，そこから理論株価を算定する方法も明らかにする。理論株価が実際株価と乖離している場合には，その企業の株が買い時か売り時か，あるいは対象企業の買収金額は適正か否かなどの判断材料として本講の分析モデルが活用できることを意味する。本講では，東芝の連結キャッシュフロー計算書のデータを用い，たんにフリーキャッシュフローが一定値で永久に続く場合と，フリーキャッシュフローが一定率で永久に成長する場合の二つのモデルで企業価値を測定する事例を提示する。

2 フリーキャッシュフローとは何か

●図表20－1　要約連結キャッシュフロー計算書の一部

Ⅰ．営業活動によるキャッシュフロー	
1．非支配持分控除前当期純利益	×××
2．営業活動によるキャッシュフローへの調整	×××
営業活動によるキャッシュフロー	×××
Ⅱ．投資活動によるキャッシュフロー	×××
フリーキャッシュフロー	×××

　図表20-1は，連結キャッシュフロー計算書のうち，フリーキャッシュフローの算定に必要なキャッシュフロー情報を抜き出したものである。ここでの営業活動によるキャッシュフローは，ほとんどの企業が採用している間接法で表示

されている。財務活動によるキャッシュフローは省略してある。営業活動によるキャッシュフローへの調整には，減価償却費，持分法による投資損益，売上債権の増減，棚卸資産の増減，仕入債務の増減，投資活動と財務活動の項目に含めないその他の項目からなる。持分法による投資損益とは，非連結対象子会社や関連会社への投資額と資本勘定との差額の償却や当期純利益の按分に伴って生じる損益である。非支配持分控除前当期純利益とは，当社株主に帰属する当期純利益に非支配持分帰属損益を足し戻したものであり，連結損益計算書上の項目を具体的に用いて計算する方法は，第12講を参照されたい。投資活動によるキャッシュフローには，固定資産の売却収入，固定資産の購入，その他がある。

3　フリーキャッシュフローによる企業価値の測定

フリーキャッシュフローを用いて現時点の企業価値を測定すると，理論的には次式で表現できる。

$$CV_0 = M_0 + \sum_{i=1}^{\infty} \frac{FCF_i}{(1+c)^i} \quad \cdots \quad (1)$$

なお，

CV_0 ：現時点の企業価値

FCF_i ：i 年後のフリーキャッシュフロー

M_0 ：現時点の現金及び現金同等物残高

c ：資本コスト率

とする。

ここで，現金及び現金同等物には，手許現金，当座預金，普通預金，通知預金，3か月以内の短期投資が含まれる。

モデルを簡単にするために，もし，フリーキャッシュフローが毎年一定値 FCF で永久に続くと仮定すると，数学的には次の式が成立する。

$$CV_0 = M_0 + \frac{FCF}{c} \quad \cdots \quad (2)$$

また,フリーキャッシュフローが毎年一定率 g で永久に成長すると仮定すると,数学的には次の式が成立する。ただし,$c > g$ が成立しなければならない。

$$CV_0 = M_0 + \frac{FCF^*(1+g)}{c-g} \quad \cdots \quad (3)$$

なお,この式で求めた現時点の企業価値から現時点の負債価値を控除したものが現時点の理論上の株主価値を示し,それを現時点の発行済株式総数で割ると,理論株価を算定できる。

4 企業価値のドライバーとなる運転資本の増減と投資活動の情報

次に,企業価値のドライバーとなる運転資本の増減項目と投資活動の情報について説明する。運転資本を構成する要素で,企業価値を増加させる主要素は,売上債権の減少額,棚卸資産の減少額,仕入債務の増加額である。逆に企業価値を減少させる主要素は,売上債権の増加額,棚卸資産の増加額,仕入債務の減少額である。投資活動の情報については,単年度だけの影響を見るならば,固定資産の売却収入は企業価値を増加させる要素,固定資産の購入は企業価値を減少させる要素である。ただし,ある年度の固定資産の購入はそれ以降の将来年度の営業活動によるキャッシュフローを増加させる要因になることがあるので,長期的なスパンでみれば,投資活動によるキャッシュフローを減らすと,企業価値が減少してしまいかねない。よって,将来の営業活動によるキャッシュフローを成長させる無駄のない投資活動を企業価値のドライバーとしてうまくコントロールできているかが社内的には重要になる。ここでいう固定資産には,有形固定資産だけでなく無形固定資産,系列化のための投資等を含んで

いることに留意されたい。

5 事例研究 －東　芝－

　ここでは，東芝のキャッシュフロー情報を用いて企業価値の測定を行う。図表20-2は東芝における2010年度（2010年4月1日～2011年3月31日）の要約連結キャッシュフロー計算書の一部である。

●図表20-2　東芝の要約連結キャッシュフロー計算書の一部

（単位：百万円）

Ⅰ．営業活動によるキャッシュフロー	
1．非支配持分控除前当期純利益	146,646
2．営業活動によるキャッシュフローへの調整	227,438
営業活動によるキャッシュフロー	374,084
Ⅱ．投資活動によるキャッシュフロー	△214,700
フリーキャッシュフロー	159,384

　ここで，企業価値の測定に必要な資本コスト率には，第17講で解説した2011年度のＷＡＣＣ（加重平均資本コスト率）を用いる。ここでも市場が期待する平均収益率にＴＯＰＩＸの実績値を用いるとマイナスとなってしまうので，2011年3月のＴＯＰＩＸ 869.38が一年間で956.32まで上昇してほしかったと市場が期待していたと仮定した場合，

　　市場が期待する平均収益率 = $(956.32 - 869.38) \div 869.38 \times 100 \fallingdotseq 10\%$
　　株主資本コスト率 = $1\% + 1.0 \times (10\% - 1\%) = 10\%$

となり，その他の条件が同じなら，ＷＡＣＣは次のように計算される。

$$\mathrm{WACC} = \frac{31{,}815 \times (1 - 0.407) + 0.10 \times 1{,}633{,}594.8}{1{,}330{,}938.5 + 1{,}633{,}594.8} \times 100 \fallingdotseq 6.1\%$$

2011年度のフリーキャッシュフローが△42,230百万円なので，2011年度末時点の企業価値を算定するにあたり，2012年度以降は毎年2010年度のフリーキャッシュフローと同額が永久に続くと仮定する。2011年度末の現金及び現金同等物残高は214,305百万円なので，

$$2011年度末時点の企業価値 = 214,305 + \frac{159,384}{0.061} \fallingdotseq 2,827,157 （百万円）$$

となる。ちなみに，これから2011年度末の有利子負債1,383,025百万円を控除して理論上の株主価値を求めると，

$$2011年度末時点の株主価値 = 2,827,157 - 1,383,025 = 1,444,132 （百万円）$$

次に，理論株価を求めると，

$$1444,132百万円 \div 4,237.60百万株 \fallingdotseq 341円$$

となり，実際の株価364円なので，理論株価よりも若干高く評価されている。

次に，理論株価を500円まで上昇させるためには，159,384百万円のフリーキャッシュフローを毎年一定値で永久に何％ずつ成長させなければならないかを求める。まず，期待される現時点の企業価値は，

$$期待される企業価値 = 500円 \times 4237.60百万株 + 1,383,025 = 3,501,825 \\ （百万円）$$

目標の成長率を g とすると，

$$3,501,825 = 214,305 + \frac{159,384 * (1+g)}{0.061 - g}$$

$$\therefore g = 0.0119396\cdots \fallingdotseq 0.01194$$

よって，およそ1.194％の成長が永久に続けば，理論株価を500円にできる。

6　各指標の時代的位置づけ

　規模拡大経営期は，フリーキャッシュフローのドライバーとなる売上高や利益額が注目されたが，株主価値経営期は，本講で中心に取り扱われた企業価値の測定指標であるフリーキャッシュフローの長期的な向上が期待された。それは，理論上の株主価値の向上，理論株価の上昇につながるからである。しかし，調和型・共通価値経営期は，企業価値のドライバーとなるフリーキャッシュフローの構成要素やそれらにインパクトを及ぼす要因に働きかける経営が必要である。それには売上債権管理，棚卸資産管理，仕入債務管理といったオペレーショナルなマネジメントはもちろんのこと，これらを長期的に改善する非財務的指標としての顧客満足度，従業員満足度や，レピュテーション（評判）マネジメントへのシフトも注目される。企業のレピュテーションを向上するためには，本業での事業価値の向上と社会的価値の向上の両立が必要であり，社会課題解決型の事業で長期的なフリーキャッシュフローを安定的に稼げるかどうかが21世紀の企業の在り方であるといっても過言ではないだろう。

〔Appendix Ⅰ〕

$CV_0 = M_0 + \sum_{i=1}^{\infty} \frac{FCF_i}{(1+c)^i}$ … (1) から $CV_0 = M_0 + \frac{FCF}{c}$ … (2) を導き出す

証明

　(1)式の FCF_i $(i=1, 2, \cdots, \infty)$ $= FCF$ で一定なので，

$$CV_0 = M_0 + \sum_{i=1}^{\infty} \frac{FCF_i}{(1+c)^i}$$

$$= M_0 + FCF * \left(\frac{1}{(1+c)^1} + \frac{1}{(1+c)^2} + \frac{1}{(1+c)^3} + \cdots + \frac{1}{(1+c)^\infty} \right)$$

… (4)

$$S = \frac{1}{(1+c)^1} + \frac{1}{(1+c)^2} + \frac{1}{(1+c)^3} + \cdots + \frac{1}{(1+c)^\infty} \quad \cdots (5)$$

とすると,

$$(1+c)*S = 1 + \frac{1}{(1+c)^1} + \frac{1}{(1+c)^2} + \frac{1}{(1+c)^3} + \cdots + \frac{1}{(1+c)^{\infty-1}}$$
... (6)

(6)式から(5)式を引くと,

$$c*S = 1 - \left(\frac{1}{(1+c)}\right)^\infty$$

$\left(\dfrac{1}{(1+c)}\right)^\infty$ は限りなく0に近いので,

$$\therefore S = \frac{1}{c} \quad \cdots \quad (7)$$

これを(4)式に代入すると,

$$CV_0 = M_0 + \sum_{i=1}^{\infty} \frac{FCF_i}{(1+c)^i} \quad \cdots \quad (1)$$

$$= M_0 + \frac{FCF}{c} \quad \cdots \quad (2)$$

証明終わり

〔Appendix Ⅱ〕

$CV_0 = M_0 + \sum_{i=1}^{\infty} \dfrac{FCF_i}{(1+c)^i}$ ... (1) から $CV_0 = M_0 + \dfrac{FCF*(1+g)}{c-g}$ ... (3) を導き出す証明

(1)式の FCF_i $(i=1,2,\cdots,\infty) = FCF(1+g)^i$ なので,

$$CV_0 = M_0 + \sum_{i=1}^{\infty} \frac{FCF_i}{(1+c)^i}$$

$$= M_0 + FCF*\left(\frac{(1+g)^1}{(1+c)^1} + \frac{(1+g)^2}{(1+c)^2} + \frac{(1+g)^3}{(1+c)^3} + \cdots + \frac{(1+g)^\infty}{(1+c)^\infty}\right)$$
... (8)

$$S' = \frac{(1+g)^1}{(1+c)^1} + \frac{(1+g)^2}{(1+c)^2} + \frac{(1+g)^3}{(1+c)^3} + \cdots\cdots + \frac{(1+g)^\infty}{(1+c)^\infty}$$

とすると,

$$\frac{(1+c)^1}{(1+g)^1}S' = 1 + \frac{(1+g)^1}{(1+c)^1} + \frac{(1+g)^2}{(1+c)^2} + \frac{(1+g)^3}{(1+c)^3} + \cdots\cdots + \frac{(1+g)^{\infty-1}}{(1+c)^{\infty-1}}$$

$$\frac{(1+c)^1}{(1+g)^1}S' - S' = \frac{c-g}{1+g} * S' = 1 - \left(\frac{1+g}{1+c}\right)^\infty$$

$\left(\dfrac{1+g}{1+c}\right)^\infty$ は限りなく 0 に近いので,

$$\therefore \quad S' = \frac{1+g}{c-g} \quad \cdots \text{ (9)}$$

これを(8)式に代入すると,

$$CV_0 = M_0 + \sum_{i=1}^{\infty} \frac{FCF_i}{(1+c)^i} \quad \cdots \text{ (1)}$$

$$= M_0 + \frac{FCF * (1+g)}{c-g} \quad \cdots \text{ (3)}$$

証明終わり

【参考文献】

平岡秀福『現代の会計と財務諸表分析〔基礎と展開〕』創成社, 2005年。
平岡秀福『企業と事業の財務的評価に関する研究―経済的利益とキャッシュフロー, セグメント情報を中心に―』創成社, 2010年。
門田安弘編著『管理会計レクチャー〔基礎編〕』税務経理協会, 2008年。

(平岡　秀福)

第21講

ベンチャー・ビジネスと経営分析

1．ベンチャー・ビジネスの意義

「ベンチャー・ビジネス」とは，起業家（Entrepreneur）によって設立され，運営されている企業を表す言葉である。ベンチャー・ビジネスは，時期や経済状況により，さまざまに定義されている。

2．ベンチャー・ビジネスの財務的特徴

ベンチャー・ビジネスの資金調達は，成長段階によって様々な手段が考えられる。その成長段階は，以下の5つの段階に分けられる。第1段階は，創業（シーズステージ・スタートアップステージ），第2段階は事業化（アーリーステージ），第3段階は成長初期（エクスパンション），第4段階は後期（レイターステージ），そして第5段階は株式公開（ＩＰＯｓ）である。

3．新規株式公開（Internal Public Offerings：ＩＰＯｓ）

(1) ＩＰＯｓの意義

ベンチャー・ビジネスは，発展するにつれて様々な Exit（出口：整理・清算，ライセンシング・ビジネス，Ｍ＆Ａ，ＩＰＯｓ）を検討する必要が生じてくる。

ベンチャー・ビジネスの成功と考えられる Exit は，新規株式公開（Initial Public Offerings：ＩＰＯｓ）である。

(2) 公開価格
- 未公開企業（新規株式公開企業）を評価する場合，マーケットを持たないため時価を計算できず，正確な評価をすることが困難となる場合も多い。
- 新規株式公開時の企業価値評価手法
  ① 割引配当モデル（Discounted Dividend Model：ＤＤＭ）
  ② 株価倍率評価モデル（Valuation using Price Multiples Model）
  ③ 割引キャッシュフローモデル（Discounted Cash Flow Model：ＤＣＦＭ）

(3) アンダープライシング（Underpricing）
- 新規株式公開時の公開価格の過少値付けを言う。
- 公開株を保有している企業やＶＣは，株式公開（新規株式公開時の公開価格と初値との差）によって高い初期収益率をあげることができるが，それは言い換えると公開時の価格を過小評価していると考えられる。

4．事　例―（株）タイセイ

1998年2月に設立（本社：大分県津久見市），2005年に福岡証券取引所 Q-Board 上場
初期収益率：110.0％
参考値：ＪＡＳＤＡＱ平均107.8％，マザーズ平均166.9％，ヘラクレス等平均200.4％（38社）

1 ベンチャー・ビジネスの意義

「ベンチャー・ビジネス」とは，起業家（Entrepreneur）によって設立され，運営されている企業を表す言葉である。このベンチャー・ビジネスは和製英語[1]であり，米国では通常，Startup Business（設立後間もない企業），Emerging Business（生まれつつあるビジネス），Entrepreneurial Venture 等と呼ばれている。ベンチャー・ビジネスは，時期や経済状況により，さまざまに定義されている。[2]

文部科学省は平成14年版の「科学技術白書」のなかで，ベンチャー・ビジネスを「成長志向の強い経営者によって率いられ，リスクに対して果敢な比較的若く独立した企業で，独自の製品や技術・ノウハウなどの独創性や新規性を持ち，イノベーションを可能とするのに必要な経営資源を具備した将来的に高い成長を期待できる企業」と定義している。[3]

ＩＭＤ（International Institute for Management Development）が毎年発表するWorld Competitiveness Yearbook において，日本の国際競争力は，1993年１位であったが，2011年59か国中26位となり，現在でも低迷している。その低迷の原因の１つは，アントレプレナーシップ（起業家精神）の低さ（最下位）にあると考えられる。[4]

1990年代以降に設立されたアメリカの企業は，グーグル，アマゾン，イーベイであり，今１万人以上の従業員を抱える大企業に成長している。一方日本ではソフトバンクや楽天があるものの数社であり，当該企業でさえもまだ小規模の雇用しか創出していない。さらに今日，労働力人口の高齢化により，労働力人口比率が相対的に低い高齢者層の人口が増え，労働力人口を減らしている。特に，団塊の世代が60歳に到達した2007年以降，年齢構成変化要因のマイナスの寄与が大きくなっている。このように，総人口が減少局面に入り，しかも少子高齢化が今後も進行していくなど，労働力供給が制約されるなかで，経済社会を支える労働力の確保は，ますます重要な課題となっている。[5]

今後これら労働力の需要と供給のミスマッチを解決するためには，産業構造を労働生産性の高い構造へ変化させる必要がある。雇用の創出と産業構造の変

化を行うためには，1990年以降アメリカが行い成功したように，ベンチャー・ビジネスへより多くの支援を行う必要がある。

2 ベンチャー・ビジネスの財務的特徴

　リスクの高い事業に挑戦するベンチャー・ビジネスにとって，創業段階や成長段階における資金調達は困難であることが多い。特に，ベンチャー・ビジネスの多くは，特段の資産を有しておらず担保能力に限界があること，元本返済や利子の支払いに充てる原資となる売上げが十分にないこと，売上げがあると仮定しても成長するための資金をできるだけ留保しておく必要があること等から，間接金融による資金調達には限界があり，投資等の直接金融によるリスクマネーの調達がどれだけ可能であるかが，初期の成長の鍵を握っている。[6]

　こうした財務的特徴を踏まえると，一般的な経営分析指標を用いた分析は適切とは言えない。ベンチャー・ビジネスの経営分析を行うべき局面は，ファイナンスの局面，つまり所要資金を調達しようという局面である。

　ベンチャー・ビジネスの資金調達は，成長段階によって様々な手段が考えられる。その成長段階は，以下の5つの段階に分けられる。第1段階は，創業（シーズステージ・スタートアップステージ），第2段階は事業化（アーリーステージ），第3段階は成長初期（エクスパンション，ミドルステージ），第4段階は後期（レイターステージ），そして第5段階は株式公開（IPOs）である。[7]

1　第1段階　創業（シーズステージ・スタートアップステージ）

　第1段階における資金調達は，自己資金[8]，エンジェル投資，そして国や地方自治体の補助金の3つの手段が用いられる。

　エンジェル投資とは，創業して間もない企業に資金を提供することであり，それを行う投資家のことをエンジェル投資家という。エンジェル投資を促進するために，1997年度にエンジェル税制が初めて導入された。しかし，この税制利用の状況が低調であったため，2008年度にエンジェル税制が改正され，所得税優遇措置制度が整備された。

補助金とは，支援の対象となる事業に対して政府や自治体などが，直接資金を供給するといった，最もポピュラーな支援政策の形態である。返済の義務がないため，起業家にとっては非常に魅力的な資金調達方法である。

2 第2段階　事業化（アーリーステージ）

事業化段階ではこれらに加えてベンチャーキャピタルや事業会社による投資，政府系金融機関などによる制度金融，信用保証協会による信用保証，リースなどが用いられる。

ベンチャーキャピタルによる出資は，事業化や成長初期，後期において有効な資金調達手法である。ベンチャーキャピタルは，出資の回収のために出資先企業のＩＰＯｓを最終目標とする場合が多いため，将来上場を視野に入れるほどの成長が見込まれるベンチャー・ビジネスでなければ，ベンチャーキャピタルからの資金調達は困難である。

制度金融とは，日本政策金融公庫や商工中金などの政府系金融機関や自治体，独立行政法人などからの貸付のことである。リースは，設備投資資金の確保に有効な手段であり，工場設備導入などについてリース契約することで，将来得られるであろう利益を用いて設備費用を支払うことができる。

2013年度ベンチャーキャピタル等投資動向調査結果によると，ベンチャーキャピタル（ＶＣ）等によるベンチャー企業への投資額は，2012年4月から2013年3月末までに，1,026億円，投資先数は824社であった。2011年度に比べると投資額（投融資額）は17.3％の減少，投資先数19.0％の減少となった。2006年度（投融資額　2,790億円），2007年度（1,933億円），そして2008年度（1,366億円）と3年連続で投融資額が減少し，リーマンショックの翌年度の2009年度には1,000億円を割り込んで875億円にまで落ち込んだ。その後2010年度以降2011年度まで緩やかな回復をしてきたが，2012年度は再び減少した。[9]

日本において，ＶＣがベンチャー・ビジネスの事業段階や成長初期段階における資金調達に与える影響は大きい。ベンチャー・ビジネスが経済成長の原動力として機能しているアメリカ等と比較すると。図表21-2の様に，ＧＤＰ比でのＶＣ投資額は，アメリカから大きく離され，他の国と比較しても低い値となっている。

第21講　ベンチャー・ビジネスと経営分析

● 図表21-1　ＶＣによるベンチャー・ビジネスへの投資額

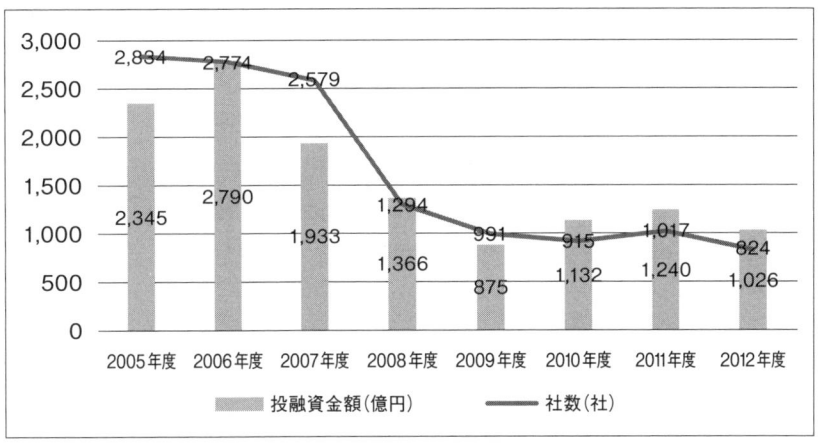

年度	投融資金額（億円）	社数（社）
2005年度	2,345	2,834
2006年度	2,790	2,774
2007年度	1,933	2,579
2008年度	1,366	1,294
2009年度	875	991
2010年度	1,132	915
2011年度	1,240	1,017
2012年度	1,026	824

資料：一般財団法人ベンチャー エタプライズセンター（2014）

● 図表21-2　ＧＤＰ比の各国ベンチャーキャピタル投資2012

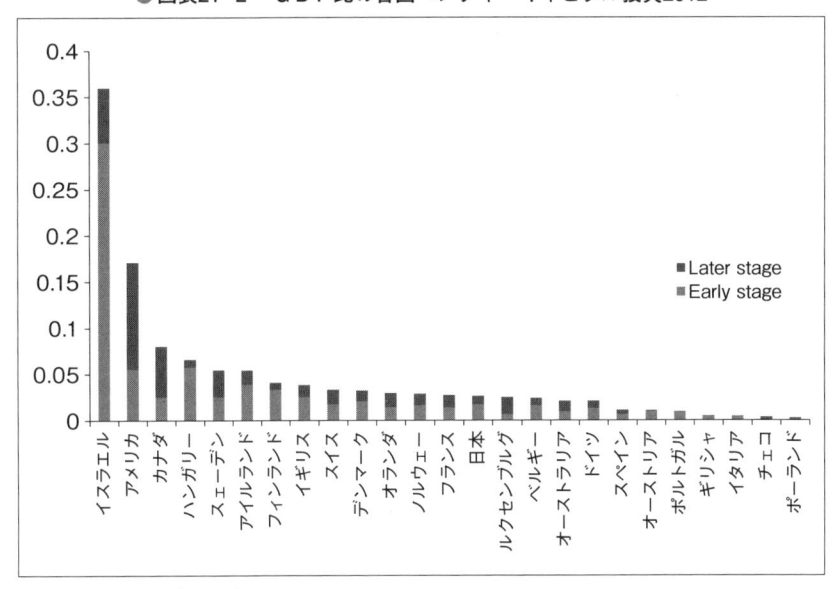

国順（左から）：イスラエル、アメリカ、カナダ、ハンガリー、スェーデン、アイルランド、フィンランド、イギリス、スイス、デンマーク、オランダ、ノルウェー、フランス、日本、ルクセンブルグ、ベルギー、オーストラリア、ドイツ、スペイン、オーストリア、ポルトガル、ギリシャ、イタリア、チェコ、ポーランド

凡例：Later stage、Early stage

資料：ＯＥＣＤ（2013）

223

③ 第3段階 成長初期（エクスパンション、ミドルステージ）

成長初期の段階になると，自己資金やエンジェル投資に代わって銀行融資が新たに用いられる。後期や株式公開の段階になると制度金融や信用保証が用いられることが少なくなる。銀行の融資は，事業化に成功し，成長段階に入った企業にとっては一般的な資金調達手法である。出資と比較すると，融資の場合は，経営権への関与は少なく，自由度の高い経営が可能である。

④ 第4段階 後期（レイターステージ），そして第5段階 株式公開（IPOs）

ベンチャー・ビジネスの成長段階での資金調達は，株式発行によるエクイティファイナンスが基本であるため，ベンチャー・ビジネスの経営分析・事業評価の終着点は株価の評価ということになる。

2012年度におけるベンチャーキャピタル投資のステージ別動向を金額で見てみると，シードとアーリーが57.8％に達し，昨年の44.3％から大幅に増加している。今後ベンチャーキャピタル投資の中心は，シードとアーリーステージになっていると考えられる。

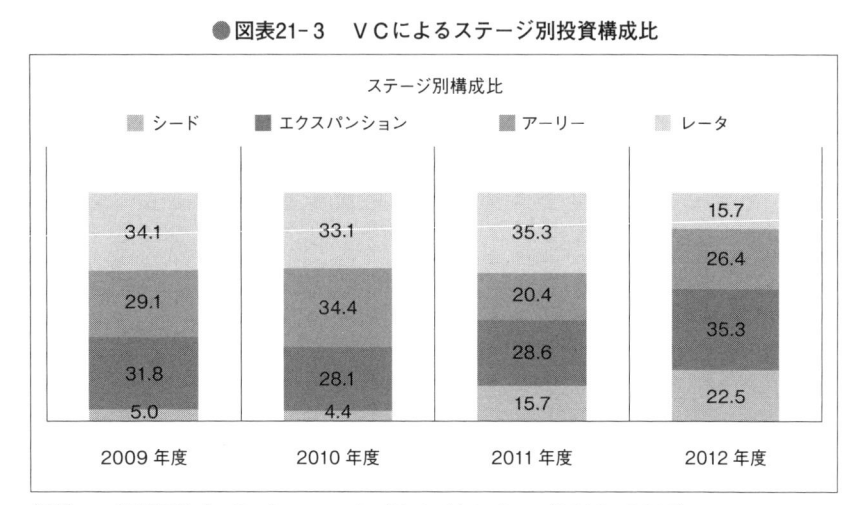

●図表21-3　VCによるステージ別投資構成比

ステージ別構成比	シード	エクスパンション	アーリー	レータ
2009年度	5.0	31.8	29.1	34.1
2010年度	4.4	28.1	34.4	33.1
2011年度	15.7	28.6	20.4	35.3
2012年度	22.5	35.3	26.4	15.7

資料：一般財団法人ベンチャー エタプライズセンター（2013, 2012）

第一段階では，当該ベンチャー・ビジネスと投資家側との個別交渉により株価や資金調達額，増資後の持分シェアの算定が行われる。この段階においても事業の評価は行われるものの，成長ステージが若いほど不確実な要素が多いため事業の評価が困難になる。実際，この段階では，事業の評価から株価を算定するよりは，必要な資金調達額と出資者間で許容できる持分シェアを個別交渉しながら株価が決められるというが現実である。したがって，ベンチャー・ビジネスの経営分析と事業評価が必要となるのは，ＩＰＯsを中心としたExitの段階である。ベンチャー・ビジネスは，発展するにつれて様々なExit（出口）を検討する必要が生じてくる。そのExitとは，整理・清算，ライセンシング・ビジネス，Ｍ＆Ａ，そしてＩＰＯsといわれている。整理・清算とは，アメリカのベンチャーキャピタル（Venture Capital：ＶＣ）の融資期間は，長くても５年といわれている。[10] これまでに何らかの成果を出さないと，ＶＣは資金を回収する。資金をＶＣに依存しているベンチャー・ビジネスは，整理・清算を行うこととなる。ライセンシング・ビジネスとは，ベンチャー・ビジネスが有している特許発明を実施する権利（実施権）を第三者へ供与することにより，ロイヤルティーを得るビジネスである。実施権者はライセンスを取得することにより，特許侵害による損害賠償請求の心配することなく発明を製品化ができ，自ら開発する時間とコストを節約することができる。

　ベンチャー・ビジネスにとっても，またＶＣにとっても，資金回収の意味でＩＰＯsと同様にＭ＆Ａが重要な意味がある。大手企業がベンチャー・ビジネスの一部または全部を買収することは，ライセンシング・ビジネスと同様に時間とコストを節約できる。アメリカにおいてはＩＰＯsと同様な一般的なExitとして盛んに行われているが，日本においては，まだ数少ない。

　次節でＩＰＯs段階での事業評価，株価の算定についてみる。

3　新規株式公開（Initial Public Offerings：ＩＰＯs）

1　ＩＰＯsの意義

　ベンチャー・ビジネスの成功と考えられるExitは，ＩＰＯsである。アメ

リカをはじめ多くの国で直接金融のひとつの手段として，ＩＰＯｓが行われている。日本においても多くの会社が株式公開し，市場から直接に資金調達をしようとしている。その理由として，株式公開による初期収益率[11]が通常の株式収益率に比べ高い収益率をあげているという点があげられる。

2 公開価格

上場済みの企業を評価する際，われわれはマーケットで決定される株式時価をもとに，比較的容易に評価を下すことができる。しかしながら，未公開企業を評価する場合，マーケットを持たないため時価を計算できず，もし取引実績より時価が存在したとしても，売買当事者の固有の事情を強く反映するため，客観性の乏しいものが多い。そのため，正確な評価をすることが困難となる場合も多いと考えられる。ここに，新規株式公開時の企業価値を評価する難しさがある。企業価値を評価する際，多くの手法を用いて企業を評価しているが，ここでは企業評価に最も用いられる①割引配当モデル（Discounted Dividend Model：ＤＤＭ），②株価倍率評価モデル（Valuation using Price Multiples Model）そして③割引キャッシュフローモデル（Discounted Cashflow Model：ＤＣＦＭ）を用いて，未公開株式の評価方法を検討する。[12]

1 割引配当モデル（Discounted Dividend Model：ＤＤＭ）

株主はキャッシュ支払いを配当の形で企業から受け取るので，彼らの株式資本の価値は，将来の配当の現在価値である。つまり，以下のように考えることができる。

$$株主資本の価値 = \frac{1期目配当}{(1+r_e)} + \frac{2期目配当}{(1+r_e)^2} + \frac{3期目配当}{(1+r_e)^3} + \cdots$$

r_e：株式資本コスト

この式は，割引配当モデル（Discounted Dividend Model：以下，ＤＤＭ）として知られている。またこの式は，企業が永遠に存続することを前提としている。

もし，企業が一定の配当成長率（g）を無限に維持するなら，その価値は以下のように書ける。

$$株主資本の価値 = \frac{配当}{r_e + g}$$

通常，無限期間の配当を予測することは実務上困難なため，過去5年から10年の配当実績の平均値を用いる。

ＪＡＳＤＡＱの2001年－2010年9月における新規上場企業の498社の内，上場時に無配の会社は16.5％（82社／498社）であり，上場前期に無配の会社や両期とも無配の会社も数多くみられる。上場前期のみ無配当，または上場時にのみ無配，そして両期にわたって無配の企業も将来は配当を行うかもしれない。しかしながら上場の時点でこれを推定することは，かなり困難であると考えられる。また，ゴーイングコンサーンを前提にしたＤＤＭを用いて新規公開企業の株式を評価することは，1株当り配当額が同じ企業を同じ株式評価にすることであり，会社規模や売上高等を考慮に入れていないこととなる。以上のことにより，ＤＤＭによる新規公開株式の評価は困難と考えられる。

2 株価倍率評価モデル（Valuation using Price Multiples Model）

株価倍率評価モデルは，他の評価方法とは異なり，比較的簡単なため，企業評価によく利用される。しかしながら，これから新規株式公開をしようとしている企業と比較できる企業を探すのは困難であり，また同じ産業に属する企業同士であっても，成長率や収益性が異なるため，比較が難しい。

ここでは，株価倍率評価モデルの簡易方式といわれる国税庁『財産評価基本通達』による評価方法を示す。

国税庁方式による評価方式は，原則的評価方法（類似業種比準価額方式・純資産価額方式・併用方式）が用いられる。原則的評価方式は，評価する株式を発行した会社を従業員数，総資産価額及び売上高により大会社，中会社又は小会社のいずれかに区分して，評価を行う。大会社は，類似業種比準価額方式を用い，中会社では，類似業種比準価額方式と純資産価額方式との併用方式を用

いる。小会社では，純資産価額方式を用いて算定する。純資産価額方式とは，会社の資産（相続税評価額）から負債（相続税評価額）及び，評価差額に対する法人税額等相当額を控除して評価額を求める方式である。

また，類似業種比準法は，次式である。

$$A' = A \times \frac{\dfrac{B'}{B} + 3 \times \dfrac{C'}{C} + \dfrac{D'}{D}}{5} \times L$$

A：類似業種株価

B：類似業種1株当たり配当金額

C：類似業種1株当たり利益金額

D：類似業種1株当たり純資産価額

A'：評価対象会社1株当たり株価

B'：評価対象会社1株当たり配当金額

C'：評価対象会社1株当たり利益金額

B'：評価対象会社1株当たり配当金額

D'：評価対象会社1株当たり純資産価額

L：0.5〜0.7　会社の規模により，大会社は0.7，中会社は0.6　そして小会社は0.5

3　割引キャッシュフローモデル（Discounted Cash Flow Model：DCFM）

割引キャッシュフローモデルとは，将来獲得するであろうキャッシュフローを資本コストで現在価値に還元して算出するものである。ただし，株主に帰属するフリー・キャッシュフローは次のように書くことができる。[13]

配当＝株主に帰属するフリー・キャッシュフロー

　　＝NI－ΔBVA＋ΔBVND

NI：純利益

ΔBVA：正味営業資産の簿価の変化（運転資本の変化＋資本支出－減価償却費）

ΔBVND：正味負債（有利子負債－余剰現金）

ＤＤＭは以下のように書き換えられる。

$$株主資本の価値 = \frac{NI_1 - \Delta BVA_1 + \Delta BVND_1}{(1+r_e)} + \frac{NI_2 - \Delta BVA_2 + \Delta BVND_2}{(1+r_e)^2}$$

$$+ \frac{NI_3 - \Delta BVA_3 + \Delta BVND_3}{(1+r_e)^3} + \cdots$$

r_e：株式資本コスト

しかし，創業まもない企業の将来のフリーキャッシュフローを予測することは不可能に近く，また予想する資料となるデータも十分とはいえないため，この方法は新規公開の株式評価には不向きと考えられる。

③ アンダープライシング

企業が株式公開し，市場から直接に資金調達をしようとする理由は，株式公開による高い初期収益率をあげることができる。高い初期収益率は，言い換えれば，新規株式公開時の公開価格の過少値付け（Underpricing：アンダープライシング）を意味している。ＩＰＯｓの初期収益率が異常に高いのは，引受業者－日本においては引受主幹事を務める証券会社を意味する－あるいは公開企業が，何らかの理由で，公開価格を低く設定していることを意味している。

このようなアンダープライシングの現象は，日本やアメリカ等の先進諸国だけではなく，様々な国においても見られる。市場が効率的で関係者が同一の情報を持ち，取引コストが存在しないとする新古典派的ファイナンス理論において，この新規公開価格と初値は，均衡価格になるはずである。この意味では，新規株式公開時の公開価格と初値との差を意味するアンダープライシングを説明するのは難しい問題である。

この現象に対し，様々な観点から説明が行われている。[14]

情報の非対称性仮説は，投資家によって売買されるＩＰＯｓ後の株式価格が，本質的な価値として価格決定されていないことに重点が置かれている。

IPOsの関係者は，発行企業，アンダーライターである証券会社（日本においては，引き受け主幹事は証券会社が行っている），企業に投資を行うベンチャーキャピタルや銀行，そして株式を購入する投資家である。アンダープライシングに対する情報の非対称仮説は，これら利害関係者が他の利害関係者よりも，より多くの情報を知っていることを仮定している。

図21-4は，2001年－2011年新規上場企業数の推移を示している。

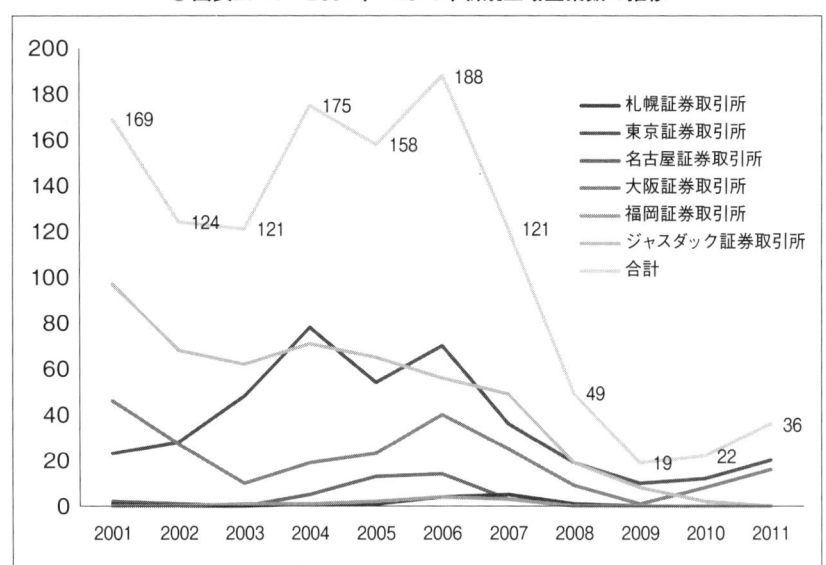

● 図表21-4　2001年－2011年新規上場企業数の推移

資料：ディスクロージャー実務研究会編（2012）

2007年のサブプライムローン（アメリカの低所得者向けの信用力が低い住宅融資）問題に端を発した米国バブル崩壊は，2008年9月15日（月）リーマン・ブラザーズが連邦破産法第11章の適用を連邦裁判所に申請するに至り，世界的な金融危機へと連鎖していった。2007年6月日経平均株価終値18,138円が，2009年2月には，7,568円まで下落した。[15)]

このような状況から，新規株式公開社数は，2000年－2007年までは120社を超えて推移していたものの，2008年に49社，2009年19社へと大きく減少した。しかし，2011年には36社と，2010年の22社に比べ，14社増加した。

第21講　ベンチャー・ビジネスと経営分析

2011年における新規上場企業の36社の概要は以下の通りである。

●図表21－5　2011年新規上場企業の概要

	ＪＡＳＤＡＱ[16]	マザーズ
上場までの経過年数	18.1（11.8）年	11.8（7.6）年
社長の年令	53.4（52.11）才	44.4（47.0）才
売上高	9,452百万円（6,579百万円）	2,111百万円（1,417百万円）
経常利益	371百万円（419百万円）	215百万円（188百万円）
当期純利益	115百万円（201百万円）	154百万円（187百万円）
資本金	947百万円（202百万円）	455百万円（138百万円）
総資産	5,605百万円（4,256百万円）	1,647百万円（1,506百万円）
純資産	2,341百万円（2,027百万円）	997百万円（753百万円）
上場時調達額	612百万円（428百万円）	1,007百万円（327百万円）
初期収益率	－5.9（－3.2）％	74.1（81.8）％

資料：ディスクロージャー実務研究会編（2012）
左：平均値，（　）：中央値

4　事　例－（株）タイセイ

1　会社概要

（株）タイセイは1998年2月に設立され，2005年に福岡証券取引所 Q-Board 上場を果たした大分県津久見市に本社を置くベンチャー・ビジネスである。当該企業は，当初鮮度保持剤の販売を目的にして設立されたが，2000年5月に，市場規模の成長性を見込んで菓子資材の袋・シール・容器等の販売に進出し，2001年4月には，約1,000アイテムの商品を揃えた食品資材の本格的なカタログを整備し，洋菓子販売店をターゲットとして，業務用食品包装資材をＢ２Ｂ（企業間取引）通信販売方式での販売を開始した。　また2003年10月，和菓子店向けカタログを制作に続けて，2004年1月にパン・ベーカリー向けのカタログを制作し，同資材の販売に参入した。　さらに2004年10月には，総合カタロ

グを制作し，取扱商品数は3,000品目まで拡大し，2009年2月には，15,000品目まで取扱商品を拡大している。2012年には，総合カタログを3年ぶりに改訂し，2012年9月現在，新規登録顧客数が，約33,902件に達している。

当該企業のビジネスモデルの特長は，ユーザーニーズに合わせた商品のカタログを作成し，ダイレクトメールを通じて全国のユーザーに紹介，インターネットまたは電話，ファクシミリを経由して注文を受け，自社所有の商品センターにおいてピッキング（仕分け）作業を効率的に行うことにより，注文を受けた商品を「小ロット」，「低価格」，「短納期」で提供できることにある。[17]

② 福岡証券取引所Q-Boardと東京証券取引所マザーズへのＩＰＯｓ

当該企業は，2005年2月福証Q-Boardに上場した。ＩＰＯｓを行った一番の理由は，通信販売事業を全国で行い，取引先から信用を得るためには，公開企業となって信用力を高める必要があり，また事業の成長のためには，資金調達手法の多様性を確保しておく必要があったためである。[18] また，2013年9月17日には東京証券取引所マザーズへの上場を果たした。

ここでは，2005年に福証Q-Board上場した際の（株）タイセイの概要と各証券取引所の新規上場企業のそれとを比較する。[19]

（株）タイセイの初期収益率は，110.0％（公開価格120,000円，初値252,000円）で，ＪＡＳＤＡＱ平均107.8％（中位値80.0％ 65社），マザーズ平均166.9％（中位値142.7％ 36社），そしてヘラクレス等平均200.4％（中位値156.8％ 38社）であった。（株）タイセイの初期収益率はＪＡＳＤＡＱ平均よりも高いものの，他の取引所平均に比べ高くはない。

図21-6は，株式価格と出来高の推移を表している。

2005年2月16日（株）タイセイの公開価格120,000円は，上場後初値252,000円で引け，初期収益率110.0％となった。また同年6月6日には311,666円で引けた，それ以後株価は低迷している。[20]

また2013年9月17日には東京証券取引所マザーズへの上場を果たしたものの，初値1,220円となり，公開価格1,231円を下回って引けた。

第21講 ベンチャー・ビジネスと経営分析

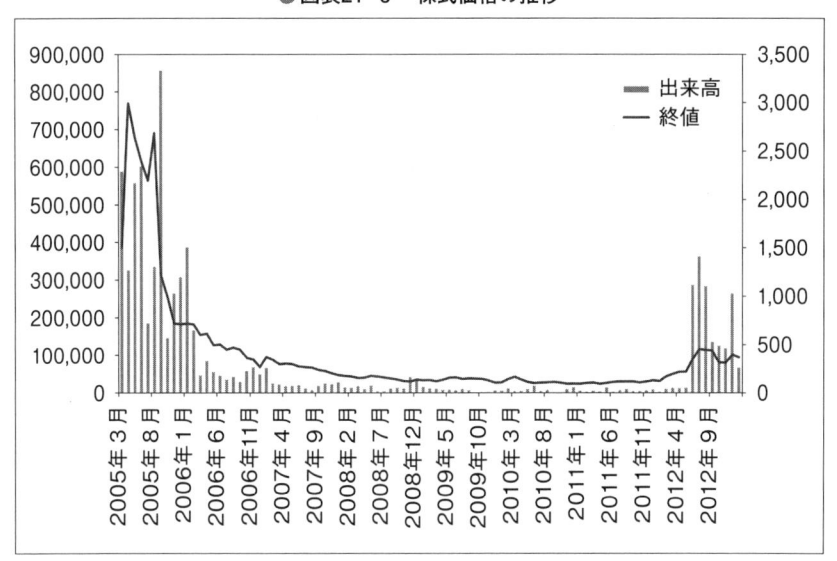

●図表21-6　株式価格の推移

資料：(株)タイセイホームページ（2014），ＹＡＨＯＯファイナンスホームページ

　会社設立から上場日までの経過年数は，タイセイが6.01年，ＪＡＳＤＡＱ平均26.1年，マザーズ8.3年，そしてヘラクレス等平均10.7年であった。他の取引所平均と比べ，創業から短期間で上場を果たしている。

　(株)タイセイの社長の年令は，47才，ＪＡＳＤＡＱ平均54.5才，マザーズ44.6才，そしてヘラクレス等平均46.4才であった。売上高，経常利益そして当期純利益は，635百万円，13百万円，4百万円，ＪＡＳＤＡＱで平均14,170百万円，773百万円，493百万円，マザーズで4,180百万円，399百万円，219百万円，そしてヘラクレス等平均3,763百万円，236百万円，128百万円であった。売上高，経常利益そして当期純利益とも他の取引所よりも低い。

　図21-7は，売上高，営業利益，経常利益，そして当期純利益の推移を表している。

　2008年まで順調に売上高，営業利益，経常利益，そして当期純利益は増加傾向にあったが，この年以後2010年まで営業利益，経常利益，そして当期純利益は，減少している。

　これは，カタログやインターネット等の広告宣伝費の増加によるものであっ

233

た。

　2010年6月の値上げにより，営業利益が少し改善され，2012年には，カタログの改訂やイベントの開催，そして広告宣伝による製品の認知度向上により，売上高，営業利益，経常利益，そして当期純利益が向上した。

●図表21-7　売上高，営業利益，経常利益，そして当期純利益の推移

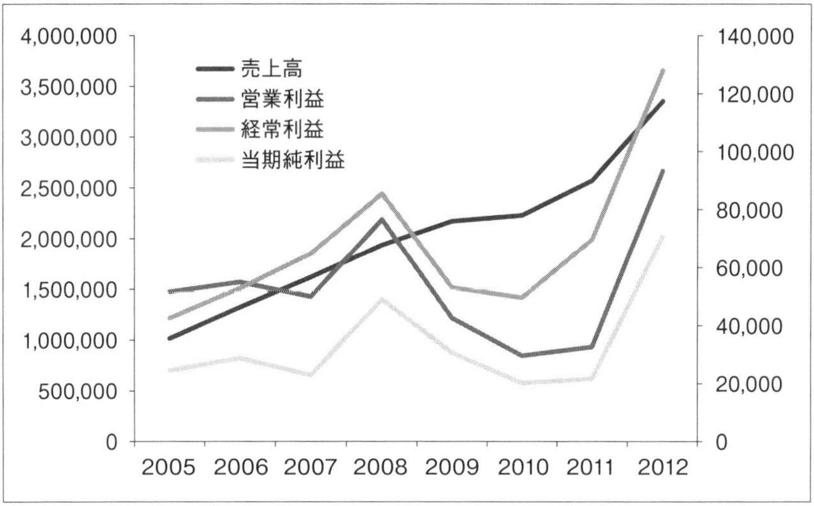

資料：(株) タイセイホームページ (2014)，売上高は左軸，その他の指数は右軸。

　当該企業は，全国の菓子店，パン製造販売店，飲食店に卸売りする包装資材・乾燥剤（シリカゲル）等で国内販売シェア40％を達成している。[21] さらに「小ロット」，「低価格」，「短納期」でユーザーへダイレクト販売するビジネスモデルは，他の商品への応用が高く，今後様々な分野に事業を拡大することが可能である。

【注】
1) 日本で「ベンチャービジネス」または「ベンチャー企業」という言葉は，1970年に開催されたボストンカレッジ・マネジメント・セミナーに参加した通商産業省（現経済産業省）の佃近雄氏が，米国で1960年代後半から台頭してきたIT関連の新興企業をベンチャービジネス（Venture Business：ＶＢ）という言葉を用い，紹介したのが始まりであった。松田修一（1998）参照。

2) ベンチャー・ブームごとに分類したベンチャーの定義は，井上（2002）に詳しい。
3) 文部科学省『平成14年版　科学技術白書』参照。
4) ＩＭＤ（2011）参照。
5) 厚生労働省（2011）
6) ベンチャー企業の創出・成長に関する研究会（2008）
7) 大和証券（2012）
8) 自己資金とは，起業家自身の出資金や配偶者，親族，知人からの借入金や出資金である。大和証券（2012）参照。
9) 一般財団法人ベンチャー　エタプライズセンター（2014）
10) ＶＣは必要な資金を全額投資するのではなく，段階的に投資して行く。ＶＣの投資期間については，榊原清則（1999）参照。
11) 初期収益率＝（初値－公開価格）／公開価格（％）
12) 代表的なモデルとしては，①割引配当モデル（Discounted Dividend Model：ＤＤＭ），②割引超過利益モデル（The Discounted Abnormal Earnings Valuation Method），③株価倍率評価モデル（Valuation using Price Multiples Model）そして割引キャッシュフローモデル（Discounted Cashflow Model：ＤＣＦＭ）が挙げられる。
　　パレプK. G.－P. M. ヒーリー－V. L. バーナード（2001），Parepu, Healy, Brenard, and Peek（2007）および鵜崎清貴（2006）参照。
13) パレプ，ヒーリー，バーナード（2001）およびParepu, Healy, Brenard, and Peek（2007）参照。
14) Jenkinson and Ljungqvist（2001）やRitter and Welch（2002）は，様々な理論を考察し，その単一の理論では，この現象を説明することはできないとした。Tinic（1988）は，さまざまな興味深い仮説を考察している。特に，情報の非対称性のフレームワークの中でこの現象を説明するWinner's Curse仮説，Information Revelation仮説，Principal-Agent仮説そしてSignaling仮説があり，多くの議論や実証分析がなされている。
15) ＹＡＨＯＯファイナンスＨＰ参照。この年福商Q-Boardには，（株）タイセイ以外4月に（株）エムビーエスだけが上場している。
16) 2010年4月1日にジャスダック証券取引所が大阪証券取引所に経営統合され，2010年10月から大阪証券取引所にＪＡＳＤＡＱ市場が開設された。
17) 独立行政法人中小企業基盤整備機構ホームページ参照。
18) 独立行政法人中小企業基盤整備機構ホームページ参照。
19) ディスクロージャー実務研究会編（2006）参照。
20) この様に公開価格に比べ高い初値でＩＰＯsが行われるが，その後株価は低迷することを，アンダーパフォーマンスと呼ばれている。鵜崎清貴（2006）参照。
21) 石井芳明（2011）参照。

【参考文献】
松田修一（1998）『ベンチャー・ビジネス』日本経済新聞社．
井上善海（2002）『ベンチャー・ビジネスの成長と戦略』中央経済社．
文部科学省（2002）『平成14年版 科学技術白書』（http://www.mext.go.jp/b_menu/

hakusho/html/hpaa200201/index.html) 2013.1.25。
IMD (2011) "THE WORLD COMPETITIVENESS SCOREBOARD 2011"
(http://www.vi.is/files/IMD%202011%20-%20listar_831280280.pdf) 2014.1.5。
厚生労働省 (2011)「平成23年版 労働経済の分析―世代ごとにみた働き方と雇用管理の動向―」
(http://www.mhlw.go.jp/wp/hakusyo/roudou/11/dl/01-1-3.pdf) 2014.1.10。
ベンチャー企業の創出・成長に関する研究会 (2008)「ベンチャー企業の創出・成長に関する研究会 最終報告書～ベンチャー企業の創出・成長で日本経済のイノベーションを～」
(http://www.meti.go.jp/report/downloadfiles/g80509a02j.pdf) 2014.1.10。
大和証券 (2012)「ベンチャー・ビジネスの資金調達」『Economic Report』
(http://www.dir.co.jp/souken/research/report/capital-mkt/12030201capital-mkt.pdf) 2013.1.25。
榊原清則 (1999)「ベンチャー・ビジネス；日本の課題」『Policy Study No.2』科学技術庁 科学技術政策研究所 pp.14-18
(http://www.nistep.go.jp/achiev/ftx/jpn/pol002j/pol002j.pdf) 2013.1.25。
一般財団法人ベンチャー エタプライズセンター (2014)「2013年度 ベンチャーキピタル等投資動向調査結果」
(http://www.vec.or.jp/wordpress/wp-content/files/2013-sokuho20131018_2.pdf) 2014.1.10。
OECD (2013) "Entrepreneurship at a Glance 2013" OECD Publishing.
(http://www.oecd-ilibrary.org/sites/entrepreneur_aag-2013-en/06/03/index.html?contentType=&itemId=/content/chapter/entrepreneur_aag-2013-27-en&containerItemId=/content/serial/22266941&accessItemIds=/content/book/entrepreneur_aag-2013-en&mimeType=text/html) 2014.1.10。
一般財団法人ベンチャー エタプライズセンター (2012)「2011年度 ベンチャービジネスの回顧と展望」
(http://www.vec.or.jp/wordpress/wp-content/files/2011-wp-1-20120615.pdf) 2014.1.10。
Parepu G. Krishana, Paul M. Healy, Victor L. Brenard and Erik Peek (2007) Business Analysis and Valuation: IFRS Edition, Thomson Learning.
パレプ K. G.‐P. M. ヒーリー‐V. L. バーナード（齋藤静樹 監訳）(2001)『企業分析入門（第2版）』東京大学出版会。
鵜崎清貴 (2006)「新規株式公開時におけるベンチャー・ビジネスの評価」『ベンチャービジネスのファイナンス研究』中央経済社。
国税庁『財産評価基本通達』(http://www.nta.go.jp/shiraberu/zeiho-kaishaku/tsutatsu/kihon/sisan/hyoka/01.htm) 2013.01.25。
Jenkinson T. and A. Ljungqvist (2001) Going Public: The Theory and Evidence on How Companies Raise Equity Finance, Second Edition (Oxford University Press, New York).
ＹＡＨＯＯファイナンスホームページ
(http://stocks.finance.yahoo.co.jp/stocks/detail/?code=998407.O) 2013.1.25。

ディスクロージャー実務研究会編（2012）『株式公開上場白書　平成24年版』株式会社プロネクサス．

（株）タイセイ『目論見書』（2005）（http://www.taisei-wellnet.co.jp/pdf/050119releaseM.pdf）2013.01.25．

独立行政法人中小企業基盤整備機構（http://www.smrj.go.jp/fsw/cgi-bin/fsclient.cgi?andor1＝0&category1＝1&dispnum＝20　&matchlv＝0.8&keyword1＝%8A%94%8E%AE%89%EF%8E%D0%83%5E%83C%83Z%83C&x＝22&y＝4）2013.01.25．

ディスクロージャー実務研究会編（2006）『株式公開上場白書　平成18年版』亜細亜証券印刷株式会社．

鵜崎清貴（2006）「ベンチャー・ビジネスのコーポレートガバナンス」牟田正人・池上恭子編『企業財務制度の構造と変容』九州大学出版会．

（株）タイセイホームページ
　（http://www.taisei-wellnet.co.jp/ref-yukashoken.html）2013.01.25．

石井芳明（2011）「ベンチャー政策評価の事例研究―ベンチャーファンド事業によるリスク資金供給の有効性―」『RIETI Policy Discussion Paper Series 11-P-016』独立行政法人経済産業研究所
　（http://www.rieti.go.jp/jp/publications/act_pdp.html）2013.01.25．

（鵜崎　清貴）

第22講

M&Aと経営分析

1. 経営目標の変遷とM&A
- 規模拡大経営期・・・国内での水平的M&A，海外への多角化M&A
- 株主価値経営期・・・利益やキャッシュフロー重視のM&A
- 調和型・共通価値経営期・・・海外では社会的企業が民間企業を買収

2. M&Aにおける企業価値評価の意義
- 1990年代以降，日本企業は事業再構築のためM&Aを積極的に利用
- M&A対象企業（ターゲット企業）の価値の評価・算定が重要
  …評価額が買収金額の上限。甘い評価額ではマイナスの投資成果。

3. インカム・アプローチによる評価（DCF法）
- インカム・アプローチ…M&A後にターゲット企業が生み出す利益やCFに基づいて価値を評価する方法
- DCF法 … 各年度のCFを予測し，現在価値の合計が企業価値
- 特徴…買い手側の主観的な評価。M&A企業価値評価の中心。

4. マーケット・アプローチによる評価（市場株価法・類似会社比較法）
- 市場株価法 … ターゲット企業の株式時価総額を株主価値とする見方
- 類似会社比較法（倍率法／マルチプル法）
  …複数の類似上場会社の株価と基準値の倍率から標準的な株価水準を推計。
  …客観的な評価。容易に算出できる。類似会社の選択が困難。
  …株主価値ベース：PER，PBR，PCFR．企業総価値ベース：EV／EBITDA

5. 純資産アプローチによる評価（時価純資産法）
- 時価純資産法…個別の資産の時価合計マイナス個別の負債の時価合計
- 特徴…理解しやすく客観性が高い。将来の利益やCFは反映されない。

6. 事例分析
- 三菱商事による日本ケンタッキー・フライド・チキン（日本KFC）の買収
- ファーストフード業界の類似8社のPER，PBR，EV／EBITDA平均と比較
  → 日本KFCの株価は割安
- 買い手側財務アドバイザーの株価算定結果と外部者評価は異なる。

1　経営目標の変遷とM＆A

　本書では，日本企業の経営が，規模拡大経営期（1950－1990年）から株主価値経営期（1990－2007年）へ，そして調和型・共通価値経営期（2008年以降）へと変遷してきたとの見方を採用している。そこで，M＆Aと経営分析について述べる前に，この見方に基づいて，日本企業の経営目標と各時代のM＆Aの特徴について概観する。

　はじめに，規模拡大経営期では，日本企業は拡大的なM＆Aを行った。そのうち，高度経済成長期では富士製鉄と八幡製鉄の合併による新日本製鐵の誕生（1970年）や，日産自動車とプリンス自動車の合併（1966年）などの国内での水平的M＆Aが行われた。また，バブル経済期では，松下電器産業によるMCAの買収（1990年）やソニーによるコロンビア・ピクチャーズ（1989年）などの海外への多角化M＆Aが行われた。これらのM＆Aは概して，投資効率よりも，規模や事業範囲の拡大を重視して行われた。

　その後の株主価値経営期では，"選択と集中"をめざし，さらに利益やキャッシュフローなどの株主の利益がより重視される中でM＆Aが実施された。たとえば，不採算事業を売却しつつ本業に関連する他社の事業を買収するM＆Aや，数年後の株式売却による投資回収リターンのみを判断基準とする買収ファンドによる大型のM＆Aが行われた。

　調和型・共通価値経営期では，日本企業による新たな動きは2012年時点では見られない。しかし，海外では社会的価値を追求する"社会企業（social enterprise）"が，自らの社会的価値を追求する手段として民間企業を買収する動きも出てきており，このような動きが今後日本においてもみられるかどうかは注目される[1]。

2　M＆Aにおける企業価値評価の意義

　M＆Aは，企業の売買取引である。したがって，買い手となる企業は，M＆Aの対象となる企業（ターゲット企業）の経営状態を分析し，その時点での企

業全体としての価値を評価・算定する。そしてその評価額を上限に，買収金額を決める。もしも見通しの甘い評価を行えば評価額は膨らみ，その分だけ買収金額の上限値が上がる。そしてその上限に近い買収額でM&Aの取引が成立すれば，真の企業価値を超える買収額を支払うことになる。結果的にそのM&Aは買い手企業にマイナスの投資成果をもたらす。この意味で，ターゲット企業の価値評価（"バリュエーション"といわれる）はM&Aの成否に大きな影響を与える。

3 インカム・アプローチによる評価（DCF法）

インカム・アプローチとは，M&A後にターゲット企業が生み出すインカム，すなわち利益やキャッシュフローに基づいて価値を評価する方法である。インカム・アプローチにはいくつかの手法があるが，代表的な評価手法は，DCF（discounted cash flow）法である。DCF法では，M&A後の各年度におけるターゲット企業のキャッシュフローを予測し，割引率を用いてその現在価値を算出し，その合計をもって企業価値とする。

この手法の特徴は，主観的な将来性の評価という点である。すなわち，完全に予測することはできない将来キャッシュフローを買い手企業（およびその依頼を受けた財務アドバイザー）が，いくつかの想定に基づいて主観的に予測する。さらに，キャッシュフローの現在価値計算においても，何らかの主観的な想定に基づいて選択した1つまたは複数の割引率が用いられる。その結果，推計された企業価値は，これらの予測や想定に大きく影響を受けた，主観的で（ときに恣意性も含まれうる）不確実性の高い評価値となる。

とはいえ，M&Aの成果は将来（M&A後に）生み出されるキャッシュフローの大小によるのであり，その実現のための経営はほかの誰でもなく買い手企業の経営者が担う。そのため，買い手企業による将来キャッシュフローの見積もりに基づくDCF法は，M&Aにおける企業価値評価の中心的な手法である。

4 マーケット・アプローチによる評価
（市場株価法・類似会社比較法）

1 市場株価法

マーケット・アプローチとは，マーケットすなわち株式市場の評価を利用した評価方法である。その代表的な手法としては，「市場株価法」と「類似会社比較法」がある。市場株価法とは，ターゲット企業の株式時価総額をその時点での企業価値（株主価値）とする見方である。ただし，この手法は公開会社にしか適用できないため，非公開会社には次の「類似会社比較法」などが用いられる。また，株価はその時点での様々な状況に影響を受けて刻々と変動するため，1時点の株価だけでなく数か月間の平均値や最高値と最安値の範囲値を取ることも多い。また通常，市場株価法だけでなく次の類似会社比較法などが合わせて用いられる。

2 類似会社比較法（倍率法）

「類似会社比較法」は，「倍率法（マルチプル法）」とも呼ばれる。この手法では，ターゲット企業と類似する複数の公開会社を選定し，それらの類似公開会社の株価（あるいは株式時価総額）が各種の基準値の何倍をつけているか，その倍率の範囲を算出する。そして，その倍率をターゲット企業の各基準値に適用し，標準的な株価水準を推計する。これによって，ターゲット企業が非公開会社であっても，妥当な株価水準の範囲を得ることができる。また，ターゲット企業が公開会社であれば，現在の株価と各基準値の倍率を類似会社のそれと比較することによって，ターゲット企業の株価が標準的な範囲にあるのか，あるいはそれより高い（または低い）のかを判断することができる。

倍率法の特徴は，株価という客観的な数値に基づいた評価であることと，ＤＣＦ法のような煩雑な計算が不要であり，公表データから容易に算出できることである。ただし，ターゲット企業と類似する会社をどのように選択するかについて，困難さを伴う場合が多い。通常は業種，規模，事業構成などの点から

選択するが，ターゲット企業と類似する企業は必ずしも多いとは限らない。とくに特殊な業種や新たな事業を展開する企業の場合は，類似会社がごく少数（1～2社），さらにはゼロということもありうる。このような場合，それらの会社から得られた倍率値をどこまで重要視すべきかについては議論が分かれる。

倍率法では，株主価値である株式時価総額（＝株価×発行済み株式数）だけでなく企業総価値（株主価値＋負債価値）を基準として算出した倍率もよく利用される。企業総価値は，ＥＶ（Enterprise Value）と略されることが多い。この負債価値は，有利子負債から現預金・有価証券を控除した純額が用いられる。

株主価値ベースと企業総価値ベースの主な倍率指標は以下の通りである。
① 株主価値ベースの主な倍率
・ＰＥＲ…株価／1株あたり当期純利益＝株式時価総額／当期純利益
・ＰＢＲ…株価／1株あたり純資産簿価＝株式時価総額／純資産簿価
・ＰＣＦＲ…株価／1株あたりキャッシュフロー＝株式時価総額／キャッシュフロー
② ＥＶベースの主な倍率
・ＥＶ／ＥＢＩＴＤＡ…（株式時価総額＋純有利子負債）／ＥＢＩＴＤＡ[2]

5 純資産アプローチによる評価（時価純資産法）

純資産アプローチとは，Ｍ＆Ａの時点でターゲット企業の資産と負債を時価評価し，その差額を株主価値とする方法であり，「時価純資産法」とも呼ばれる。この手法では，ターゲット企業が保有する個別の資産の時価合計から個別の負債の時価合計を差し引いて算出するため理解しやすく，客観性が高い評価を得られる。ただし，あくまで現時点での保有資産・負債の評価額であるため，企業全体で生み出す将来の利益やキャッシュフローは反映されない。この手法は，非公開の中小企業のＭ＆Ａではよく活用される。

6 事例分析

　ここでは，実際のM&A事例におけるターゲット企業評価を，外部者の立場から比較的容易に入手できる情報に基づいて分析できる類似会社比較法の3つの倍率指標（PER，PBR，EV／EBITDA）を用いて簡易的に行う。

　分析対象として，2007年に実施された三菱商事による日本ケンタッキー・フライド・チキン（以下，日本KFC）の買収を取り上げる。三菱商事はTOBを実施して日本KFCの株式の所有比率を31.11％から64.79％へと引き上げ，経営権を獲得した。ターゲット企業である日本KFCはファーストフード業界に属する。当時のファーストフード業界の類似上場会社として挙げられるのが，図表22-1の8社である。これ以外にも数社あるが，規模や外食事業の売上比率が大きくないなどの理由から対象外とした。買収実施前の各社の決算期時点での株式時価総額を見ると日本KFCは497.6億円であり，ちょうど中間の第5位にあることがわかる。図表にはないが，売上高順位は第4位である。

　図表22-1(A)にある通り，類似上場会社の3つの倍率指標の平均は，いずれも日本KFCよりも高い（ただしPBRの中央値はほぼ同じ）。したがって，日本KFCの株価は割安に評価されていたことがわかる。なおEV／EBITDAは日本KFCの株式と有利子負債をすべて買い取る費用を何年のEBITDAで回収できるかを見る指標でもある。そう考えると，日本KFCは約11年で買収に要する総コストを回収できる計算となる。また，図表22-2(B)は，類似会社の平均倍率（および中央値倍率）を用いて日本KFCの株主価値を算出したものである。平均倍率で算出した3つの株主価値の数値は実際の株式時価総額より大きいことがわかる。

　図表22-1の数値は，あくまで外部者が公表資料から事後的に推計した評価結果である。実際の買収では，買い手企業が財務アドバイザーにターゲット企業の株価算定評価を依頼し，その評価結果を基準にして買収価格が決定されることが多い。この事例では，公表資料で財務アドバイザーによる日本KFCの株価算定値が入手できる。それに基づいて作成したものが図表22-2である。3つの算定手法の算定結果をみると，重なるものもあるが，かなり離れている

ものもあることがわかる。また，図表22－2の「類似公開企業乗数比較法」の株主価値と図表22－1(B)の株主価値は基本的に同じ手法による算定結果であるが，3つの評価法とも結果が大きく乖離している。これは，算出時点，対象類似会社，基準指標が異なっていることが主な原因と推測される。

● 図表22－1　倍率法による日本ＫＦＣの株主価値と類似上場会社の倍率指標

(A) 買収発表前決算実績値に基づく日本ＫＦＣと同業類似会社の株式時価総額と各倍率指標

	株式時価総額	倍率 PER	PBR	EV／EBITDA
日本マクドナルドＨＤ	2,637.9億円	68.7	2.0	16.4
ゼンショー	1,610.1	24.7	3.7	13.7
吉野家ＨＤ	1,311.6	58.1	1.7	18.2
モスフードサービス	517.6	111.0	1.5	15.5
壱番屋	364.0	17.8	2.2	9.4
松屋フーズ	307.1	45.7	1.1	8.0
サガミチェーン	284.2	58.4	1.8	27.2
トリドール	165.8	30.0	8.4	12.4
日本ＫＦＣ	497.6	31.3	2.1	10.7
8社平均（8社中央値）		51.8 (51.9)	2.8 (1.9)	15.1 (14.6)

(B) 類似会社の倍率を適用した場合の日本ＫＦＣの株主価値

		類似会社の平均（中央値）倍率を適用した株主価値	計算式
日本ＫＦＣ	PERベース	824.0億円 (825.8)	(税引後利益15.9億円×平均倍率51.8) (税引後利益15.9億円×中央値倍率51.9)
	PBRベース	672.6億円 (456.4)	(純資産239.4億円×平均倍率2.8) (純資産239.4億円×中央値倍率1.9)
	EV／EBITDAベース	702.0億円 (679.2)	(EBITDA 46.4億円×平均倍率15.1－有利子負債0) (EBITDA 46.4億円×中央値倍率14.6－有利子負債0)

(出所)　株式時価総額は日本ＫＦＣ買収発表前の各社の決算期末日の株価×発行済株式数。8社平均（8社中央値）とは，日本ＫＦＣを除く類似上場会社8社の平均（中央値）。ＰＥＲ，ＰＢＲ，ＥＶ／ＥＢＩＴＤＡは各社有価証券報告書から得た日本ＫＦＣ買収発表前決算期の実績値に基づく。ＥＢＩＴＤＡは営業利益＋減価償却費。ＥＶの有利子負債は現預金＋有価証券を控除した純額（ただし最小値はゼロ）。税引後利益には当期利益に減損損失を足し戻した値を使用。

このように，M&Aにおける企業価値評価は，手法によって評価値が異なるだけでなく，買収当事者と外部者で大きく離れることがあるといえる。

●図表22-2　買い手側財務アドバイザーの株式価値算定書で算定された日本KFCの株式価値

算定手法		1株価値	算定内容	株主価値 （1株価値×発行済株式数）
市場株価法		2,115円 ～2,210円	2007年10月25日およびこの日を基準とした1か月，3か月，6か月間の株価	486.1億円～507.9億円
類似公開企業乗数比較法	EBITDA	1,885円 ～2,428円	日本KFCと比較的類似する事業を手掛ける上場企業の市場株価や収益性等を示す財務指標との比較を通じた日本KFCの株式価値	433.2億円～558.0億円
	PER	1,012円 ～1,378円		232.6億円～316.7億円
	PBR	2,986円 ～3,649円		686.3億円～838.6億円
DCF法		2,118円 ～2,492円	日本KFCの収益予測や設備投資計画等の諸要素を前提とし，日本KFCが将来生み出すと見込まれるフリーキャッシュフローを一定の割引率で現在価値に割り引いて企業価値及び株式価値を評価	486.8億円～572.7億円

（出所）　三菱商事提出の「公開買付届出書」（2007.11.1）の【買付等の価格】および日本KFCの有価証券報告書より作成。

【注】
1) イギリス（スコットランド）では，労働市場において重度に不利な状態に置かれた人々の雇用を支援することを目的とした社会企業（Social Firms）が，その目的を追求するために小規模の民間企業を買収することを支援する「Acquiring Business 4 Good（AB4G）programme」が実施され，実際に3件の買収が成立している。Social Value Lab［2011］，p.14を参照。
2) EBITDA＝支払利息，税金，減価償却費，無形固定資産償却費を控除する前の利益（Earnings Before Interest, Taxes, Depreciation and Amortization）。実務上は，営業利益と減価償却費の合計値が用いられることが多い。簡易な営業キャッシュフローとされる。

【参考文献】

監査法人トーマツ『M＆Aの企業評価 理論と実務の総合解説』中央経済社，2005年。
小山康宏『M＆A企業評価』中央経済社，2011年。
坂本恒夫・文堂弘之編『M＆A戦略のケース・スタディ』中央経済社，2008年。
田中佑児『M＆Aにおける投資価値評価と投資意思決定』中央経済社，2012年。
服部暢達『実践M＆Aマネジメント』東洋経済新報社，2004年。
Social Value Lab, *Acquiring Business 4 Good : Lessons Learned*, 2011, http://www.acquiringbusiness4good.com/wp-content/uploads/2012/02/AB4G-Final-Report-v1.pdf（2013．3．10アクセス）．

（文堂　弘之）

第4部

社会的評価力と経営分析

第23講

共通価値経営，調和・循環型経営と経営分析

1．価値創造の時代

- 「株主価値経営」は，欧米で1985年頃から，日本でも1995年ごろからが主流となり，売上規模やシェアに代わって，自己資本利益率（ROE）や企業価値を表す正味現在価値（NPV；Net Present Value），さらに経済的付加価値（EVA®）などの指標が経営目標になった。
- このため1990年代以降は「価値創造の時代」といわれている。

2．株主価値経営と企業の社会的責任（CSR）

- リーマンショック（2008年）以降，株主価値経営の問題点（高額な役員報酬，成果主義に伴う短期的な業績の追求，株価戦略，所得格差，リストラによる失業者など）が指摘され，企業の社会的責任（CSR：Corporate Social Responsibility）が盛んに言われるようになった。
- CSRの概念は，企業が永続するために，最大利潤の追求だけでなく，法令と人権を遵守し，環境に優しく，地域に貢献する社会的な存在として活動すること。

3．共通価値（CSV）とバランススコアカード（BSC）

① ハーバード大学ポーター教授による「共通価値」の概念
　「事業戦略と社会との間に強い関係を築くことが可能な分野に企業は最も力を入れるべきである。どんな企業でも，価値ある提案をするためには，社会的な意義を持たせる必要がある。事業戦略と社会を結びつけることは，企業にとって新たなチャンスの1つになりつつある」(注)。

(注) 日経ビジネスオンライン［2012／12］インタビュー記事「CSRの呪縛からの脱却し，社会と共有できる価値の創出を」マイケル・ポーター米ハーバード大学教授が提示する新たな枠組み」の要約）

② 共通価値をバランススコアカードで評価する試み

1 価値創造の時代

「株主価値経営」は，欧米で1985年頃から，日本でも1995年ごろからが主流となり，売上規模やシェアに代わって，自己資本利益率（ＲＯＥ）や企業価値を表す正味現在価値（ＮＰＶ；Net Present Value），さらに経済的付加価値（ＥＶＡ®）などの指標が経営目標になった。このため1990年代以降は「価値創造の時代」といわれている。

では，株主価値や企業価値とはいったい何だろうか。最もポピュラーな株主価値の計算方法は，時価総額（株価×発行済み株式総数）であり，これに負債を加えたものが企業価値になる（図表23-1）。総資産と企業価値の差が，株主価値が増加（減少）した部分であり，将来性，成長性などの期待価値として評価されている部分である。株価は株式市場が決めるので，客観性の高い評価方法とされている。株式が市場で公開されていて，活発に取引されている企業の場合には，簡単に株主価値を求めることができる。しかし，株価は毎日変動するので，それに伴って株主価値も変動する。また，非公開企業，株価が乱高下する企業，取引の少ない企業などの場合は，株主価値（時価総額）を求めることができない。

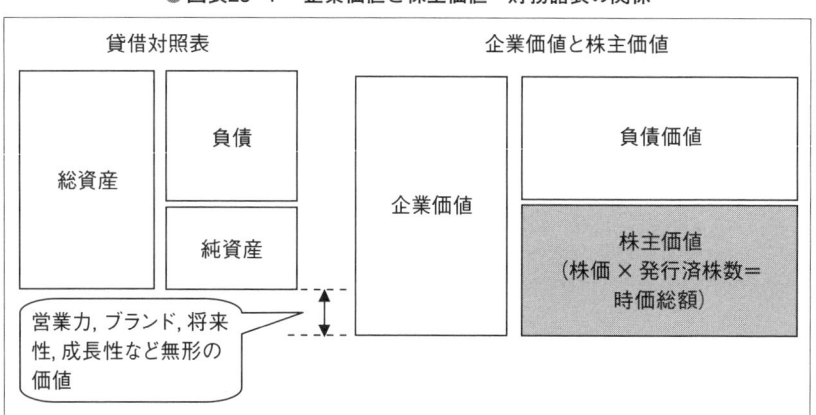

●図表23-1　企業価値と株主価値　財務諸表の関係

貸借対照表	企業価値と株主価値
総資産／負債／純資産	企業価値／負債価値／株主価値（株価×発行済株数＝時価総額）

営業力，ブランド，将来性，成長性など無形の価値

多くの企業で，株主価値や企業価値の目標として，自己資本利益率（ＲＯＥ）を掲げているが，株式市場での株式取引はいろいろな要素が関係するため，ＲＯＥが高くなれば，必ず株価が上昇する（株主価値が増大）とは限らない。株式市場では，活発に取引されている銘柄であっても，全ての発行済株式が取引されていない。東証１部上場企業の１日平均売買代金の時価総額に占める割合は僅か0.46％に過ぎない。つまり，株価は１％に満たない株式取引高で決定されているのであって，発行済株式の大半が取引されて株価が決定されているわけではない。

日本を代表する企業12社の例を見ても同じような傾向にあることが分かる。現在，東証１部で最大の出来高を記録したシャープでさえ，発行済株式に対する１日平均出来高は10.69％であり，トヨタ自動車は0.17％に過ぎない。シャープを含めた12社平均でも0.73％と１％を大きく下回る。また，株価は，企業業績だけで変動しているわけではない。ニューヨーク証券取引所やロンドン証券取引所の取引結果にも大きく左右される。だから，経営者の本音として，「プランの根幹は時価総額を高めることであり，株主重視が第一憲法だ。今の株価は至って不満である。マーケットが決めることではあるが，先行きを見たらもう少し評価してくれてもよいと考えている。」[1]という言葉が出てくる。このような株式市場の取引で決定された株価が株主価値を本当に表しているといえるだろうか。

●図表23－２　日経一部上場企業の時価総額に占める売買代金の比率

(単位：百万円)

	時価総額	１日平均売買高	売買代金／時価総額
2011年８月～2012年７月 年間平均	264,942,581	1,224,126	0.46％

第4部　社会的評価力と経営分析

●図表23－3　1日平均出来高の発行済株式数に対する比率

(単位：株)

	発行済株式数	1日平均出来高（注）	出来高／発行済株式数
東芝	4,237,602,026	24,532,087	0.58%
日立	4,637,823,168	20,201,652	0.44%
三菱重工	3,373,647,813	11,187,783	0.33%
三菱電機	2,147,201,551	5,889,261	0.27%
ソニー	1,004,638,164	11,935,387	1.19%
パナソニック	2,453,053,497	17,555,226	0.72%
新日鉄	6,806,980,977	32,000,000	0.47%
トヨタ自動車	3,447,997,492	5,776,770	0.17%
シャープ	1,110,699,987	118,772,435	10.69%
三菱商事	1,653,505,751	6,219,843	0.38%
日産自動車	4,520,715,112	11,445,687	0.25%
住友商事	1,250,602,867	3,606,913	0.29%
12社合計	36,644,468,405	269,123,043	0.73%

（注）　2012年8月1日～2012年8月31日の1日平均出来高。

　株主価値経営には，このように潜在的な矛盾が内在していたが，それでも企業はＲＯＥにこだわった。ロイズ銀行は，ブライアン・ピットマンが会長（ＣＥＯ）に就任した1983年当初，目標を一つに絞るアプローチとして「株主価値の向上」を掲げ，その達成の尺度としてＲＯＥを採用し，役員報酬の決定にもＲＯＥや株主利益が使われ，こうした経営はリーマンショックが起こる2008年まで続いた。「株主価値経営への疑問が呈されているが，ロイズ銀行を再生させたピットマン卿は一部の例外がその意義を歪めただけであり，依然このコンセプトは有効であると主張する」[2]。

　確かに，企業経営者にとって，株価上昇のメリットは，直接金融の拡大にあり，有利な資金調達が可能であった。これを究極まで追求したのがエンロンのビジネスモデルである。エンロンでは，株価が右肩上がりに上昇することを前提にしたモデルを構築していた。したがって，株価が下落に転じると，このモデルは簡単に崩壊した。エンロンの「ＳＰＥの資本は，主としてエンロンの株

式で構成されていた。エンロンの株価は上昇しつづけることが必要で，下落すればＳＰＥ取引（リスクヘッジ目的）は成立せず，ＳＰＥは破綻する危うい状態におかれていた。ＳＰＥが発行する債券には，一括償還する保証としてエンロンの株価または格付け条件が付いていた。不正会計の問題はひとつのきっかけにすぎない。米国株式市場が上昇し続け，エンロンが３％ルールを遵守していたなら，エンロンの破綻はなかったかもしれない」3)。

　エンロンの問題をきっかけにして，財務報告に関する規制をすべて盛り込んだ米企業改革法（2002年7月30日成立，「ＳＯＸ法」）が僅か8か月で成立した。その後，日本でも，2006年に施行された「新会社法」および「金融商品取引法」には，「内部統制報告書」の提出が織り込まれ，2008年度から全ての上場企業に義務付けられた。つまり，内部統制の強化などで不正を防止する施策で対応し，エンロンなどの問題の根本原因であった株主価値経営の問題点まで指摘されることはなかった。この時代ではまだ，米国では，「株主重視を徹底できないからエンロン事件が起きた。株主をだまして経営者がぼろ儲けしていた」との認識が一般的になっていた。それで，企業を株主の視点で改革するための規制強化へとつながっていった。

　2008年のリーマンショック以降，事情は大きく変わった。株主価値経営の問題点も指摘されるようになってきた。高額な役員報酬，成果主義に伴う短期的な業績の追求，株価戦略，所得格差，リストラによる失業者の問題など株主価値経営は限界に達していた。株主価値を重視し，ＲＯＥを唯一の経営目標としていたロイズ銀行でも，リーマンショック以降，役員報酬決定のプロセスを見直し，利害関係者の配慮，リスク管理，提携先管理，バランススコアカード（ＢＳＣ）などＲＯＥや株主以外の指標をも報酬決定の基準に加えたのである。

2　株主価値経営と企業の社会的責任（ＣＳＲ）

　21世紀に入り株主価値経営が重視される中で，その矛盾に呼応するかのように企業の社会的責任（ＣＳＲ：Corporate Social Responsibility）が盛んに言われるようになる。ＣＳＲの概念は，企業が永続するために，最大利潤の追求だけでなく，法令と人権を遵守し，環境に優しく，地域に貢献する社会的な存在

として活動することである。つまり，ＣＳＲは株主価値経営を進める企業に対して，社会からの要請であり，警告でもあった。現在までに多くの企業でＣＳＲが進められてきている。

　しかし，こんな意見も出ていた。2004年5月10日付日本経済新聞「核心」（西岡幸一氏）には「業績あってこそのＣＳＲ」との表題で，ジーンズ製造企業老舗のリーバイスの業績不振を例に挙げて，ＣＳＲの問題点を指摘している。「企業は法律に従って儲けるだけでなく，なぜ本業以外のことに努力する必要があるのか。『株式会社であれば，企業の社会的責任は儲けることが全てというＭフリードマンの主張を原理的に論破するのは難しい』。企業論に詳しい岩井克人教授はこういう。・・・環境保全なら『環境経営』を標榜し，設計や生産過程の見直しを通じてコスト削減，利益増などのルートもあるが，人権尊重，社会貢献などは尊い行動であっても，見方によっては経営の足かせにもなる」。

３　共通価値（ＣＳＶ）とバランススコアカード（ＢＳＣ）

　ハーバード大学のポーター教授はハーバードビジネスレビュー誌2006年12月号に"*Strategy and Society*"と題する共著の論文を発表した。このころからＣＳＶ（Creating Shared Value）「共通価値」という言葉が登場する。「ＣＳＲからＣＳＶへの移行という考え方の転換について初めて書いたのは，この論文です。寄付やフィランソロピーを中心とする従来のＣＳＲ活動から脱却することが必要でした。ですから，ＣＳＲは事業から乖離してはならず，事業戦略と結び付いたものでなければならないという意味を持たせるために，戦略的ＣＳＲと呼んだのです」[4]そして，ハーバードビジネスレビュー2011年1月・2月合併号に発表した共著の論文"*Creating Shared Value*"で，ＣＳＶのコンセプトが具体的に明らかにされた。

　「事業戦略と社会との間に強い関係を築くことが可能な分野に企業は最も力を入れるべきです。今日，最も優れた事業戦略を構築するためには，社会とのかかわりを考慮することが欠かせなくなっています。どんな企業でも，価値ある提案をするためには，社会的な意義を持たせる必要がある。今日では顧客も取引先も，事業戦略に社会的な価値のある企業を評価するのです。事業戦略の

社会的な価値はまた，製品の特徴や独特の生産プロセスよりも模倣することが難しい場合が多い。事業戦略と社会を結びつけることは，企業にとって新たなチャンスの1つになりつつあるのです」[5]。

確かに，この主張は，これまでのCSRを一歩進めるものであり，先のフリードマンの主張を原理的に論破しているかのように見える。ポーター教授自身は2011年の彼の著作の中で，「かつての偏狭な資本主義観では，企業は利益を上げることで，つまり稼いだ利益によって，雇用，賃金，購買，投資，税金を支えることで社会に貢献する。要するに，普通に事業活動を行うことで，十分に社会の役に立てる。企業はほぼ自己完結型的な存在であり，そして社会問題や地域社会の問題はその守備範囲の外にある（これはCSRという概念を批判するに当たって，ミルトン・フリードマンが言葉巧みに展開した主張である）」[6]と述べている。

「共通価値」と呼ぶからには，その価値を定量的に評価する必要がある。しかし，ポーター教授の論文には，「共通価値を創造するには，これら三分野(注)に関する具体的な評価指標を事業部門別に用意する必要がある」[7]と述べるにとどめ，具体的な内容にはふれていない。

(注)【マイケル・ポーター教授「共通価値の戦略」三分野とは】
1．製品と市場を見直す。
2．バリューチェーンの生産性を再定義する。
3．企業が拠点を置く地域を支援する産業クラスターをつくる。

1つのヒントは（戦略的）バランススコアカード（BSC）にあると思う。ポーター教授は，彼の講演の中で，「BSCは，戦略を組織のすみずみまで伝え，組織として何が足りないのか，何を怠っているのかを明らかにし，社員たちにそこに生じるだろうトレードオフを理解させる有力なツールになる」[8]と述べている。

今，日本でもBSCは程度の差こそあれ大企業から中堅企業にまで普及している。この背景には，財務数値だけでは企業を十分に評価することはできなくなっているとの事情がある。また，日本企業の場合，株主価値経営の時代といっても，これまでの伝統的経営指標であった売上高，営業利益ではなく，全

ての経営目標をＲＯＥだけに絞り，役員賞与の決定にまでこれを使うことには抵抗感があった。ＢＳＣは，そうした日本企業の経営手法に評価を加えたツールであったといえよう。また，ＢＳＣは経営戦略の策定に重点に置き，多くのステークホルダーに対する多面的評価方法を採用している。なによりも重要なことは，企業の未来を評価するように見える点にある。「共通価値」の概念はＢＳＣによる評価とカップリングされたとき，初めて現実性を帯びてくる。

【注】
1) 日本企業における2004年頃の株主・投資家への説明会でのＱ＆Ａの代表的事例。
2) ブライアン・ピットマン（元ロイズＴＳＢ会長）（著）森百合子（訳）[2003]「ハーバードビジネスレビュー（日本語版）」「株主価値こそ組織の共通言語　ロイズ銀行：ＶＢＭ企業への転換」143ページ。
3) 正田繁 [2004]「証券経済学会年報　第39号「エンロンの会計戦略」ＳＰＥ：特別目的会社 Special　Purpose　Entity 3％ルール：ＳＰＥの総資産の3％以上を所有する企業は，ＳＰＣの財務内容をその企業の会計報告に記載しなければならないルールで，エンロンはこのルールをかいくぐっていたと言われている。
4) 日経ビジネスオンライン [2012／12] インタビュー記事「ＣＳＲの呪縛からの脱却し，「社会と共有できる価値」の創出を。マイケル・ポーター米ハーバード大学教授が提示する新たな枠組み」より引用）。
5) 前掲　日経ビジネスオンライン [2012／12] マイケル・ポーターインタビュー記事。
6) マイケル・ポーター／マーク・クラマー共著 [2011]「ハーバードビジネスレビュー（日本語版）」「共通価値の戦略」13ページ。
7) 前掲「共通価値の戦略」27ページ。
8) マイケル・ポーター（著）出竹辰夫（訳）[2003]「ハーバードビジネスレビュー（日本語版）」「戦略とバランススコアカード」56ページ。

（正田　繁）

第24講

環境問題と経営分析

1. 意義・目的－企業活動による環境への影響および環境保全活動を分析する

(1) 企業と環境問題
・産業革命に端を発する企業と環境問題
・環境問題対応の国際的な高まり
(2) 企業評価と環境問題
・企業の環境活動を評価する仕組みの要請

2. 手　　法

(1) 環境汚染の測定項目
・大気汚染，水質汚濁，土壌汚染，騒音，振動悪臭，廃棄物等の排出量
・温室効果ガスの排出量
(2) 環境会計の特徴
・財務会計，管理会計による財務報告：法制度による
　　　　　　　　　　　　　　　　　貨幣単位
・環境会計報告：法制度はなく環境省によるガイドラインのみ
　　　　　　　貨幣単位および物量単位
(3) 環境活動評価の変遷
・企業の社会的責任を評価する時代―環境報告も活発に
・株主価値経営の時代―環境活動はコスト増とみなし，利益重視
・金融破たん後－「環境 (Environment)」,「社会 (Society)」,「ガバナンス (Governance)」を重視した企業評価

3. 財務報告から統合報告へ

・統合報告書―財務情報と非財務情報の開示
・経済的なデータだけでなく，社会的な側面も合わせて報告し，企業を評価する

4. 事　例－リコー

・統合報告書の形式を用いた「サステナビリティレポート」で「経済」,「社会」,「環境」を報告
・環境会計のデータ分析―費用と効果の相関関係

1 意義・目的－企業活動による環境への影響および環境保全活動を分析する

1 企業と環境問題

企業と環境問題の関わりは，18世紀の産業革命に遡ると言われている。産業革命から始まった大量のエネルギー消費，森林伐採，生産活動による廃棄物の増加，大気汚染等は，大量生産の形態とともに世界中に拡散し，とりわけ先進諸国において問題となっていった。近年は，中国やインド，アジア諸国などでも，経済発展とともに環境汚染が深刻化してきている。そうした状況を懸念し，地球環境の危機に警告を鳴らす動きも世界規模で進んでいる。1992年にリオデジャネイロで開催された地球環境サミットは，世界中の人々に，地球環境問題解決が人類にとって喫緊の課題であること知らしめた。その後も，国連を中心に様々な機関が世界レベルで環境対応に動いている[1]。

2 企業評価と環境問題

2006年に発表された世界経済に与える地球温暖化の影響をまとめたスターンレビューでは，温暖化対策を取らなかった場合には，全世界のＧＤＰの20％の経済損失が見込まれると報告されている。こうしたデータからも持続可能な社会構築のために，企業が果たすべき役割の比重は増している。その役割を認識し，実践の方向へと進めていくためには，従来の財務的な視点でのみ企業を評価するのではなく，環境に負荷を与えている企業，あるいは配慮している企業を評価する仕組みも必要となってくる。また，環境対応を怠っていることで生じる事故や不祥事などのリスクを把握するためにも，環境の側面からの企業分析は重要である。

2 手　法

1 環境汚染の測定項目

　一般に環境汚染としてあげられるものには，大気汚染，水質汚濁，土壌汚染，騒音，振動悪臭，廃棄物などがある。たとえば，大気汚染であれば，その原因となる，ばい煙，粉じん，自動車の排ガスなどの排出量が測定される。いずれも自治体や環境省により汚染状況が測定公表されている。

　近年は，地球温暖化の原因と言われるCO_2などの温室効果ガスの排出データの測定も，地球全体，国別，企業別と様々な単位でなされている。ＩＰＣＣ[2]の報告によれば，CO_2濃度は産業革命以降に大幅に高まっている。今後も化石燃料を消費し続けることによる世界経済成長が維持されると，CO_2濃度は2005年の379ppmから2100年には600ppmに増加し，平均気温が6.4℃上昇すると言われている。

2 環境会計の特徴

　企業評価を行う際には，財務諸表を用いた財務分析が一般的である。財務諸表の作成は，金融商品取引法や会社法，税法などによって作成，公表が義務付けられており，それゆえ，公表される財務諸表は信頼性，比較可能性が保たれている。一方，環境会計には法的な会計基準はなく，わが国では，環境省による「環境会計ガイドライン」に基づき，環境会計を導入し報告している企業が多い。同ガイドラインによって報告される項目は，下記のとおりである。財務会計や管理会計と異なり，貨幣表示だけでなくCO_2削減量などのように物量単位で示されるものもある。

● 図表24－1　環境会計で表示される項目内容

表示内容	項目例
①環境保全コスト（金額）	地球温暖化対策，オゾン層保護，大気環境保全，騒音・振動対策，水環境・土壌環境・地盤環境保全，廃棄物・リサイクル対策に関するコストなど
②環境保全にともなう経済効果（金額）	リサイクル事業収益，エネルギー費用削減，省資源による費用削減，リスク回避など
③環境保全効果（物量）	汚染物質削減量，温室効果ガス削減量，廃棄物削減量，グリーン調達購入量など

（出所）　環境省の「環境会計ガイドライン2005年版」をもとに作成。
　　　　環境省ＨＰ
　　　　http://www.env.go.jp/press/file_view.php?serial=6396&hou_id=5722

　先ほど述べたとおり，環境会計の手法を用いた企業の環境情報の開示は，自主的なものである。環境省の調査によれば，環境会計を導入している企業数は年々増加し，上場企業の約4割が導入しており，また導入を検討している企業も合わせると5割近くにのぼる[3]。環境会計によって報告される情報は，利害関係者が企業の環境評価を行うのに有用なツールとなる。

3　環境活動評価の変遷

　企業の環境活動は，企業の社会的責任論の高まりと共に注目されるようになり，その情報開示に対する機運も高まっていった。たとえば，1997年に設立された「経済」，「社会」，「環境」のトリプルボトムラインと言われる3つの側面からの企業情報開示を促す，ＧＲＩ（Global Report Initiative）が象徴的である。しかし，バブル崩壊後の不況の時代には，環境活動はコストがかかるものという認識が根強く，企業自身が環境活動に取り組む余裕がなかったり，あるいは活動していたとしても単なるパフォーマンスに過ぎないと見られたりすることもあった。また，株主価値経営の時代には，短期主義的な利益を追求する株主は，企業にコスト削減を強いたが，そのために，簡単に廃棄されたり，環境負荷を増大させたりするような製品を大量生産するといった経営活動により環境活動が軽視されることもあった。しかし，金融破綻後は，そうした投資行動を

反省する動きが見られた。中でも機関投資家が投資の判断をする際に,「環境（Environment）」,「社会（Society）」,「ガバナンス（Governance）」の問題に配慮するよう促す「責任投資原則— ＰＲＩ：Principles for Responsible Investment」4)の採択は,これまでとは違った企業の評価,分析をもたらす契機となっている。

3 財務報告から統合報告へ

近年,財務情報が中心となっていた営業報告書に,ＣＳＲレポートや環境報告書にある非財務情報を合わせた統合報告書を作成する動きが国際的にも活発化してきている。これまでの財務情報の数値を用いた定量的な分析だけでなく,環境問題や社会問題への対応と言った定性的な情報の分析も含めた企業の総合的な評価が可能となる。その際には,財務分析と同様に,同業他社との比較,また,過去の活動との比較を行うことが有効である。これまでのように,利益指標を中心に企業評価を行ってきた時代から,環境活動を含めた社会的活動を示す指標による分析評価が重要視される時代に入っている。

4 事　例－リコー

ここでは,これまでのアニュアルレポート,社会的責任経営報告書,環境経営報告書を統合して「サステナビリティレポート2012」を作成したリコーを例に,環境活動の側面を分析する。環境活動については,環境経営の項目を設け,環境配慮型商品の詳細や自然エネルギーの導入など様々な活動状況を報告している。

環境会計情報では,前年度比で見ると対策費用が上がっている項目が多く,環境対応に力を入れていることがうかがえる。また,節電や廃棄物処理効率化などによる経済効果の金額が上がっており,環境保全効果としてのCO_2排出量削減と連動していることがわかる。リコーは,2012年に環境格付けを利用した政策投資銀行の融資制度において最高ランクを取得し,通常より0.1％程度低い優遇金利で300億円を調達している5)。サステナビリティレポートにも詳述

されている温暖化対策やリサイクル活動が評価されていることがうかがえる。

統合報告書として興味深いのは，企業戦略を伝えるサプライチェーンマネジメントの項目欄に，「サプライヤーとの環境負荷情報の共有」，「循環型エコ包装」，「物流全体の効率と環境負荷削減」といった活動内容が盛り込まれていることである。通常の企業活動と環境活動がどのようにリンクし効果をあげているのかが，情報利用者にとっても明瞭である。

● 図表24－2　2011年度　リコーグループ環境会計

環境省分類	環境保全コスト（単位：億円）						経済効果（単位：億円）		
	内　容	投資額	前年度比増減	費用額	前年度比増減		内　容	効果金額	前年度比増減
事業エリア内	公害防止，地球環境保全，資源循環等	1.1	↓2.2	14.6	↑1.1	節電や廃棄物処理効率化等		24.5	↑2.4
上・下流	製品回収，再商品化等	0.3	↑0.3	113.9	↓24.7	リサイクル品売却等		164.9	↓44.0
管理活動	環境マネジメントシステムの構築，運用等	0.4	↑0.3	35.8	↓2.7	―		―	
研究開発	環境負荷低減の為の研究，開発費等	1.8	↑0.1	39.7	↑9.0	―		―	
社会活動	環境改善対策，環境保全支援等	0.0	↑0.0	0.9	↑0.2	―		―	
環境損傷対応	土壌汚染，自然破壊の修復等	0.1	↑0.1	1.6	↑0.9	―		―	
合　計		3.6	↓1.5	206.6	↓16.2			189.4	↓41.6

環境保全効果			
	環境負荷項目	2011年度排出量・使用量	削減量（前年度比較）
	製品使用時CO_2排出量	413.1 (千t)	↓61.5 (千t)
事業所環境負荷量	CO_2	366.2 (千t)	↑8.5 (千t)
	NOx	102.1 (t)	↓6.4 (t)
	SOx	5.9 (t)	↓0.1 (t)
	BOD	5.8 (t)	↓0.8 (t)
	廃棄物最終処分量	253.3 (t)	↑36.5 (t)
	水使用量	3.6 (百万m³)	↓0.08 (百万m³)

（出所）「サステナビリティレポート2012」リコーホームページ。
　　　http://www.ricoh.co.jp/about/sustainability/report/pdf2012/all.pdf

【注】
1) 地球環境サミット開催以前に1972年にＵＮＥＰ（United Nations Environment Programme＝国連環境計画）が設立されている。また，金融機関が環境および持続可能性に配慮した事業を行っていくことを目的とした国連環境計画・金融イニシアティブ（ＵＮＥＰ ＦＩ）といった機関もある（1992年設立）。
2) ＩＰＣＣ（Intergovernmental Panel on Climate Change：気候変動に関する政府間パネル）とは，地球温暖化の影響について科学的知見を集約し研究報告を行なう世界的な機関で，1988年にＵＮＥＰとWMO（World Meteorological Organization：世界気象機関）により設立された。
3) 環境省『環境にやさしい企業行動調査　平成22年度における取組に関する調査結果概要版』2012年1月，5ページ。
4) 2003年11月，当時のアナン国連事務総長が，ＵＮＥＰ金融イニシアチブおよび国連グローバル・コンパクトに呼びかけて打ち出した投資原則。400を超える世界の金融機関が署名している。
5) 『日経産業新聞』2012年11月1日付。

【参考文献】
河野正男編『環境会計A to Z』ビオシティ，2005年。
リコー『サステナビリティレポート2012』。

(野村　佐智代)

第25講

NPOの経営分析

1．NPOとミッション

○NPO（NonProfit Organization）とは，組織・団体の構成員に対する収益の分配を目的とせず，様々な分野の社会貢献活動を行う団体の総称
○NPOの第一の目的：利益の分配ではなく，社会貢献のミッションの追及
  ・ミッションへの貢献①：ボランティア＝時間の提供
  ・ミッションへの貢献②：会費・寄付＝金銭の提供
○NPOの有効性・社会への貢献は多様な基準による評価が必要

2．NPOの評価基準

○「評価みえ」による「事業評価システム2000」
  ・内部分析のためのチェックリスト
  ・非財務情報
○「エクセレントNPO」の評価基準
  ・市民性，社会変革性，組織安定性を基本条件とする評価基準
  ・会計・財務情報含む

3．NPOの財務指標

○「持続性」：NPOが中長期的に団体を維持運営できるかどうかを評価
  ・支払可能期間＝流動資産／（総支出／12か月）
  ・正味財産・収入比率＝正味財産／総収入
○「収入の質」：活動を継続するために必要な資源獲得能力があるかどうかを評価
  ・収益率＝経常収支／総収入
  ・社会的支援収入比率＝会費・寄付・補助金等収入／総収入
  ・収入多様性比率　　$HHI = \Sigma (r_1/R)^2, i = 1, 2, \Lambda, n$
○財務指標の限界：ベンチマークが未確立

4．NPOの分析事例

1）認定NPO法人スペシャルオリンピックス日本
2）日本中小企業・ベンチャー ビジネスコンソーシアム

1 NPOとミッション

　NPO（NonProfit Organization，非営利組織）とは，組織・団体の構成員に対する収益の分配を目的とせず，様々な分野の社会貢献活動を行う団体の総称である。NPOにおいても，収益を目的とする事業を行うこと自体は認められている。ただし事業で得た収益は，理事や出資者，経営者などに分配せず，様々な社会貢献活動に充てることになる。NPOが行う社会貢献事業は，文化や芸術，教育，保健・医療，福祉，環境，災害救援，まちづくり・地域活性化，国際協力など多岐にわたる。

　利益の分配を行わないNPOにとって最も重要な要素は，それぞれのNPOが掲げる社会貢献ないし社会的課題解決のミッション，使命である。NPO研究の先駆者であるP.F.ドラッカーは『非営利組織の経営』において，「NPOは一人ひとりの人と社会を変える存在である。したがって考えるべきはいかなるミッションが有効であって，いかなるミッションが無効であるかである」と指摘している。そして，「ミッションの価値は，正しい行動をもたらすことにある。…ミッションとは，組織に働く者全員が自らの貢献を知りうるようにするものでなければならない」という。

　すなわち，それぞれのNPOに社会に貢献するミッションがあるからこそ，そのミッションに賛同した人たちが，ボランティアとして活動に参加したり，会員となって会費を納入したり，支援者として募金や寄付を提供したりするのである。ボランティアは無償の労務，すなわち時間を提供することであり，寄付や会費は活動のための資金を提供することである。ミッションの賛同者たちは時間や金銭の提供を通してミッションへの貢献を果たす。このように，営利企業とは区別されるNPOの特性は，ミッションの追及をその活動の第一の目的にしている点にある。

　ミッションが活動の第一目的であるが故にマネジメントにおける困難な課題にも直面する。それは，NPOの活動の評価をいかに行うかという課題である。営利企業であれば，その活動目的は長期利益の最大化にある。したがって，利益，とりわけ長期的な利益が企業の事業活動の成果を測定する決定的な判断基

準となりうる。

　ところが，NPOでは活動の第一目的はミッションであり，それは各NPOによってそれぞれ異なる。それぞれのミッションがいかに達成されて社会に貢献しているか，その有効性を評価しなければならない。NPOの有効性は，営利企業における長期利益のように統一的な判断基準で評価することはできず，多様な基準を考え組み合わせて評価する必要がある。

　次節では，多様な基準を組み合わせたNPOの評価の試みとその内容についてみる。

2　NPOの評価基準

　NPOの評価については，日本では，「特定非営利活動法人コミュニティ・シンクタンク『評価みえ』」や「『エクセレントNPO』を目指そう市民会議」などにより，NPOを自己診断するための統一的な評価基準を構築しようという動きがある。[1]

　「評価みえ」では，2000年に，NPOの事業活動について従事者の立場から内部分析するためのチェックリストを「事業評価システム2000」として公表している。図表25-1に示した通り，チェックリストは5分類，25項目からなり，活動の計画段階から実施，事後評価までの各チェック項目について0～4点，合計100点で評価する。当時はNPOの会計実務が確立しておらず，財務数値を用いないで事業の分析を行おうという試みであった。

　「『エクセレントNPO』を目指そう市民会議」は，2007年よりNPOの実践者と研究者でNPOの評価と評価基準に関する研究と検討を重ね，2010年に望ましいNPOの姿として「エクセレントNPO」の概念を打ち出した。エクセレントNPOとは，「自らの使命のもとに，社会の課題に挑み，広く市民の参加を得て，課題の解決に向けて成果を出している。そのために必要な，責任ある活動母体として一定の組織的安定性と刷新性を維持していること」である。

第25講　ＮＰＯの経営分析

● 図表25－1　「評価みえ」による内部分析チェックリスト

分類		項目	内容
事業実施に向けて	1	ミッションとの整合性	事業がミッションとあっていたか
	2	戦略計画との整合性	事業が戦略計画とあっていたか
	3	事業の目標設定	明確で測定可能な目標設定されたか
	4	事前のリソース提供者とのコミュニケーション	資金，情報，労力等の提供者に，事前にリソース提供の必要性を理解してもらえたか
	5	事前の受益者とのコミュニケーション	事業の受益者の情報を入手し，実情，思いなどを事前に受け止められたか
事業の計画	6	過去の反省と情報収集	事業を計画する際に，これまで行った事業の反省点や内外の事例を分析し，事業計画に反映したか
	7	コスト対効果と事業規模	コスト（投入するヒト，モノ，カネ）と効果の関係を考えた上で，ちょうど良い規模の事業を計画したか
	8	企画内容の妥当性	事業を行う，場所，時間，方法等は，受益者のニーズを踏まえた上で計画したか
	9	事業目的・ゴールの共有	事業をどのような目的で行い，どういうゴールを達成すればよいか，関係者の間で意識が共有されたか
	10	事業計画書・収支計画書	事業計画書，及び収支計画書は作成されたか
事業実施体制	11	業務実施時期と役割分担	事業実施過程で発生する業務について，実施の時期や，担当者が明確に決められてたか
	12	事業実施の際のパートナーシップ	事業を実施する際，リソース提供者との協力体制，連携は良好だったか
	13	人材の最適配置と課題解決	人材が適切に配置され，業務の進捗状況が確認される体制があり，発生した課題に対応する用意があったか
	14	適正な予算執行と課題解決	予算の執行状況や配分が確認される体制があり，発生した課題に対応する用意があったか。
	15	情報の共有	業務の進捗状況，課題の発生等について情報共有する体制があり，必要な情報が関係者に伝わっていたか
情報流通体制，事業実施後	16	広報の方法とわかりやすさ	広報は事業対象となる人の利用メディアにあわせて行われ，対象者にとってわかりやすい内容だったか
	17	受益者からのクレーム情報の吸い上げとフィードバック	受益者からの苦情，意見を受け付ける体制があり，その情報が業務改善に活かされたか
	18	事業実施後の振り返り	事業終了後，企画内容，事業内容，その結果に関して関係者間で反省する機会があり，改善計画書が作成されたか
	19	事後のリソース提供者とのコミュニケーション	事業後，報告書及び決算書が作成され，リソース提供者に報告されるとともに，一般にも公開されていますか
	20	事後の受益者とコミュニケーション	事業後，受益者からの意見聴取の機会があり，今後の事業に繋がる良好な関係作りを行っているか
事業の成果	21	企画意図の達成度	事前に設定した目標を達成できたか
	22	人々の自立性とネットワーク	事業後，人々のネットワークが生まれ，地域社会の発展のために人々自ら行動できるようになったか
	23	リソース提供者の満足度	リソース提供者に，事業を通じて充分な満足感を提供できたか
	24	受益者の満足度	受益者は，事業を通じて充分な満足が得られたか
	25	事業実施者の満足度	事業実施者は，この事業が望ましい社会実現のために貢献したと感じることができたか

（出所）　コミュニティ・シンクタンク「評価みえ」監修，『社会を変えるＮＰＯ評価』，北樹出版より作成。

そして,「市民性」「社会変革性」「組織安定性」の三つを基本条件とする,組織評価の体系としての「エクセレントNPOの評価基準」を公開した。その評価基準は12の評価項目,33の評価基準からなる(図表25-2)。エクセレントNPOの評価基準は,「評価みえ」ではなかった会計・財務情報も評価項目に加えられており,NPOの有効性や社会への貢献度合いを分析するうえで一層有用なツールとなっている。「市民会議」ではこの評価システムを用いた年間大賞である「エクセレントNPO大賞」の表彰も行っている。

● 図表25-2 「エクセレントNPO」の評価基準

基本条件	評価項目		評価基準
市民性	ボランティア	(1)	ボランティアの機会が人々に開かれ,活動内容がわかりやすく伝えられているか
		(2)	ボランティアに対して,組織の使命,目的,活動の概要を説明しているか。また,事業の成果を共有しているか
		(3)	ボランティアとの対話機会を作り,彼らからの提案に対してフィードバックをしているか
		(4)	ボランティアに対して感謝の気持ちを伝える工夫を凝らしているか
	寄付	(5)	寄付者を単なる資金源でなく,団体の参加者として認識しているか
		(6)	寄付の機会が広く多くの人々に開かれ,募集の内容がわかりやすく説明されているか
		(7)	寄付者に安心感を与えることができるように報告しているか
		(8)	寄付者への感謝の気持ちを伝える工夫をしているか
	自覚	(9)	あなたは,活動に加わるすべての参加者に,市民としての意識や市民としての成長の機会を提供していること,さらに,活動を通じて,社会的な課題への気づきや課題解決の達成感や喜びの機会を共有しているという,自覚を持っているか
社会変革性	課題認識	(1)	自ら取り組んでいる問題やテーマを把握し,自分たちの課題として明確に認識しているか
		(2)	課題に取り組みながら,その背後にある原因や理由を見出そうとする姿勢や視点を持っているか
		(3)	自ら取り組む問題のみならず,その原因となっている制度や慣習など,社会の仕組みにかかわる問題を視野に入れているか
	方法	(4)	アウトカム・レベルの成果を目指しているか
		(5)	課題認識の進化に伴い,課題解決方法(目的,計画,活動方法など)も前進・進化させているか
		(6)	中長期の視点から課題解決に向けた展望を持っているか
	能力	(7)	何が課題解決に必要な技術や知識であるかを判断する力を持っているか【専門性】
		(8)	リーダー役を担う者は,課題解決のために中心的な役割を担い,また組織内外の専門家,資金などのリソースを組み合わせ,それらを機能させるためのコーディネーション能力を有しているか【リーダーシップ】
		(9)	外部の組織や人々と協力し合い,時には切磋琢磨しながら,互いに向上し合うような関係を構築しているか【ネットワーク】
	フィードバック	(10)	課題経血のプロセスで,その取り組みや成果のあり方について評価を行い,その結果をフィードバックする仕組みを有しているか

	アドボカシー	(11)	社会に対し，組織が取り組む課題，使命や活動目標を理解してもらうよう努めているか【社会への説明と理解】
	自立性	(12)	組織の独立性，中立性を維持しているか
組織安定性	ガバナンス	(1)	組織の使命は明確に示されているか
		(2)	使命は組織のステークホルダーに共有されているか
		(3)	意思決定機関，執行機関，チェック機関が明確に定義され，その選出方法と過程が透明であるか
		(4)	チェック・メカニズムが機能しているか
		(5)	組織の全体像が明確に説明されているか
	収入多様性と規律	(6)	広く多様な主体から資金を集め，リスクを回避できるように収入多様性を維持しているか【収入構成】
		(7)	組織の独立性に配慮するように資金調達を行っているか【資金調達に関する規律Ⅰ】
		(8)	資金調達のプロセスは透明で，公序良俗に反するような行為による資金は受け取っていないか【資金調達に関する規律Ⅱ】
		(9)	組織の会計が透明で説明可能な会計システムに基づき適正に処理されているか【会計システムⅠ】
		(10)	会計運営上のチェックが機能しているか【会計システムⅡ】
	人材育成	(11)	職員に対して，法律などで定められた基準にしたがった待遇，労働環境を提供しているか【職員の待遇】
		(12)	職員が組織のミッションを踏まえ，任務を理解できるような工夫をしているか【職員の育成】

(出所)　「エクセレントＮＰＯ」をめざそう市民会議『「エクセレントＮＰＯ」の評価基準』，言論ＮＰＯ，2010年。

3 ＮＰＯの財務指標

　前節では定性的項目をメインとした総合的な自己診断のツールを取り上げたが，ここでは，会計・財務情報による評価について見る。ＮＰＯの財務指標については，1990年代から米国を中心に研究が進められてきたが，日本でもＮＰＯの会計実務の整備が進みＮＰＯの財務データの蓄積が進むにつれ，日本の現状に沿った研究が蓄積されてきた。

　1 節でも示したように，ＮＰＯの有効性は，営利企業における長期利益のように統一的な判断基準で評価できず，財務指標のみで評価するには限界がある。しかしながら，財務情報を用いて見えてくるものもある。ＮＰＯが行う社会貢献や社会的課題解決のための事業活動ないしミッション追及の事業活動について，「ミッションが達成されたか否か」については評価できなくても，「継続的にミッションを追及することが可能か」，つまりＮＰＯの事業の継続性に

ついて一定の評価をすることができる。

具体的にはＮＰＯの活動と財務の整合性や組織の持続性についての分析である。田中・馬場・渋井（2010）で取り上げている「持続性」と「収入の質」[2]は，営利企業とは異なるＮＰＯの事業の継続性を評価するのに独特な財務指標といえる（図表25-3）。

●図表25-3　ＮＰＯの財務指標

分析目的		財務指標	計算式	説明
持続性	中長期的に団体を維持運営できるか	支払可能期間	流動資産／（総支出／12か月）	何か月分の支払手段が手元にあるかを示す
		正味財産・収入比率	正味財産／総収入	収入に対してどの程度の内部留保を蓄積しているかを示す
収入の質	活動を継続するために必要な資源獲得能力があるか	収益率	経常収支／総収入	収入のうち留保できる余剰資金を示す
		社会的支援収入比率	会費・寄付・補助金等収入／総収入	社会からの資金的支援が収入に占める割合を示す
		収入多様性比率	$HHI = \Sigma (r_i / R)^2$	多様な資金源を確保できるかを示す

（出所）　田中弥生・馬場英朗・渋井進「財務指標からとらえた民間非営利組織の評価―持続性の要因を探る―」，『The Nonprofit Review Vol.10 No.2』，PP.111-121, 2010年。

「持続性」とはＮＰＯが中長期的に団体を維持運営できるかどうかを評価しようというものであり，何か月分の支払手段が手元にあるかを示す「支払可能期間」，収入に対してどの程度の内部留保を蓄積しているかを示す「正味財産・収入比率」により測定する。

$$支払可能期間 = \frac{流動資産}{1か月あたり総支出}$$

$$正味財産・収入比率 = \frac{正味財産}{総収入}$$

「収入の質」とは，活動を継続するために必要な資源獲得能力があるかどうかを評価しようというものであり，収入のうち留保できる余剰資金を示す「収益率」，社会からの資金的支援が収入に占める割合を示す「社会的支援収入比率」によって測定する。

$$収益率 = \frac{経常収支}{総収入}$$

$$社会的支援収入比率 = \frac{会費・寄付・補助金等収入}{総収入}$$

また，収入の質を評価するために，多様な資金源を確保できているかを示す「収入多様性比率」も用いられる。収入多様性比率とは，NPOの収入を支える5つの財源，すなわち，①個人寄付，②企業寄付，③財団助成，④政府資金，⑤事業収入のうち，どの程度多様な財源からの収入が確保されているか，あるいは逆にどの財源に依存しているかを示す指標である。

なぜ，収入・財源の多様性を評価しなければならないかというと，それぞれの財源がNPOのミッション遂行上の制約になることがあるからである。大口の寄付者や政府からの補助金や助成金，または委託事業に依存すると組織の自立性が損なわれる可能性が出てくる。個人の会費や寄付はミッションへの賛同を示すが次期以降も継続して会費や寄付を提供するかは不安定である。とはいっても，事業収入に集中しすぎるとNPOとしての意義が損なわれることになる（図表25-4）。

●図表25-4　NPOにおける財源の特徴

	個人の寄付・会費，助成団体からの助成金	政府からの補助金，事業委託	事業収入
収入の変動性	不安定	安定的	継続的
資金使途の制約	最も強い	強い	弱い
活動目的への介入	大口寄付者の意向	政策への依存	自由度が高い
組織運営に与える影響	形式化	官僚化	合理化
組織の構造的変化	資金提供者指向	政府指向	市場指向

（出所）　中嶋貴子・馬場英朗「非営利組織の成長性と安定性に関する実証分析―NPO法人パネルデータを用いた財務分析から―」，『非営利法人研究学会誌』Vol.14, 2012。

収入・財源の多様性を測る指標としては，市場シェアの集中度を表す，ハーフィンダール・ハーシュマン指数（ＨＨＩ）が用いられている。

$$HHI = \Sigma (r_i / R)^2, \ i = 1, 2, \cdots, n$$

nは財源の数，r_iはｎ番目の財源からの収入，Rは全財源からの収入である。ＨＨＩは１以下の正の値をとり，その値が小さいほど収入源が多様化し，１に近いほど単独財源に集中していることを示す。

ただ，これら財務指標の欠点は，現段階では評価の基準となるベンチマークが確立されていないために，どの水準ならば良いかという判断が難しい点である。今後，ＮＰＯの財務情報のデータの蓄積が進み，ベンチマークが確立されることが期待される。

4 ＮＰＯの分析事例

1 認定ＮＰＯ法人スペシャルオリンピックス日本

認定ＮＰＯ法人スペシャルオリンピックス日本（以下，ＳＯＪと省略）は，スポーツを通じて知的障害者の自立と社会参加を支援するというミッションの下，知的障害者の世界規模のスポーツイベントの開催や競技種目のスポーツトレーニングなどを行うＮＰＯである。アメリカに本部を置く国際組織であり，日本では1994年に発足された。2011年末現在，7,339人のアスリート[3]と13,629人のボランティアが参加している。

『ミッションから見たＮＰＯ』に記載されているＳＯＪの2011年度の収支状況を示した図表25-5によると，年間収入は約3,240万円，支出は約3,050万円で190万円の収支超，前期と合わせて3,740万円が次期に繰り越されている。ここでは，「社会的支援収入比率」と「収入多様性比率」によって「収益の質」を分析する。[4]

● 図表25－5　スペシャルオリンピックス日本の収支計算書（2011年）

Ⅰ．収入の部		
1　入会金・会費収入	4,720,000	
2　寄付金収入	24,891,154	
3　補助金収入	1,979,250	
4　委託事業収入	682,500	
5　雑収入	84,485	
当期収入合計（A）		32,357,389
Ⅱ．支出の部		
1　事業費		
（1）スポーツ事業費	8,592,425	
（2）スポーツ指導者育成事業費	83,975	
（3）文化事業費	449,438	
（4）広報・啓発・普及事業費	2,528,393	
（5）給料手当	6,411,736	
（6）旅費交通費	436,724	
（7）外注費	577,500	
事業費合計		19,080,191
2　管理費		
（1）給料手当	6,053,569	
（2）法定福利費	1,216,328	
（3）福利厚生費	25,000	
（4）会議費	110,100	
（5）旅費交通費	399,436	
（6）通信運搬費	383,004	
（7）消耗品費	386,540	
（8）賃借料	2,167,200	
（9）諸会費	69,000	
（10）減価償却費	292,257	
（11）租税公課	55,002	
（12）修繕費	71,862	
（13）雑費	145,424	
管理費合計		11,374,722
当期支出合計（B）		30,454,913
Ⅲ．収支差額の部		
当期収支差額（A）－（B）		1,902,476
前期繰越収支差額（C）		35,533,686
次期繰越収支差額（A）－（B）＋（C）		37,436,162

（出所）　坂本恒夫・丹野安子編著『ミッションから見たＮＰＯ』文眞堂，2012年。

まず,社会的支援収入比率は97.6%と非常に高い数値となっている。これは,収入のほぼ全額の資金的支援という形で,ＳＯＪの掲げるミッションとその活動が社会的に高く支持されていることを示している。

> 社会的支援収入比率＝会費・寄付・補助金等収入／総収入
> ＝（4,720,000＋24,891,154＋1,979,250）／32,357,389＝97.6%

収入の内訳は,寄付金約2,489万円（構成比76.9％),入会金・会費472万円（14.6％),助成金198万円（6.1％),委託事業68万円（2％)であり,ＳＯＪの活動の大半は寄付金によって支えられていることがわかる。ＳＯＪでは寄付金の安定的確保が組織としての重要課題としており,この課題解決のために積極的かつ継続的な取り組みを続けている。

では,これは収入の多様性の観点からはどのように評価できるか。収入の多様性を示す収入多様性比率は次の通り0.62である。

> 収入多様性比率　$HHI = \Sigma (r_i / R)^2, i = 1, 2, \Lambda, n$
> $= (4{,}720{,}000 / 32{,}357{,}389)^2 + (24{,}891{,}154 / 32{,}357{,}389)^2 +$
> $(1{,}979{,}250 / 32{,}357{,}389)^2 + (682{,}500 / 32{,}357{,}389)^2 +$
> $(84{,}485 / 32{,}357{,}389)^2 = 0.62$

『労働政策報告書No.82 2007　ＮＰＯ就労発展への道筋―人材・財政・制度から考える―』の調査では,175のＮＰＯ団体の収入多様性指標が0.68,学術・文化・芸術・スポーツ分野のＮＰＯ,15団体では0.66となっており,これをベンチマークとすると,ＳＯＪの0.62はこれよりも低い数値となっており,比較対象であるＮＰＯの平均値より多様な財源から収入を得ているということになる。つまり,寄付金が活動資金の大半を占めているとはいえ,他のＮＰＯと比べると,寄付金に依存し過ぎているわけではなく,むしろ多様な収入を確保しているといえる。ただ,前節の終わりに指摘した通り,ベンチマークの限界があるため,参考までにとどめたい。

2 日本中小企業・ベンチャー ビジネスコンソーシアム

　日本中小企業・ベンチャービジネスコンソーシアム（以下，コンソーシアムと省略）は，中小企業の経営改革とベンチャービジネスの起業支援を通じて雇用を拡大することをミッションに掲げ2000年4月に発足したＮＰＯである。中小企業経営者，ベンチャー起業家，研究者，専門家ら150名と法人会員10社が会員となり，相互の情報交流を図っている。年1回の年次大会，年3回の部会，年1回の海外を含む地方部会において，研修会や交流会が行われる。また，これらの研修内容や講演内容を著した年報や書籍が刊行されている。

　コンソーシアムの2009年度から2011年度からの収支計算を，内部資料を基に作成し，図表25-6に示した。財産状況を示す貸借対照表を入手できなかったため，ここでも「収益の質」に絞って分析を行う。

●図表25-6　日本中小企業・ベンチャービジネスコンソーシアムの収支

			2009年度	2010年度	2011年度
Ⅰ. 収入の部					
	1	会費収入	1,230,000	1,225,000	1,370,000
	2	事業収入	500,000	555,000	574,000
		収入合計	1,730,000	1,780,000	1,944,000
Ⅱ. 支出の部					
	1	大会・部会開催費	1,100,000	1,155,000	1,074,000
	2	プロジェクト運営費	0	100,000	150,000
	3	年報製作費	122,550	126,020	127,650
	4	表彰費	63,560	78,670	69,720
	5	事務費	204,477	206,416	205,039
	6	通信費	8,720	4,640	2,120
	7	書籍購入代	50,400	525,840	0
	8	東日本大震災見舞金	0	100,000	0
		支出合計	1,549,707	2,296,586	1,628,529
Ⅲ. 収支差額の部					
	1	当期収支差額	180,293	−516,586	315,471
	2	前期繰越収支差額	0（注）	180,293	−336,293
	3	次期繰越収支差額	180,293	−336,293	−20,822

（注）　データが入手できなかったため，前期繰越収支差額を0とした。
（出所）　日本中小企業・ベンチャービジネスコンソーシアム内部資料より作成。

予算規模は約170万円から200万円であり，2009年度と2011年度は単年度収入超過であった。2010年度は約50万円のマイナス収支となったが，これには次のような理由がある。第一に，コンソーシアムが編集した書籍2冊を会員に無料配布するために約50万円が購入費用に充てられたこと，第二に，東日本大震災の被害を受けた仙台部会への見舞金として10万円が特別に計上されたことによる。3年間のトータルではマイナス2万円と，ほぼプラスマイナスゼロとなっている。収入は基本的に会員へのサービスとして還元しようとするコンソーシアムの姿勢が，このような数値に表れているといえる。

収入は会費収入と事業収入の二つからなる。会費は個人年会費1万円と法人年会費3万円であり，ここ数年は安定的に推移している。事業収入は，大会や部会の参加費1000円と懇親会参加費3000円による収入である。大会や部会には40～50人が参加し，その7割ほどが懇親会にも参加するため，一度の大会・部会で約10～15万円の収入がある。一度の大会・部会では事前の案内から当日運営までに20万円以上の費用がかかっており，事業収入で不足する部分については会費収入によって補助していることになる。なお，事務費が比較的大きな割合を占めているのは，大会や部会の事前の案内に関わる作業費などが含まれているためである。

社会的支援収入比率は70.5％であり，収益の大半がミッションと事業活動に賛同する個人や法人からの会費収入であり，こうした個人や法人の金銭的支援によってNPOが運営されているといえる。

> 社会的支援収入比率＝会費・寄付・補助金等収入／総収入
> ＝1,370,000／1,944,000＝70.5％

収入多様性比率は，0.67となっている。財源が会費収入と事業収入の二つしかないとはいうものの，前述のベンチマーク0.68よりも低い値となっている。収入の第一の柱である会費収入が全体に占める割合は約70％と，一極集中とはなっていないためである。

> 収入多様性比率　$HHI = \Sigma (r_i / R)^2$, $i = 1, 2, \Lambda, n$
> $= (1{,}370{,}000 / 1{,}944{,}000)^2 + (574{,}000 / 1{,}944{,}000)^2$
> $= 0.67$

なお，コンソーシアムでは，会員数と会費収入は発足以来，安定的に推移しており，財源の乏しさが事業継続に影響を与えるとは言い難い。むしろ，コンソーシアムの方針として，自立性を損なわないために委託事業を受託せず，補助金も受け取ってこなかった。このケースでは，むしろ，財源を増やさず，会費収入を安定的に確保したところに，事業継続による持続的なミッション追及が可能となっているといえよう。

5　調和型・共通価値経営とＮＰＯの経営分析

　ＮＰＯの存在が社会的に重要になり，大きな力をつけてきたのは，バブル崩壊以降，とりわけ株主価値経営期である。経済や企業の成長が止まり不況が長引くと，様々な社会的課題が顕在化した。そして，以前から存在していた草の根的な取り組みにも大きな関心が寄せられるようになった。特に，90年代中盤以降，企業の財務は成長志向から効率重視，株主価値重視へと大きくシフトされ，膨張した資産や採算の悪い事業を切り離し，コストをいかに切り下げるかという点が最重要課題となった。企業のコストカットやリストラクチャリングの余波は雇用の問題や地域社会の疲弊へと及ぶこととなった。そして，「排除」の論理が支配的になった株主価値経営時代に，逆に「参加」の場としてＮＰＯは社会的意義を増すこととなったのである。

　リーマンショック以降の調和型・共通価値経営期には，事業の社会性と経済性や営利，非営利の境界があいまいになり，社会的価値と経済的価値の同時追求が求められるようになっている。したがって，一方で，企業はＮＰＯのミッションや，社会的価値の創造など事業の社会性について学ばなければならない。今後，企業はＮＰＯの経営手法や評価手法を取り込んでいく必要がある。他方，ＮＰＯも企業から事業の経済性や効率性について学ばなければならない。そう

したことから今後のＮＰＯの経営分析には，本稿で検討した事業の持続性を中心としたミッションの有効性に加えて，事業の収益性や効率性の企業の経営分析手法の導入が非常に重要になってくると考えられる。

【注】
1) それぞれ，ＮＰＯの評価基準を作成し，『社会を変えるＮＰＯ評価』，『「エクセレントＮＰＯ」の評価基準』として，評価基準を公表している。
2) 馬場英朗（2009）では，これらに加え，営利企業の財務指標である「運転資本」（流動資産－流動負債）や「支払可能期間」（流動資産／（総支出／12か月））による流動性分析，「管理費比率」（管理費／総支出）や「総資産回転率」（総収入／総資産）などの効率性分析もＮＰＯを分析するための財務指標として取り上げている。
3) スペシャルオリンピックスでは活動に参加するすべての知的発達障害のある人々を，「アスリート」と呼んでいる。
4) 『ミッションから見たＮＰＯ』では貸借対照表が公開されていないため，3節で取り上げた「持続性」の財務指標は測定できない。また，収支計算書では「経常収支」が区分されてないため「収益率」も取り上げない。

【参考文献】
「エクセレントＮＰＯ」を目指そう市民会議編（2010）『「エクセレントＮＰＯ」の評価基準』言論ＮＰＯ。
粉川一郎著・特定非営利活動法人コミュニティ・シンクタンク「評価みえ」監修（2011）『社会を変えるＮＰＯ評価』北樹出版。
坂本恒夫・丹野安子編著『ミッションから見たＮＰＯ』文眞堂，2012年。
田中弥生・馬場英朗・渋井進（2010）「財務指標からとらえた民間非営利組織の評価─持続性の要因を探る─」，『The Nonprofit Review Vol.10 No.2』PP.111-121。
独立行政法人 労働政策研究・研修機構『労働政策報告書 No.82 2007 ＮＰＯ就労発展への道筋─人材・財政・制度から考える─』2007年。
中嶋貴子・馬場英朗「非営利組織の成長性と安定性に関する実証分析─ＮＰＯ法人パネルデータを用いた財務分析から─」，『非営利法人研究学会誌』Vol.14，2012。
馬場英朗（2009）「非営利組織の財務評価─ＮＰＯ法人の財務指標分析及び組織評価の観点から─」，『非営利法人研究学会誌』vol.11。
P. F. ドラッカー著・上田淳生訳（2007）『非営利組織の経営』ダイヤモンド社。
山内直人・田中敬文・奥山尚子編（2010）『ＮＰＯ白書2010』大阪大学大学院国際公共政策研究科ＮＰＯ研究情報センター。

（趙　　丹）

第26講

貧困問題と経営分析

1．株主価値経営と現代的貧困

1. 「現代的 貧困」とは何か
   食料生産は豊作，企業業績も良好，しかし巷に浮浪者やホームレスが屯し，簡易宿泊所や深夜喫茶に若者が身を寄せて夜を過ごしている→サラリーマン，若者，将来に不安
2. 失業率の高止まり
   欧米，1980年まで7％前後，80年以降10％に上昇
   日本，1990年まで2％前後，90年代以降4％で推移

2．効率性比率

1. 効率性比率
   効率性比率＝営業費用÷売上高×100
2. 人件費抑制としての効率性
   効率性とは，資産や資本の回転性や回転率
   高度経済成長期，売上高が大きくなればなるほど，回転が良いと判断
   安定成長期，企業の停滞・減量期，使用する経費や人件費を抑制することが，回転率向上に繋がる→営業費用を抑えれば抑えるほど効率性向上

3．共通価値経営と雇用比率

1. 調和型経営，共通価値経営と効率性
   企業価値の追求と利害関係者への配慮
   長年の株主価値経営への反省→株主以外の関係者，社会・環境への経済価値の配分
2. 雇 用 比 率
   雇用比率＝正規雇用者数÷売上高×100
   修正雇用比率＝正規雇用者数÷営業利益×100

4．「現代的貧困」と経営分析

1. 各種のステークホルダーや社会的，環境的視点から経営成果を見る
2. 労働者を排出することが経営成果につながるような分析指標などは重視しない
3. 多様な視点，参加の視点，そしてバランスの視点という三つの視点とそれに基づく分析手法が求められる

1 株主価値経営と現代的貧困

1 貧困とは何か

　貧困という言葉が，生産力がこれほどまでに発展した現代において，なぜ問題になるのか，いささか不可解という人も多いだろうが，しかしこれはすこぶる現代の問題，しかも発展途上国のみならず，先進国においても大きな問題なのである。

　貧困という言葉をあらためて辞書を引いて見ると「貧しくて生活に困っていること」（岩波『国語辞典』第4版）とある。貧しく感じるのは，所得水準とか生活水準とかで感じることもあろうが，主観的，精神的に感じさせられることもある。

　例えば，現代の大学生は生活に困っているわけでもないし，お小遣いに不自由しているわけでもない。しかし当面の就職も厳しく，年金など社会保障制度も不安定だと，何かしら不安で「豊かな」感じはしない。自分はこれからはどうなるのだろうか，将来は大丈夫なのだろうか，先行きへの心配は募るばかりである。

　こうしたいわゆる「現代的貧困」が問題になってきたのは，天候異変の凶作や不況・景気後退の雇用不安だからではない。食物は豊作であり，企業業績もそれほど悪くないのに，巷に浮浪者やホームレスが屯し，簡易宿泊所や深夜喫茶に若者が身を寄せて夜を過ごしている状況であるからである。

　こうした現代的貧困にも統計的裏付けがないわけではない。欧米では失業率が1980年まで7％前後だったものがその後10％に上昇しているし，日本ではそれまで2％前後だったものが90年代に入って4％に跳ね上がっている。欧米と比較すると低いと言えるが，過去と比較するとかなりの高水準である。

2 失業率の高止まりと株主価値経営

　なぜ，欧米では1980年代，日本では1990年代に失業率が高止まりしたのであろうか。それは株主価値経営のためである。

株主価値経営とは，すべての利益を株主に収斂するやり方を言う。企業利益は，取引先への仕入れコスト支払いや，従業員への賃金支払いなどの結果として生じるものである。したがって，仕入先に代金を確実に支払ったり，賃上げの要求に応えて十分な給料を払えば，当然企業利益は減少する。またその後企業利益から支払われる役員報酬や株主配当は当然減額される。そこで株主に分配される利益を増やすために，仕入れ代金や給料を抑制したり，抑制する姿勢を示すことによって，株価を引き上げ，株主の期待収益を長期的に最大化していく，これが株主価値経営である。

ここでは二人の経営者の株主価値経営を紹介しよう。

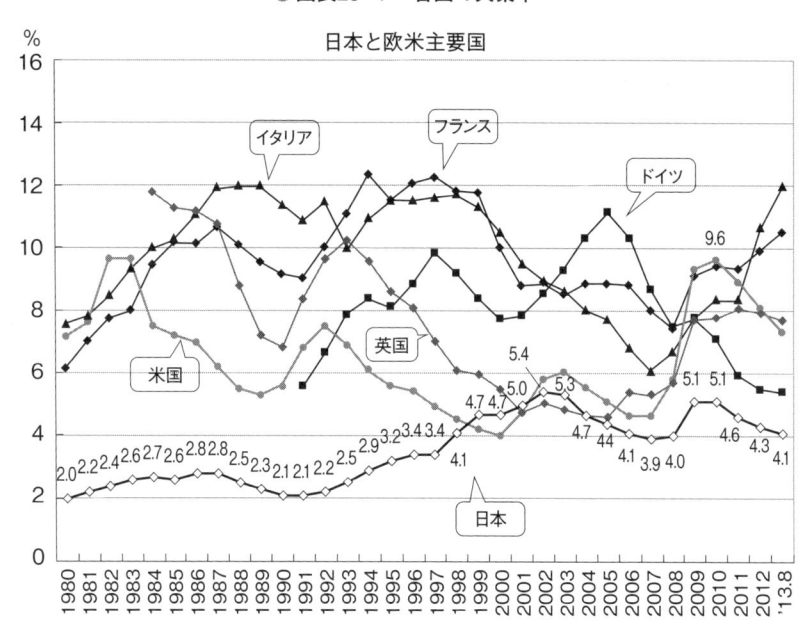

●図表26-1　各国の失業率

日本と欧米主要国

(出所)　社会実状データ図録ホームページより。
（http://www2.ttcn.ne.jp/honkawa/3080.html, 2013/3/8アクセス）

まず一人目は，1990年代後半「経営の神様」と呼ばれ高い評価を受けたＧＥの前最高経営責任者，ジャック・ウェルチである。図表26-2「ＧＥの主要な

経営指標の変遷」で明らかなように，歴代のCOEの中にあってウェルチは，先々代ボーチ，先代ジョーンズと比較して，売上高と利益の成長との伸び率ではそれほど高くはないが，また売上利益率でも特筆すべきではないが，株主資本利益率（ROE）では1993年から98年で23.9％，とりわけ株価時価総額の伸びで33.0％と圧倒的実績を残しているのである。つまり株主が期待するROE，そして株価の成長に驚異的に貢献しているのである。それに対して，従業員数は，先々代のポーチの40万人，先代のジョーンズの37万人とかなりの人数を雇用していたが，ウェルチは，92年の23万人へとまず17万人，そして14万人へと大きく減らしているのである。そしてROEおよび株価の好調な時は改善しているかと言えば，98年においても29万人とそれほど伸びてはいない。つまりジャック・ウェルチは従業員軽視，株主重視の経営であったということができる。

●図表26－2　GEの主要な経営指標の変遷

経営最高責任名	フレッド・ボーチ	レジ・ジョーンズ	ジャック・ウェルチ	
項目／期間	1961－70	1971－80	1981－92	－98
売上高成長（年平均，％）	7.2	11.2	7.0	10.0
税引利益成長（同上）	3.6	12.8	10.0	12.0
売上税引利益率（期初→期末，％）	5.1→3.8	→6.1	→8.4	→9.3
株主資本利益率（ROE）（同上）	14.8→12.6	→19.5	→8.4	→23.9
株価時価総額の伸び（年平均，％）	1.2	1.3	15.7	33.0
従業員（期初→期末，万人）	28→40	→37	→23	→29
名目GNP成長率（年平均，％）	7.2	10.6	7.4	5.4

（出所）　井出，高橋『経営財務入門』日本経済新聞社，2000年。

次はロイズＴＳＢ銀行の取締役会長ブライアン・ピットマンである。彼は「銀行は，収益性のある業務のみでビジネスを展開すべきである。また選択したマーケットで一番であるべきだ。一番でないならば撤退すべきである」と主張し，リテール市場で高収益を目指した。図表26-3から明らかなように，同行は1999年，英米日の主要銀行を抑えて時価総額でトップの座を占めるまでになった。しかし図表26-4でフルタイムの雇用者数の推移を見てみると，95年と比較して１万人減っているし，その後の数字も抑制気味である。ブライアン・ピットマンもウェルチ同様雇用という側面でみると，極めて厳しい経営者であったということができる。

こうした英米の経営者の動きを受けて，1990年代から日本でも株主価値経営が本格的に導入された。日本の株主価値経営導入の象徴的な動きは，1999年における日産自動車のカルロス・ゴーンＣＯＯのリバイバル・プランであった。その内容は①村山工場など車両組立工場３箇所，部品工場２箇所を閉鎖し，国内の年間生産能力を240万台から165万台へと削減する。②全世界でのグループ人員を２万1,000人削減し，購買コストを20％圧縮するために，下請企業を約半分に縮小。③子会社・関連会社1400社のうち，基幹部分として残す４社を除くすべての会社の保有株式を売却し，これによって下請け企業の整理が加速された。この計画は，日産の業績を著しく向上させ，２兆1,000億円の巨額の借金を完済させ，「Ｖ字回復の日産」を印象付けた。

日産のＶ字回復は，株主価値経営，とりわけ人員削減の手法に追い風となった。不調企業はもちろん好調企業でさえ，そして公企業においても人員削減，派遣労働者の採用が急速に進展・一般化した。正規雇用者の削減計画が決まり，それに代替するように非正規雇用者が採用され，そしてコスト削減，利益確保のためにさらなる人件費の抑制が図られた。

こうして日本の失業率は２％台から４％台に上昇し，企業の業績回復局面でも高止まりとなった。

● 図表26－3　FT500（時価総額基準）でみたロイズＴＳＢの地位

(単位：$m，%，人)

順位	(昨年)	名前	国籍	時価総額	利益	(昨年)	ROCE	資本金	従業員
44	(25)	Lloyds TSB	英国	60,214.8	3,162.0	(2,505.0)	62.3	6,254	92,655
59	(14)	HSBC Hold.	英国	48,430.8	8,360.2	(7,608.5)	32.7	27,652	132,969
142	(65)	Barclays	英国	24,275.6	2,886.0	(3,878.2)	23.6	12,815	84,300
154	(133)	NatWest	英国	22,632.0	1,011.0	(1,122.0)	13.4	7,897	77,000
67	(31)	Citicorp	英国	42,029.7	3,591.0	(3,788.0)	17.3	21,196	93,700
102	(15)	ＢＴＭ	日本	30,400.7	−9,008.7	(647.7)	—	20,389	18,386

(注1) 時価総額はMarket Capitalを，利益はProfitを，資本金はCapital employesを，それぞれ和訳したもの。
(注2) ＲＯＣＥは，利益を資本金で除したもので，株主資本利益率。
(注3) 東京三菱銀行（ＢＴＭ）の数字は1998年3月末，その他は1997年12月末。
(出所) Financial Times, January 28 1999より作成。

● 図表26－4　ロイズＴＳＢのフルタイム従業員数の推移

(単位：人，%)

	95年	96年	97年	98年	99年	00年
英国小口金融	3,224	56,089(64)	48,034	45,368	45,658	45,371(59)
住宅貸付	8,915	4,020(5)	3,715	3,726	3,669	3,657(5)
保険・投資	55,262	6,385(7)	8,328	7,758	5,187	6,420(8)
(リテール計)	67,401	66,494(76)	60,077	56,852	54,514	55,448(72)
大口金融	7,618	6,055(7)	5,706	5,880	7,094	8,339(11)
国際	10,985	13,458(15)	12,669	13,870	13,223	12,563(16)
その他	708	999(1)	469	594	1,225	1,190(2)
合計	86,712	87,006(100)	79,101	77,196	76,056	77,540(100)

(出所) 年次報告書，各年版。

2 効率性比率

1 効率性比率と労働者の排出

貧困という言葉が，現代の問題，しかも発展途上国のみならず，先進国においても大きな問題だということ，この問題が，所得水準とか生活水準ということだけでなく，何かしら不安で「豊かな」感じはしない，といういわゆる「現代的貧困」を生み出したのである。

●図表26-5　役員報酬の基本部分はどう決まるか（Lloyds TSB Group 2000年のケース）

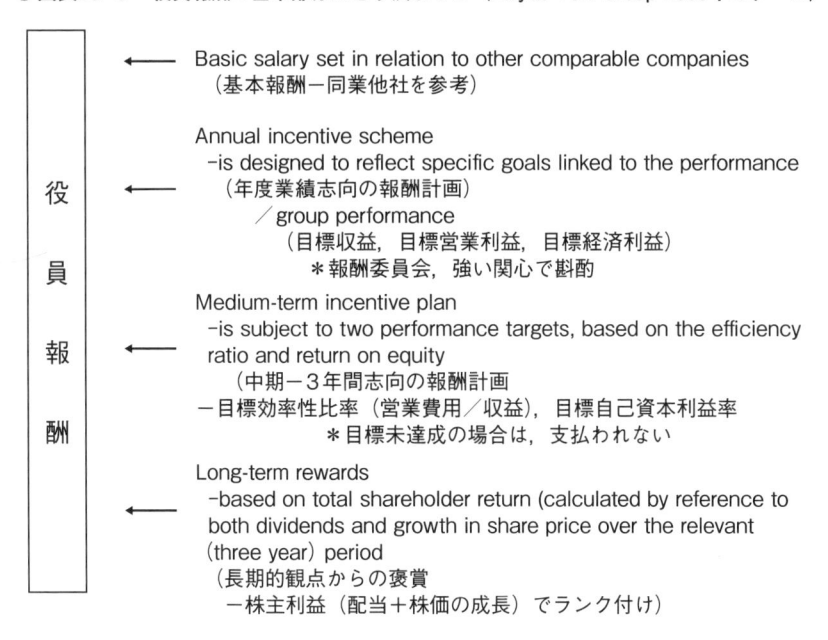

役員報酬
- ← Basic salary set in relation to other comparable companies
  （基本報酬－同業他社を参考）
- ← Annual incentive scheme
  -is designed to reflect specific goals linked to the performance
  （年度業績志向の報酬計画）
  ／group performance
  （目標収益，目標営業利益，目標経済利益）
  ＊報酬委員会，強い関心で斟酌
- ← Medium-term incentive plan
  -is subject to two performance targets, based on the efficiency ratio and return on equity
  （中期－3年間志向の報酬計画
  －目標効率性比率（営業費用／収益），目標自己資本利益率
  ＊目標未達成の場合は，支払われない
- ← Long-term rewards
  -based on total shareholder return (calculated by reference to both dividends and growth in share price over the relevant (three year) period
  （長期的観点からの褒賞
  －株主利益（配当＋株価の成長）でランク付け）

こうした現代的貧困を，経営分析レベルで見ると，企業の役員報酬政策の中に読み取ることができる。図表26-5は，Lloyds TSB の役員報酬の決定要因である。これによると①同業種・同規模企業の報酬を参考にする，また②企業業績の出来・不出来を考慮するとなっており，これは従来から常識的に考えられ

285

た決定要因だと言うことができる。しかし③効率性比率，自己資本利益率は従来とは異なる要素と言うことができる。とりわけ効率性比率はこれまでの日本では見られないものである。

　　　効率性比率＝営業費用÷売上高×100

　この比率は，低ければ低いほど，また前期と比較して低ければ，コスト削減の経営努力がなされていると見るものである。つまり営業費用を節約してある一定の売り上げ，収益を達成するということは，経営効率が向上していることを意味しているからである。

　営業費用の主たる内訳は，人件費，営業経費，減価償却費などが考えられるが，ここでは人件費が重要である。この人件費を，企業が株主価値経営の一般化の中で削減していけば，固定費の変動費化からまずはじまり，続いて固定費の削減が展開されて，失業者が増えるということになる。

　失業者が増加しても，中小企業が成長しベンチャービジネスが起業されれば，雇用を拡大することになるが，それが相対的に少なければ，前述したように巷には失業者が溢れるということになる。

② 人件費抑制としての効率性

　効率性とは，一般的には資産や資本の回転性や回転率として分析される。しかしこれは売上高が分母にくるので，売上高が大きくなればなるほど，回転が良いというふうに判断される。したがって，高度経済成長期，企業の規模拡大期には，この回転率が高ければ効率性が高いといわれたのである。

　しかし，安定成長期，企業の停滞・減量期には売上高は伸びないのであるから，使用する経費や人件費を抑制することが，回転率向上に繋がる。つまり，営業費用を抑えれば抑えるほど，効率性は向上するのである。

　Lloyds TSB の役員報酬での決定要因第3項目の効率性指標は，当然のことながら，後者つまり営業費用を抑え込むことの意味で使われている。なぜならば，わざわざ第2項目で売上高の伸びについては触れているからである。それでも第3項目で効率性比率を書いているのは，これが営業費用，とりわけ人件費の抑制を強い目標にしているからである。

したがって，株主価値経営時代の効率性は，売上高の上昇による回転率の高さではなくて，営業費用抑制による回転率の高さである。経営分析を行う時には，効率性と一口に言っても，どのような効率性なのかを吟味してその比率を利用しなければならないのである。

この効率性比率の向上に向けて，経営者は一斉に合理化を展開した。

効率性比率が重要なのは，効率性比率が低ければ低いほど，自己資本利益率は上昇するからである。営業費用が小さければ営業利益は向上する。営業利益が向上すれば，自己資本が一定とすると，自己資本利益率が上昇する。自己資本利益率が向上すれば，株価が上昇するという循環を繰り返すのである。第4項目に株価の上昇，配当の上昇，つまり株主利益の成長が示されているが，これは，効率性比率の上昇⇒ＲＯＥの上昇⇒株価の成長という図式からは当然のことである。逆に言えば，株価の上昇を考えるならば，ＲＯＥの上昇をはかること，つまりコスト削減，固定費の変動費化をはかることを示しているのである。そしてこれでもＲＯＥの上昇が見られないときは，投下資本を効率化する特化戦略，資本規模見直し戦略がとられたのである。

3 共通価値経営と雇用比率

1 調和型経営，共通価値経営と効率性

リーマンショックによって，株主価値経営は破綻し，調和型・共通価値経営の時代に変化した。そしてそれに伴い，役員報酬の決まり方も変化した。図表26-6「役員報酬の決まり方はどのように変更されたか」によると，基本報酬や年度報酬は変化していないが，新たに"利害関係者への配慮"が加わっている。また効率性比率はなくなったが，企業価値を示す株主利益・経済利益などの指標も併存している。

要するに，一方で企業価値を追求しながら，他方で利害関係者への配慮も示していこうとしているのである。ここでの特徴は，企業価値の追求を犠牲にしながら，利害関係者への配慮が払われているのである。したがって，長年の株主価値経営への反省のもとに，株主以外の関係者，社会・環境への経済価値の

● 図表26-5　役員報酬の決まり方はどのように変更されたか
（Lloyds TSB Group 2009年のケース）

役員報酬 ←
- Base salary
  （基本報酬―有力他銀行を参考）
  ・Set competitively relative to FTSE20 and banking sector competitors
- Annual incentive
  （年度業績，利害関係者への配慮・リスク管理・提携先管理）
  ・Based 50 per cent on Group financial targets relating to profit before tax and economic profit
  ・Based 50 per cent on balanced scorecard covering, customers, people, risk and build franchise.
- Long-Term Incentive Plan
  （長期的観点からの報酬計画，株式利益・経済利益・統合に向けての努力に対する褒賞）
  ・120 per cent of salary Normal LTIP Award based:
    ・50 per cent on Earnings per Share
    ・50 per cent on Economic Profit
  ・80 per cent of salary Integration Award based:
    ・50per cent on financial synergy savings
    ・50 per cent on non-financial measures of success of the HBOS integration

配分が考えられていると言ってよい。この経営行動は，きわめて自然であり，これまでの株主価値経営におけるきわめて強力な株主利益の追求からすれば，一定程度の評価ができるものと言える。

　しかし調和型経営の難点は，株主価値経営の反省の上に成り立つ，きわめて消極的なものであり，積極的な企業対応ではなかったのである。しかし，マイケル・ポーターなどが主張する共通価値経営は，調和型経営とは異なり極めて積極的なものである。それは企業価値と社会的価値の同時追求であり，企業価値の追求の中に，社会的価値の追求が内包されているのである。例えば，電気自動車の生産・普及は企業利益の実現であり，同時にCO_2削減という環境対応の社会的価値の追求である。

　しかし，この共通価値経営は，企業価値の追求が社会性・環境対応的であるというだけで，企業価値と連動してどこまで社会的価値が追及されているか曖昧である。したがってわれわれは，企業の評価基準として，例えばどれほど雇

用に貢献しているかという「雇用比率」のようなものを採用することを提案したい。

2 雇用比率

雇用比率は次のように計算される。

雇用比率＝正規雇用者数÷売上高×100

これは，一定の売上高を実現する企業は，ある程度の雇用を確保すべきだという比率である。

まず労働集約的な企業は，この比率は大きくなる。逆に資本集約的な企業は，この比率は小さくなる。したがって，従業員を抱え込めば抱え込むほど，比率が大きくなるが，効率の悪い企業の存続を助長することになりかねない。

そこでわれわれは，次のように修正したい。

修正雇用比率＝正規雇用者数÷営業利益×100

このようにすれば，労働集約・資本集約とは関係なしに，この比率を利用することができる。そして，この比率が高ければ高いほど，雇用貢献度が高いということになる。

そして大事なことは，営業利益を向上させて，雇用者数を増加させることが必要である。雇用比率を高めに維持するため，営業利益を向上させないのではないかと，危惧する人もいるが，それはあり得ない。なぜなら資本主義的な企業は営業利益を上昇させるために活動しているからである。

また営業利益が上がるとこの比率は下がるが，その時は雇用比率を上昇させるように，雇用者を増やせばいいのである。もし雇用者数を増加しなければ，そのような企業は雇用貢献が低いということで社会的批判を受けることになる。

4 「現代的貧困」と経営分析

『日本経済新聞（夕刊）』2013年2月12日によれば，安倍晋三首相は，経団連，経済同友会，日本商工会議所の経済3団体のトップ会談し，デフレ脱却に向け

て業績が改善した賃金を引き上げるよう要請したと言う。これに対して，経団連の米倉弘昌会長は，「業績が良くなれば一時金や賞与に反映する。景気回復が本格的になれば給料・雇用の増大につながる」と応えたと言う。

こうした経済界の考えは，調和型経営，共通価値経営におけるステークホルダー配慮の姿勢ではなく，企業価値優先の考え方から出てきたものである。しかも定期昇給やベースアップには応じず，一時金や賞与で支払うというのは固定費としての対応ではなく，変動費での対処である。これは規模拡大経営・株主価値経営時代の古典的な対応に過ぎない。失業率の高止まり，社会保障制度への不安，地域経済の疲弊という「現代的貧困」に立ち向かうには，経済界はまず雇用環境の改善，社会保障の安定，そして地域経済の復活に努力すべきなのに，そうしたことに対するビジョンも対応策も打ち出せずにいるのである。

またここで強く指摘したいことは，企業の利益率の回復と，雇用の回復とは全く無関係であるということである。ＧＥおよびLloydsのデータで示したように，ＲＯＥの上昇や株価の上昇と雇用者数の増加とは全く無関係であったばかりか，むしろ減少さえしたのである。経営者が雇用者を増やしたり，賃金を上昇させたりするのは，違った理由によるのであって，ＲＯＥや株価とは無関係であるのである。

さて「現代的貧困」に対応していくためには経営分析はどうあるべきであろうか。

まず第1は，株主価値経営への反省に立って分析手法を吟味するということである。株主・投資家の観点から経営成果を見るのではなく，各種のステークホルダーや社会的，環境的視点から経営成果を見るということである。

第2は，労働者を排出することが経営成果につながるような分析指標，つまり効率性比率などは重視しないということである。現代社会が様々な人間の営みで構成されている以上，ある分野の人間のみを排除することはできない。あるところで排除できたとしても，別の局面で参加するルート，側面を残しておかねばならない。起業やＮＰＯ設立，あるいは違った業種での事業参入など多様な再挑戦の機会を同時に設けておくことである。これは具体的・実践的には事業家の仕事だが，全体的・制度的には政治家や研究者の役割である。

第3は，絶対的な視点や部分的な手法は避けるということである。株主のみ

を重視するとか,労働者のみを重視するとか,こうした絶対的・部分的な視点・手法は必ず破綻する。株主と労働者の双方を見るとか,失業率の改善と収益性の向上の両方を見るとか,双方向的な視点が必要である。ＲＯＥと社会貢献指標をセットで見るとか,株主利益と労働者利益あるいは顧客利益をセットで見るとかである。経営分析はバランスを重視することが大切である。

　以上から明らかなように,「現代的貧困」への対応を考えた経営分析は,多様な視点,参加の視点,そしてバランスの視点という三つの視点とそれに基づく分析手法が求められるのである。

注）本講は,明治大学経営学研究所『経営論集』第61巻第1号,2014.3.31に加筆・修正したものである。

（坂本　恒夫）

第27講

バランススコアカードと経営分析

1．バランススコアカード（BSC）とは

・BSCは，株主価値経営期の1992年に米国ハーバード大学のロバート・キャプラン教授とコンサルタント会社社長のデビット・Pノートン氏によって発表され，財務の視点，顧客の視点，業務プロセスの視点，学習と成長の視点など多面的に企業業績を評価する仕組み。
・それぞれの視点で具体的な指標を設定して数値化する点の特徴がある。現在，日本企業の多くが採用している。

2．バランススコアカードの特徴

・BSCの特徴は，KPI（Key Performance Indicator）項目ごとに，目標値，評価基準，評価スケール・ポイントを定め，全てを数値で評価すること。
・財務の視点だけで見れば優良企業でも，顧客の視点，業務プロセスの視点，学習と成長の視点で評価が低い企業は，将来性に問題ありということになる。
・逆に，財務数値が悪くても他の視点の数値が高ければ，総合評価は高くなる。
・BSCは，現在の財務数値の悪い企業でも，将来性を評価するので，優良企業と評価されることもある。したがって，BSCは企業の「未来を語る」指標とも言われる。

3．バランススコアカード可能性と課題

① 企業を多面的に評価し，将来性を測定する指標となり，ビジョン，戦略，評価が一体となったBSCは「共通価値」を数値で評価する最適なツールとなる可能性がある。
② 「BSCは投資家を喜ばすように簡単に加工できない。BSCは明確に定義され，戦略を持ったビジネス・ユニットや部門にのみ意義がある。これら部門のBSCを足し合わせても企業全体のBSCと一致すことはない。これが，収益性分析や流動性分析など経営分析とは異なるBSCの特徴であり，課題でもある。」(注)

(注) ロバート・S・キャプラン，デビッド・P・ノートン（著），鈴木一巧，森本博行（訳）[2003]「ハーバードビジネスレビュー（日本語版）」「アップル，AMDなどの先行者に見るバランス・スコアカードの導入インパクト」69ページより引用

1 バランススコアカードとは

　日本でバブルが崩壊し，株主価値経営の時代に入ったといわれる1992年に，米国ハーバード大学のロバート・キャプラン教授とコンサルタント会社社長のデビット・Ｐノートン氏によって，初めてバランススコアカード（ＢＳＣ）が発表された。米国では1980年代から国際競争力が低下し，ほとんどの企業で変革を迫られていた。この時代，既に欧米では株主価値経営が全盛期を迎えており，事実1983年にＣＥＯに就任したロイズ銀行のブライアン・ピットマン（在任期間1983～2001年）は，「84年，ＲＯＥを財務実績の主要基準に定めると同時に，資本コストを上回る利益を達成するという厳しい目標を各事業部門に設定した。また，これまで執行役員の昇給はインフレ率にスライドさせていたが，この経営者報酬の決定にもＲＯＥを利用した。そう，『ＲＯＥを改善せよ』の声が社内にこだまするようになったのだ」[1]という。

　1993年頃からＢＳＣの採用事例が活動報告として発表され[2]，2002年のエンロン・ワールドコム事件をきっかけに株主価値経営が疑問視されるようになった。しかし，ピットマンは「目標を一つに絞るというアプローチはＢＳＣなど他の業績評価方法とはまったく異なることに留意いただきたい。ちなみに私自身は，ＢＳＣがとりわけ効果があるとは思っていない。このような方法は複数の目標に基づいており，人々は時間に追われることになる。また，何を目指して努力を重ねているのか，みんなを混乱させるような信号を送りかねない。重要な目標が一つの方が，目的にふさわしい行動が組織的に展開されやすい」として，ＲＯＥ重視の経営は2008年のリーマンショックまで続くことになる。しかし，リーマンショック以降で状況は大きく変化する。これをロイズ銀行の年次報告書の役員決定のプロセスから確認してみる。

　図表27-1に示すように，株主価値経営期のロイズの年次報告書2000年では，「年間や中期の業績に応じて支給する報酬」は業績が中心で，効率比（Efficiency Ratio）とＲＯＥなどを基準にし，また「長期の業績に応じて支給する報酬」は，当該期間（3年間）にわたる配当および株価を参考にして計算した株主総利回り（キャピタルゲイン＋配当利回り）に基づくと明記しており，株主利益を第

●図表27−1　ロイズ銀行の役員報酬決定方法の変化
　　　　　　（2000年およびリーマンショック後の2009年）の概要

2000年	2009年
・「基本給与」は同業他社を参考に決定する。	・「基本給与」はＦＴＳＥ20および競合金融機関を参考に，競合できる水準で決定する。（2008年と同額）
・「年間業績に応じて支給する報酬」は，業績およびグループ業績に関連する個別目標を参考にして決定する。	・「年間業績に応じて支給する報酬」2008年度と同様に，最大で基本給与の200パーセント（ＣＥＯは225パーセント）とする。その内の50パーセントは，税引前利益および経済的付加価値に関連するグループ財務目標により決定する。その内の50パーセントは，顧客，人事，リスク，営業展開などを対象にしたバランス・スコアカードに基づいて決定する。
・「中期の業績に応じて支給する報酬」は，効率比（Efficiency Ratio）とＲＯＥの2つの業績目標が対象となる。	
・「長期の業績に応じて支給する報酬」は，当該期間（3年間）にわたる配当および株価を参考にして計算した株主総利回り（キャピタルゲイン＋配当利回り）に基づく。	・「長期の業績に応じて支給する報酬」最大で基本給与の200パーセントであり，これは2008年の最大報酬水準より基本給与の175パーセント分少ない（200年度の最大報酬は基本給与の375パーセント）。内訳は下記の通り。基本給与の120パーセント分は通常のＬＩＴＰ（長期の業績に応じて支給する報酬）で，次の基準に基づく。−50パーセントは1株当り利益。−50パーセントは経済的付加価値。給与の80パーセント分は事業統合に関する成果報酬であり，次の基準に基づく。−50パーセントは財務シナジー効果による経費節約−50パーセントはＨＩＢＯＳとの統合の成功に伴う非財務数値による評価

（出所）　2000年：坂本恒夫著［2012］「イギリス4大銀行の経営行動」158ページ図表8-6「役員報酬の基本部分はどうかわるか」を参考に筆者が作成。2009年：Lloyds Banking Croup Annual Report and Accounts 2008 Remuneration for 2009より筆者が編集したものである。

一優先に置いていることが分かる。

　これに対して，リーマンショック後の調和型・共通価値経営期にあたる年次報告書2008年に記載されている2009年度役員報酬では「年間業績に応じて支給する報酬」について，50％は税引前利益や経済的付加価値などのグループ財務目標により決定，残りの50％はＢＳＣに基づいて決定し，「長期の業績に応じて支給する報酬」は，60％は業績連動報酬であるが，40％は事業統合に伴うシナジー効果を基準にして決定する。効率比やＲＯＥは，税引前利益・経済的付加価値やＢＳＣに変わり，株主総利回りは，業績連動型報酬と事業統合のシナジー効果の組合せに変わっている。明らかにＲＯＥ重視の経営から多面的評価重視の経営に移行している。ブライアン・ピットマンが「とりわけ効果があるとは思っていない」と断言していたＢＳＣさえも，2009年の役員報酬の決定の要素に加えられていた。

　こうしてＢＳＣは多くの企業で採用されていった。「ＢＳＣは，飛行機のコクピットの文字盤と指示器のようなものである。パイロットは多方面からの詳細な情報が必要になる。例えば燃料，スピード，方位，目的地，および現在そして今後の状況を示す項目について把握しなければならない。まさしく，単一の指標に頼ることなどできない。今日の企業経営は，これと同様に複雑極まりなく，経営者は複数分野に関する評価指標を同時に把握しなければならないのである」[3]。

2　バランススコアカードの特徴

　ＢＳＣは，財務の視点，顧客の視点，業務プロセスの視点，学習と成長の視点など多面的に企業業績を評価する仕組みである。それぞれの視点で具体的な指標（ＫＰＩ[4]）を設定して数値化する。財務の視点は，売上高，営業利益，ＲＯＩ，ＥＶＡ®，ＲＯＥ，フリーキャッシュフローなどを指標して用いる。顧客の視点は，新規顧客契約数，顧客満足度など，業務プロセスの視点は，生産効率やリードタイムなど，学習と成長の視点は特許取得件数，社員教育実施率などを数値で表現する。それぞれの視点（財務，顧客，業務プロセス，学習と成長）をウェイト付けすることによって，企業を多面的に評価することができ

る。

　財務の視点だけで見れば優良企業でも，顧客の視点，業務プロセスの視点，学習と成長の視点で評価が低い企業は，将来性に問題ありということになる。逆に，財務数値が悪くても他の視点の数値が高ければ，総合評価は高くなる。ＢＳＣは，現在の財務数値の悪い企業でも，将来性を評価するので，優良企業と評価されることもある。

　また，ＢＳＣは企業の「未来を語る」指標にもなる。それは，財務の視点以外の評価は数年後に財務数値に反映される可能性が高いからである。例えば研究費支出は，財務の視点である営業利益やフリーキャッシュフローを悪化させる。ところが「学習と成長の視点」「顧客の視点」から見ると，研究費は将来の大きな成長には欠くことのできないものである。これを「財務の視点」と同じように企業評価指標に組入れれば，企業の将来を見据えた評価が可能になる。

　キャプランとノートンは，2000年に出版した著書"Strategy-Focused Organization"[5]の中で「ＢＳＣで定義したＫＰＩはそのまま企業の戦略になる」といっている。ビジョン，戦略，評価が一体となったＢＳＣ（戦略的ＢＳＣ）は図表27-2に示すような形になる。

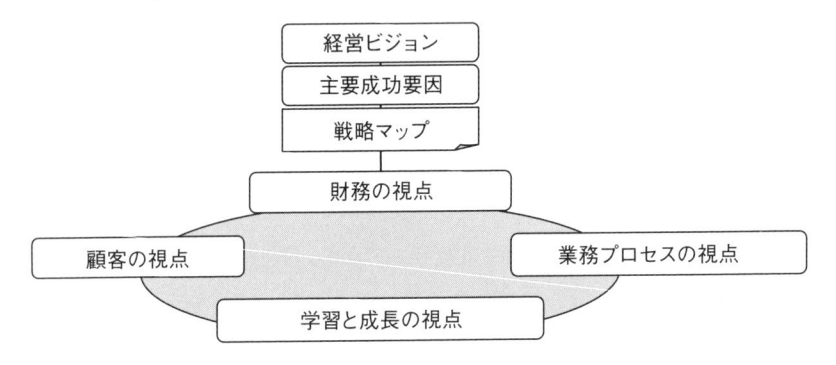

●図表27-2　企業戦略におけるバランススコアカードの位置づけ

```
   ┌─────────────┐
   │  経営ビジョン  │
   ├─────────────┤
   │  主要成功要因  │
   ├─────────────┤
   │  戦略マップ   │
   └─────────────┘
   ┌─────────────┐
   │  財務の視点   │
   └─────────────┘
┌─────────┐         ┌──────────────┐
│ 顧客の視点 │         │ 業務プロセスの視点 │
└─────────┘         └──────────────┘
   ┌─────────────────┐
   │  学習と成長の視点  │
   └─────────────────┘
```

296

3 バランススコアカード可能性と課題

　このように企業を多面的に評価し，将来性を測定する指標となるＢＳＣは，第23講で述べたポーター教授の「共通価値」を数値で評価する最適なツールとなる可能性がある。

　共通価値を創造するための三分野はＢＳＣのそれぞれの視点に該当する。「製品と市場を見直す」は「顧客の視点」に，「バリューチェーンの生産性を再定義する」は「業務プロセスの視点」に，そして「ビジネスを営む地域に産業クラスターを開発する」は「学習と成長の視点」に，それぞれ当てはまる。そこで，この講では，単にＢＳＣによる経営分析だけでなく，「共通価値経営」との関連で捉えてみたい。なぜならば，ポーター教授は，"Importance of Being Strategic"と題する自身の講演の中でＢＳＣについて言及し，「あらゆる戦略には評価尺度が欠かせない」[6]と述べており，評価ツールとしてのＢＳＣを認めているからである。

　実際のＢＳＣでは，まず経営ビジョンに基づき，主要成功要因を抽出する。抽出方法は企業によって異なるが，ＳＷＯＴ分析[7]などの手法が用いられる。この主要成功要因が，それぞれの視点の戦略目標となる。例えば，財務の視点では「株主価値」，顧客の視点では「市場シェア」「顧客満足度」，業務プロセスの視点では「競争優位」，学習と成長の視点では「社員の態度能力」を主要成功要因に設定する。[8]

　これを戦略マップに展開する。図表27-3に示した戦略マップは1993年に公表されたアップル社のＢＳＣを参考にして作成したものに，ポーターの提唱する「共通価値を創造する三分野」を視点ごとに分類して加えた筆者の試案である。これは，ＢＳＣと共通価値戦略のカップリングモデルといえよう。

第4部　社会的評価力と経営分析

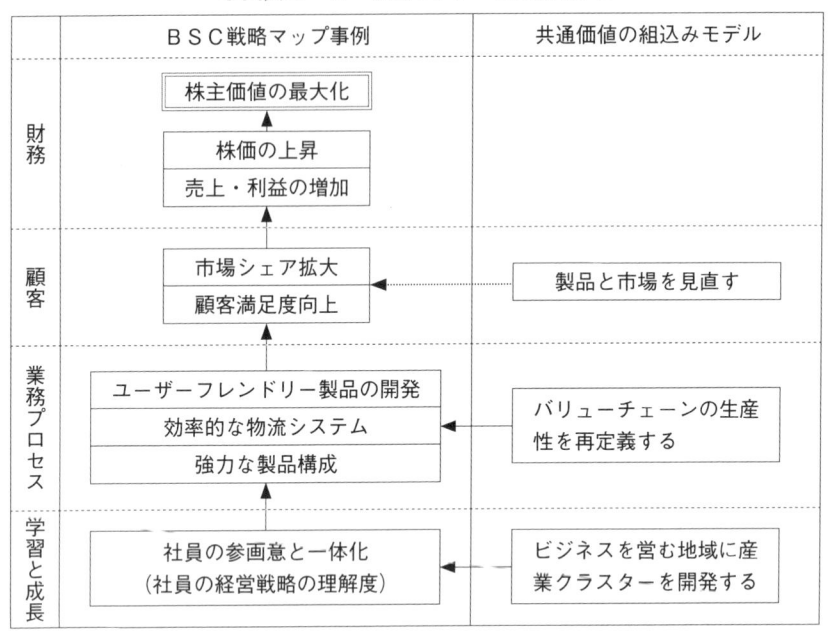

●図表27-3　戦略マップへの展開モデル

視点	BSC戦略マップ事例	共通価値の組込みモデル
財務	株主価値の最大化 ← 株価の上昇 ← 売上・利益の増加	
顧客	市場シェア拡大 ← 顧客満足度向上	製品と市場を見直す
業務プロセス	ユーザーフレンドリー製品の開発 / 効率的な物流システム / 強力な製品構成	バリューチェーンの生産性を再定義する
学習と成長	社員の参画意と一体化（社員の経営戦略の理解度）	ビジネスを営む地域に産業クラスターを開発する

（出所）　ハーバードビジネスレビュー（日本語版）「アップル，ＡＭＤなどの先行者に見るバランス・スコアカードの導入インパクト」からアップル社の2003年頃のＢＳＣモデルから筆者が戦略マップに展開した試案である。

　ＢＳＣの特徴は，ＫＰＩは項目ごとに，目標値，評価基準，評価スケール・ポイントを定め，全てを数値で評価することにある。ＫＰＩごとに実績数値を記入し，評価スケール・ポイントを使って項目別ＢＳＣ，視点別ＢＳＣを計算し，最後にポイントを合計すると総合評価が計算できる。図表27-4は，そのＢＳＣ評価例である。ここでは分かりやすくするために100点満点の総合評価を用いている。各視点のポイントにウェイトなしで表示したもの（図表の最右列）は，財務の視点70点，顧客の視点65点，業務プロセスの視点85点，学習と成長の視点32.5点である。これを財務の視点30％，業務プロセスの視点30％，顧客の視点20％，学習と成長の視点20％でウェイト付けし，合計した結果が64.0点である。この試案では，財務，顧客，業務プロセスの３つの視点では比較的バランスの取れた企業であるが，成長と学習の視点が弱点となり，総合評

価が悪くなっている。将来の成長性に不安があることを示している。この試案の企業では，新規事業の企画や従業員教育など，将来ビジネスに向けて積極的な投資が必要であることを示している。このように過去の結果である財務数値だけでは評価できない将来性がＢＳＣによって明らかにされる。

「投資家はＢＳＣ情報を重視するのか」との問いかけもある。「実のところ投資家を喜ばすように簡単にＢＳＣを加工できない。ＢＳＣは明確に定義され，戦略を持ったビジネス・ユニットや部門にのみ意義がある。これら部門のＢＳＣを足し合わせても企業全体のＢＳＣと一致することはない」[9]。これが，収益性分析や流動性分析などの伝統的な経営分析とは異なるＢＳＣの特徴である。つまり，ＢＳＣの導入により，投資家向け報告と，社内目標を別々に管理しなければならない。ロイズ銀行の元ＣＥＯピットマンの言葉「目標をＲＯＥの一つに絞るというアプローチ」は，現在でも有効である。マネジャーや一般社員の行動にはシンプルな目標と結果が必要であり，株主や投資家にも同じ情報を開示することができなければならない。これはＢＳＣの大きな課題でもある。また，戦略マップではＢＳＣと共通価値のカップリングモデルを示した。しかし，ＢＳＣの中に，どのように「共通価値」を数値として組み込むかが今後の大きな課題である。なぜなら，ポーター教授は講演の中で，「財務目標は必ずＲＯＩとし，他の当てにならない評価指標は用いない。経営効率（ベストプラクティスの追及）の評価指標と戦略（独自性はどれほどあるのか）の評価指標をいつも区別すること」と述べているが，具体的な評価方法は示していないからである。

第4部　社会的評価力と経営分析

● 図表27－4　ＢＳＣによる評価事例（アップル社の戦略に共通価値を加味して筆者が作成した試案）

視点	視点ウェイト(%)	目標ウェイト(%)	戦略目標	成果指標（ＰＫＩ）名称（データ頻度）	目標値	評価スケール（ポイント）	2012年度 絶対値	ポイント	項目BSC	視点BSC	視点の得点 ウェイトなし
財務の視点	30%	40%	株主価値	株価の上昇率	年率15%	(1) ～5%　(2)5～9%　(3)10～14%　(4)15%以上	8%	2	6.00	21.0	70.0
		40%	売上高	売上高の増加率	年率15%	(1) ～5%　(2)5～9%　(3)10～14%　(4)15%以上	11%	3	9.00		
		20%	営業利益	売上高営業利益率	20%	1：～4,000 2：4,000～6,000 3：6,000～10,000 4：10,000～	8%	4	6.00		
顧客の視点	30%	30%	シェア拡大	世界シェア	15%	(1)現状10%以下　(2)11～13%　(3)13～14%　(4)15%～	11%	2	4.50	19.5	65.0
		30%		国内シェア	50%	(1)現状40%以下　(2)41～43%　(3)44～49%　(4)50%～	43%	2	4.50		
		10%		新興国シェア	15%	(1)現状10%以下　(2)11～13%　(3)13～14%　(4)15%～	21%	4	3.00		
		20%		製品の認知度調査	1位	(1)現状4位以下　(2)3位　(3)2位　(4)1位	2位	3	4.50		
		10%	顧客満足度	顧客クレーム件数	月1万件未満	(1)現状7万件未満 (2)1万5千件未満 (3)1万2千件未満 (4)1万件未満	8千件	4	3.00		
業務プロセスの視点	20%	20%	ユーザーフレンドリーな製品開発	製品の人気度調査	1位	(1)現状4位以下　(2)3位　(3)2位　(4)1位	2位	3	3.00	17.0	85.0
		40%	効率的物流システム	納期遅延件数	月100件未満	(1)現状200件未満 (2)150件未満 (3)120件未満　(4)100件未満	110件	3	6.00		
		20%		配送期間の短縮	平均2日	(1)現状4日以上　(2)4日以内　(3)3日以内　(4)2日以内	2日	4	4.00		
		20%	強力な製品構成	新製品の投入	1年1回	(1)現状2年1回　(2)1.8年1回　(3)1.5年1回　(4)1年1回	1年1回	4	4.00		
学習と成長の視点	20%	50%	経営戦略に関する社員の理解度	社内アンケート調査	理解80%以上	(1)現状60%以下　(2)61～69%　(3)70～79%　(4)80%～	50%	1	2.50	6.5	32.5
		20%	職場満足度	社内アンケート調査	満足80%以上	(1)現状60%以下　(2)61～69%　(3)70～79%　(4)80%～	55%	1	1.00		
		20%	産業クラスターの開発	地域産業育成基金	年10億円以上	(1)現状7億円未満 (2)8億円未満 (3)9億円未満　(4)10億円以上	6億円	1	1.00		
		10%		インターシップ受け入れ	年50人(国内)	(1)現状30人未満　(2)40人未満　(3)50人未満　(4)50人以上	80.0	4	2.00		
総合ＢＳＣ（100点満点換算）										64.0	

【計算方法】　1．視点ＢＳＣ＝視点別項目ＢＳＣの合計
（例；財務の視点ＢＳＣ（21.0）＝株主価値（6.00）＋売上高（9.00）＋営業利益（6.00））
2．項目ＢＳＣ＝ポイント×100／満点ポイント×視点ウェイト×目標ウェイト
（例；株主価値（6.00）＝ポイント（2）×100／満点ポイント（4）×視点ウェイト（30%）×目標ウェイト（40%））

【注】

1) 前掲 「株主価値こそ組織の共通言語 ロイズ銀行：ＶＢＭ企業への転換」145〜6ページ。
2) ロバート・S・キャプラン，デビッド・P・ノートン（著），鈴木一巧，森本博行（訳）[2003]「ハーバードビジネスレビュー（日本語版）」「アップル，ＡＭＤなどの先行者に見るバランス・スコアカードの導入インパクト」。
3) ロバート・S・キャプラン，デビッド・P・ノートン（著），本田桂子（訳）[2003]「ハーバードビジネスレビュー（日本語版）」「新しい経営モデル バランス・スコアカード」48ページ。
4) ＫＰＩ：Key Performance Indicator： 4つの視点ごとに定義された評価基準のことで，成果を数値化する。
5) ロバート・S・キャプラン（著），デビッド・P・ノートン（著），櫻井 通晴（訳）[2001]「キャプランとノートンの戦略バランスト・スコアカード」 東洋経済新報社。
6) 前掲 マイケル・ポーター著 「戦略とバランス・スコアカード」。
7) ＳＷＯＴ分析とは，主にマーケッティング戦略や企業戦略立案で使われるフレームワークのことで，企業の強み（Strength），弱み（Weakness），機会（Opportunity），脅威（Threat）の4つの軸から企業を分析する。
8) 前掲 「アップル，ＡＭＤなどの先行者に見るバランス・スコアカードの導入インパクト」66，68ページ。
9) 前掲 「アップル，ＡＭＤなどの先行者に見るバランス・スコアカードの導入インパクト」69ページ。

（正田　繁）

第5部

経営分析の限界

第　講

企業倒産と経営分析

1．意義・目的

- 要点1　倒産企業を分析する
  　　倒産とは，資金繰りに行き詰まることである。この倒産にいたるまでの企業の分析を通じて，なぜ倒産といった事態が生じたのかを分析する。
- 要点2　倒産につながる原因分析をする
  　　企業は支払いを続けている限り存続する。その支払に関してその資金が支払い不足に陥る前にその企業の債務支払い能力を分析することが重要となる。
- 要点3　粉飾決算を分析する
  　　倒産の兆候が見え始めたら，粉飾決算を疑ってみる。主な粉飾の手法を概観する。
- 要点4　倒産分析の限界を知る
  　　財務分析には，限界があることを知る。非会計的な分析であるいわゆる「人」や「もの」の分析も必要となる。

2．倒産分析に必要な分析手法

- 要点1　取引先，金融機関，投資家などによる信用リスク分析
  　　企業の分析には，「信用リスク分析」「企業価値分析」「経営戦略分析」「経営組織分析」などがあるが，こと倒産企業にいたっては，信用リスク分析が中心となる。
- 要点2　分析手法
  　　倒産企業分析は，前各章で学習してきた財務分析手法の応用であり，組み合わせである。特に，企業の債務支払能力をはかる安全性分析が重要となる。

3．経営全体での位置づけ

　倒産情報から学ぶことは，対岸の火事ではなく，自社を取り巻く経済環境を映し出す鏡でもある。

　したがって，自社がこのような事態に陥らないよう，当該倒産企業の財務分析等を通じて経営指標を悪化させている原因・事実を正面から考察し，問題点を抽出し，自社との関連で同じような問題点がないかどうかを取り上げ，その上で，改善策を講じることが企業の存続，発展につながる。

4．事例　小杉産業株式会社（東証2部，昭和60年1月上場，平成21年3月上場廃止）

- 小杉産業株式会社（以下小杉産業）は，明治16年3月に近江商人小杉五郎左衛門が北海道函館で織物卸業として創業した老舗である。
- これを基礎として昭和18年3月に小杉産業株式会社を設立し，ジャックニクラウスの愛称であるゴールデンベアーのトレードマークで一時期は全国の百貨店スーパーに多くの売り場を擁していた。
- ところが主力の百貨店の売上の低迷に加え，主力の婦人服「ジャンセン」などの販売不振で赤字を拡大し，平成21年2月に自己破産に至った。126年の長きにわたって営業を続けてきた老舗アパレルの末路である。

第5部　経営分析の限界

　企業倒産の実態に関して1987年から2012年までの推移を図表28-1で示した。また，2012年度における主要産業別の倒産件数については図表28-2に示した。

　図表28-1よると倒産件数・負債総額いずれもバブル期を境に減少に転じているものの，2008年度については，上場企業の倒産件数は戦後最悪の45件に至った。この原因は，米国のサブプライムローン問題に端を発した米国バブルの崩壊により，リーマン・ブラザーズが負債総額約6000億ドルといった負債をかかえ，史上最大の倒産劇に至り，これが世界的金融危機へと連鎖したものである（「リーマンショック」）。わが国ではリーマンショックによる世界的な経済不況により消費が落ち込み，また，円高ドル安の影響をもろに受け，米国に依存する輸出産業が痛手を被り，日本企業全体の景気後退につながった。

　次に図表28-2によって主要産業別倒産件数推移（2012年度）をみてみよう。倒産件数に関して単独産業別分類では建設業が最も多く，2,867件，ついで製造業1,791件，卸売業1,693件と続いている。負債額では，製造業556,574（百万円），次いで金融保険業444,182（百万円），建設業371,723（百万円）と続いている。

●図表28-1　企業倒産年度推移

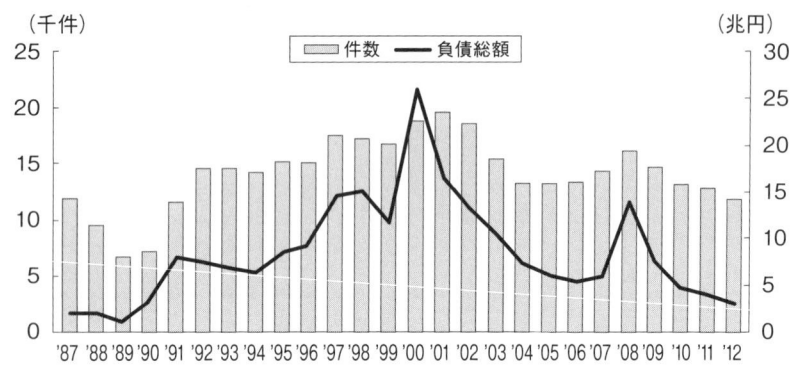

(出所)　東京商工リサーチＨＰをもとに作成。

●図表28-2　主要産業倒産件数推移

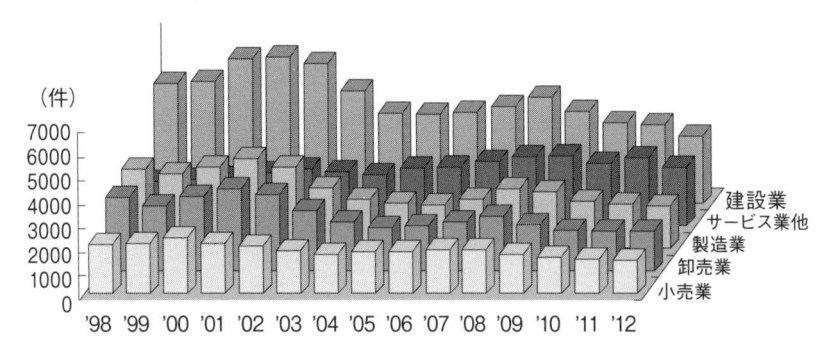

(件)
7000
6000
5000
4000　　　　　　　　　　　　　　　　　　　建設業
3000　　　　　　　　　　　　　　　　　　　サービス業他
2000　　　　　　　　　　　　　　　　　　　製造業
1000　　　　　　　　　　　　　　　　　　　卸売業
　0　　　　　　　　　　　　　　　　　　　　小売業
　'98 '99 '00 '01 '02 '03 '04 '05 '06 '07 '08 '09 '10 '11 '12

(出所)　東京商工リサーチHPをもとに作成。

1 意義・目的

1 倒産企業を分析する

　倒産とは究極的には，資金繰りに行き詰まることである。しかし，小規模企業経営あるいは零細企業経営にしばしばみられるが，何年も赤字経営[1]を続けているにもかかわらず，存続している例はみられる。したがって，財務分析の一面だけをとらえて，明日，倒産するのではといった予測がつきにくい場合が往々にしてある。

　これに対して，上場企業では，経営不振に陥ると，その規模が大きいため，付け焼刃な対策を講じることは非常に難しく，いきおい，思い切った？粉飾に手を染める場合がある。つまり，無配当が続き，債務超過に至った場合は上場廃止基準に抵触するからである。

　企業は，基本的には，赤字になり，資金繰りに行き詰まり，あるいは債務超過になると倒産する。たとえ黒字であっても，売掛金などの回収が見込まれなくなる，遅延するなど何らかの原因で，資金繰りの目処がたたず，倒産することもある。

　倒産に関わる分析については，どのような財政状態に至れば，経営が継続で

307

きなくなるといった分析（倒産の兆候）はもちろんのこと粉飾決算の分析も欠かせないものになる。その理由は，会社の経営がうまくいかなくなると資金繰りが悪くなり，それにともなって，財政状態も悪くなる。この状態のままの財務諸表を金融機関や国，地方公共団体に提出すると銀行からの借り入れに支障をきたしたり，入札等がうけづらくなったり，さらには，債権者からの風評により仕入れがしづらくなったりする場合がある。そのために，粉飾に手を染めることになる。

2 倒産につながる原因分析をする

倒産にかかわる原因には，外的要因と内的要因の二つがある。

外的要因は，景気が悪化，あるいは低迷しており，消費が冷え込んでいる状態である。たとえば海外との取引がさかんな企業にあっては，急激な為替変動が業績に直接影響する。企業がコントロールすることができないものである。これらの典型的な出来事がいわゆる「オイルショック」「バブル崩壊」「リーマンショック」である。

また，急激な技術革新により，既存の製品が市場から求められなくなる場合がある。たとえば，家庭用の固定電話機，公衆電話機から携帯電話への普及，算盤から電卓への普及があげられる。

内的要因には，経営者の放漫経営（本業以外での投資の失敗，公私混同，ワンマン経営による暴走），経営改善努力の不足，売上に見合わない過大設備投資，過剰な人材雇用などがあげられる。

3 粉飾決算を分析する

① 粉飾決算の手法

　イ．含み損の資産の処理をしない

　ロ．不良債権を処理しない

　ハ．資産の水増しをする（架空売上を計上する，在庫を過大評価する）

　ニ．負債を過小計上する（未払額を計上しない）

　ホ．子会社，関係会社との取引を通じて，利益を捻出する

　ヘ．会計処理が代替的に存在する場合には，会計処理を変更する…たとえば，

減価償却費の計上方法としての定率法から定額法への変更をする。

　非公開会社の粉飾決算の特徴は，多額の利益をあげて，税金を支払うことが，難しいため，ほんの少しの利益を計上し，とりつくろうケースがみられる。したがって，ほんの少しだけの利益を計上している場合は，銀行担当者，債権者は特に注意する必要がある。特に，公認会計士の監査を受けない中小企業においては，自社の経理に甘くなりがちある。さらに役員に家族だけの小規模経営であればなおさらである。透明な経理をめざすのであれば，中小企業であっても，家族以外の監査役，あるいは会計参与を置くくらいの余裕のある会社でなくてはならない。

② 粉飾決算のチェック方法
　イ．売上債権や棚卸資産の回転期間が正常値（業界平均）を上回る
　ロ．借入金依存度が異常に高まる
　ハ．総資産回転期間が著しく長くなる。（総資産の水増し，多額の不良資産
　　　隠し，多額の遊休資産の存在，設備の稼働率の低下などの原因）

　なぜ，売上債権や棚卸資産ばかりでなく総資産の回転期間を調査するのかというと粉飾は一部特定の科目を操作するのではなく，資産全体で行われることが多いため（特定科目だけを操作するとその数値が前年度より極端に異常な数値を示すことになり，粉飾が容易に疑われるからである）である。

　ニ．長期間，黒字計上をしているものの，常に利益率が低く推移している。
　ホ．自己資本比率が低く，一向に改善されない。

③ 架空利益は，このように作られる
　イ．売　上

　企業にとって売上は，利益の源泉であり，資金繰りの源泉である。これがなければ企業は経営できない。売上はまた，第三者の評価が高いところから，いきおい，粉飾に走るケースが出る。

　しかし，利益が出れば，それが架空であっても，取繕うため，配当の必要があり，税金の負担が生じ，反面，粉飾に伴って回収がないところから，長い間続けていると，いつの日にか破綻ということになる。一度，粉飾に手を染めると二年目は前期に計上した売上以上の売上を計上するためにさらに多額の架空売上をあげなければならず，それが，三年，四年と回収がない売掛金が残高と

して残って行く。したがって，仕訳で示すと，売掛金××売上××ではなく，現金××売上××といったことも考えられるが，異常な現金の膨らみは不信を持たれる。

　分析する立場からすると売上利益率が次第に高くなり，業界水準を超えていくことになる。なかには，もともと売上利益率が低い場合も企業によってはあるが，その場合は，時系列で調査する必要がある。

　また，売上債権の回転期間を検討すると売上高の増減に左右されないのが普通である。回収条件の変更があれば，変化は当然である。それが，毎期，上昇している場合には，異常な状態が発生していると疑う必要がある。

　たとえば，10億円の売上に対して，2億円の売上債権があったところ，粉飾して，2億円の売上を追加計上した場合，当然，売上債権の回収がないわけであるから，期末の売上債権は4億円になる。となると

　　12億円÷4億円＝3回　　で回転は鈍くなる。これを年間日数で割ると

　　365日÷3回＝約122日と粉飾前73日（後述305ページ，売上債権回転期間の具体例参照）と比較しても異常な数値となる。

　不良債権を健全資産に紛れ込ませることによっても，売上債権回転率が異常数値を示す。破産更生債権は本来，別科目で，投資その他の資産で表示しなければならないが，これを故意に怠ることによって，表示上の科目だけみると健全資産が計上されている。

　しかし，粉飾決算を続けて，架空利益を計上していると資金不足が顕在化し，どうしても外部の金融機関等から資金を調達せざるを得なくなる。この場合には，次の算式で求めた借入依存度が高くなり，異常数値を示すことになる。

　【算式】借入依存度＝（長期借入金＋短期借入金＋割引手形）÷（総資本＋割引手形＋裏書譲渡手形）×100

　また，借入れをしたいがために，いきおい，高金利の借り入れに手を出すこともあり，このため，次の算式で求めた金融費用負担率が異常数値を示すことがある。

　【算式】金融費用負担率＝金融費用÷売上高×100

　ロ．売上原価

　商業では，売上原価は次のように計算される

期首商品棚卸高＋当期商品純仕入高−期末商品棚卸高

　粉飾で利益をねん出するためには，当期商品純仕入高を過小に計上するか，期末商品棚卸高を過大に計上するかである。一般に行われるのが，期末の商品在庫を過大に計上する方法がとられる。実際には，存在しない在庫商品を計上するだけであるから，操作は容易である。

　次に，商品の仕入高を調整する方法であるが，仕入れに至っては，仕入れを計上しない（これに伴い買掛金が減少する），あるいは，前述したように期末の在庫を水増しすることが考えられる。しかしながら，これは翌期には，期首の仕入額に組み込まれることから，売上原価が膨らみ，売上原価率が上昇することになる。同時に仕入債務も小さくなることから仕入債務回転期間が非常に短くなることになり，粉飾が疑われる。

ハ．販売費及び一般管理費

　実際には，損益計算書上，当期の費用であるにもかかわらず，前払金，前払費用とし費用を過小に計上したり，本来は未払金，未払費用とするところをあえて計上しないで費用を次期に繰り延べたりする。しかしながら，多額の粉飾決算を行おうとした場合には，その効果があまりみられない。

4　倒産分析の限界を知る

　財務分析には，限界があることを知る必要がある。数字以外の非会計的な分析であるいわゆる「人」や「もの」の分析ができないからである。

　上場企業の場合，有価証券報告書において，会計以外のさまざまな情報がおりこまれており，これらをこまめにあたることがその会社の分析をより正確なものにする。

　具体的には，有価証券報告書の「役員の状況」において経営者の出身母体，企業での経験年数などがわかり，会社の方向性を垣間見ることができる。

　また，関係会社の状況から資本のつながりをみることができる。さらには，従業員の状況からどの部門に力を注いでいるかがわかり，従業員の平均年齢，平均勤続年数や平均給与など従業員の情報を知ることによって，会社の現在の状況を解析することができる。「企業は人なり」というゆえんである。

　特に重要なのが，「事業の状況」であり，企業の当該事業年度の業績等の概

要を机上にてチェックすることができる。

2 倒産分析に必要な分析手法

1 取引先，金融機関，投資家などによる信用リスク分析

　企業の倒産分析は，取引先，金融機関，投資家などがいかに投下した資金等を回収できるかを分析する信用分析である。当該企業が，そのような兆候をきたした，あるいは風評が流れるようになったときに，どのように対処したらよいかを問題とする。

　倒産の兆候は資金決済や人材の流出に現れる。金の流れと人の流れである。金の流れが滞る，ナンバー２の役員が辞める，有能な社員が退職する，銀行や大口取引先から人材が供給されるなど人が変わるなどが危険な兆候である。特に長年，経理畑を歩いていた役員等が何らの理由もなく退職する時には注意が必要である。

2 分析手法

　経営分析は視点，立場が異なれば，その手法は変わる。そこで実数分析と比率分析を考えてみる。

　実数分析とは，決算書の数字をそのまま利用する分析方法であり，時系列分析によく用いられる。これには，自社の時系列分析に加え，同業他社との分析にも使われる。

　この場合において，標準となる業種・業態や同程度の規模の会社の数値が常に必要となることを忘れてはならない。また，時系列の分析は，徐々に正常なスタイルから悪化していく過程がみられるため有効な分析手段となる。

　たとえば，損益計算書をみてまず，目にいくのは，売上と当期純利益と思われる。売上のボリュームがあり，利益がある程度，計上されていれば，利害関係者である第三者は安心する。しかしながら，これだけで，将来の企業が未来永劫に売上も利益も確保できるかどうかはわからない。企業をとりまく経済環境や企業内部の営業戦略などあらゆる要素を加味して企業は，成長も衰退もす

る。企業が，単純に黒字だから良い，赤字だから悪いと判断して良いだろうか。企業内部の細かな点にも気をくばらなければならない。

　比率分析とは，ある財務諸表上の数字を別な数字で除して，その割合を示し，分析する方法である。典型的な分析は，流動性分析である。

　倒産分析にあたっては，まず，決算書の数字を時系列で分析し，赤字決算が続いている，債務超過となっているといった単純な数字だけでも，実数分析の効果がある。次に流動比率といった比率分析などの手法をとるのである。ただし，この分析だけで，終わるのではなく，次に掲げる①と②のような動態的分析のアプローチも倒産分析には，有効である。

① 運転資金の回収に問題がある場合の売上債権回転率，売上債権回転期間
　イ．売上債権回転率，売上債権回転期間
　　売上債権回転率＝売上高÷売上債権
　　売上債権回転期間（月）＝売上債権÷売上高×12

　回転率は，高い（大きい）ほど回転効率が良く，回転期間は，短い（小さい）ほど回転効率が良くなる。回転率と回転期間は，分母と分子の関係が逆のため，上記のように考えられる。売上債権回転率は，そのままでは理解し難いため，たとえば，12を売上債権回転率で割ると「売上債権の回収に際して，平均して何か月要しているのかがわかる（上記の売上債権回転期間の算式にあてはめてもよい）。さらに365日を売上債権回転率で割ると「売上高の回収に際して，平均して何日かかっているのかがわかる。

　【具体例】売上高が10億円で，売上債権の額が2億円だとすると売上債権回転率で表すと
　　10億円÷2億円＝5回　となる。
　次にこれを売上債権回転期間で表すと
　　2億円÷10億円×12＝2.4か月（別解：12÷5＝2.4か月）　となる。さらにこれを日数に直すと365÷5＝73日　となる。
　つまり，売上高の回収が平均して月数では2.4か月かかり，日数では73日かかっている。

② 支払債務の状況に問題がある場合の仕入債務回転率，仕入債務回転期間
　ロ．仕入債務回転率，仕入債務回転期間

仕入債務回転率＝売上高÷仕入債務

仕入債務回転期間（月）＝仕入債務÷売上高×12

【具体例】売上高が10億円で，仕入債務の額が4億円だとすると仕入債務回転率で表すと

10億円÷4億円＝2.5回となる。

次にこれを仕入債務回転期間で表すと

4億円÷10億円×12＝4.8か月（別解：12÷2.5＝4.8か月）となる。さらにこれを日数に直すと365÷2.5＝146日となる。

③　その他の分析

倒産分析にあたっては，短期的な支払債務の状況を判断する流動性比率，長期的な支払債務の状況を判断する固定比率，固定長期適合率がある。他には，キャッシュフロー計算書の分析を欠かすことができない。つまり，この計算書は三つの区分，営業活動，投資活動，財務活動に区分して表示されているが，企業が置かれている資金収支を概観するだけでも効果がある。

3 経営全体での位置づけ

倒産情報は，民間の調査機関である帝国データバンク（「全国企業倒産集計」）や東京商工リサーチなどがタイムリーに報道している。また，全国銀行協会では「決済統計年報」によって銀行取引停止処分が公表されている。このほかには，独立行政法人「中小企業基盤機構」の経営自己診断システムが簡易に企業の経営状態についての指針となる。

このような倒産情報は，対岸の火事ではなく，自社を取り巻く経済環境を映し出す鏡でもある。

したがって，自社がこのような事態に陥らないよう，当該倒産企業の財務分析等を通じて経営指標の悪化させている事実を正面からとらえて，問題点を抽出し，自社との関連で同じような問題点がないかどうかを確認し，その上で，改善策を講じることが企業の存続，発展につながる。

4　事例　小杉産業株式会社

　小杉産業株式会社（以下「小杉産業」）の有価証券報告書などによると小杉産業は，明治16（1883）年に近江商人小杉五郎左衛門が北海道函館で織物卸業として創業した老舗である。これを基礎として昭和18（1943）年に小杉産業株式会社を設立し，平成21（2009）年2月に自己破産するまで126年の長きにわたって営業を続けた。この小杉産業を一躍有名にしたのは，ジャックニクラウスの愛称であるゴールデンベアーのトレードマークである。もう一つ対局にあるのがレナウンのアーノルドパーマーの傘のトレードマークである。

　70年代から80年代にかけて中高年のワンポイントマークのポロシャツスタイルはゴルフをしない人であっても休日には，これを着て街を闊歩する姿があちらこちらで見られた。一つのブランドに頼ってきて，結果として彼の人気の衰退とともに市場から消えさることになる。

　近年の小杉産業は，平成17（2005）年のジェイ・ブリッジ株式会社との資本提携である。これも2年ももたず，平成19（2007）年4月にレゾン投資事業有限責任組合による公開買付の結果，ジェイ・ブリッジ株式会社より親会社が移動する。何度か再建を試みるが，水泡に帰した。

　小杉産業の財務諸表で注目したいのは，売上高（以下「連結ベース」である）の推移である。昭和61（1986）年1月期には814億円もあった売上が破綻するまでにその3分の1までに落ち込んだ（平成20（2008）年1月期には，281億円）ことは，これだけで，業績が順調に推移しているとは，言えない。平成21（2009）年3月（東証2部）に上場廃止に至るまで毎期経常損失が続いていたが，平成18（2006）年1月期の単年度は3億6千万円の黒字を計上していた。これは，営業活動で黒字を計上しているのではなく，資産の売却で何とか黒字を計上しているのである。同期においてキャッシュフロー計算書の営業活動によるキャッシュフローもマイナス（3,738,379千円のマイナス）になっているところから，資金的にも苦しい状況であったことは，容易に想像がつく。よって，借入依存度が高くなるのが普通であるが，すでに借り入れられる状況にはなく，平成19（2007）年1月期から平成20（2008）年1月期にかけての長期借

入金自体は減少している（122,001千円から47,650千円）。

平成20（2008）年1月期の流動比率は，96.3％と100％を割っている。流動比率の分析のもととなる流動資産には，実際に換金価値のあるものではない資産も含まれている可能性も否定できなく（当該貸借対照表では，その他資産となっているが，一般的には前払費用など1年以内に費用化できる資産も含まれる），また棚卸資産のように販売されていない商品の在庫も分析の対象になっているため，さらに辛口に分析する必要がある（当座比率分析が有効である）。

流動比率を良くするため不要遊休資産の売却により流動資産を増やす，普通株式発行による流動資産を増やすことも当期は行われたが，その効果は見られなかった。

小杉産業は，市況の回復を待つことなく，長い歴史に幕を閉じることになった。

【追記】
　小杉産業株式会社は，2009年2月に経営破たんしたが，その翌月受け皿会社として株式会社コスギが設立され，事業を承継し，再出発し，現在に至っている。

【注】
1) 国税庁の平成22年度分の調査によれば，当該年度分の法人数は258万6,882社から，連結子法人の数（6,528社）を差し引いた258万354社のうち，欠損法人は187万7,801社で，欠損法人の割合は72.8％となっている。欠損法人とは課税所得金額がゼロの法人であり，繰越欠損金を控除した結果として欠損になった法人も含まれる。

【参考文献】
井端和男『粉飾決算を見抜くコツ　改訂新版』セルバ出版，2009年。
牧野明弘『第3版　財務分析の実践活用法』経済法令研究会，2011年。

（佐藤　渉）

第　　　講

中小企業と経営分析

1．中小企業の定義

・中小企業基本法（1963年制定1999年，2013年改正）
　⇒　政策対象としての中小企業の定義を規定

2．中小企業のデータの特徴

・会社法第440条「すべての株式会社は定時株主総会終了後，財務諸表の開示」
　⇒　決算公告の必要性
・中小企業の多くは決算公告をしていない
　⇒　中小企業のデータを入手するのは困難

3．信用調査会社を利用した中小企業のデータの入手方法

・帝国データバンクや東京商工リサーチの出版物の活用
　⇒　定性的データ，定量的データを入手可能であるが限定的な情報（売上や利益のみ，記載のない場合もある）

4．中小企業の経営分析の限界

・中小企業の計算書類の作成目的は①税務計算への計算書類の転用，②資金調達の際の金融機関へ提出する審査用の書類
・中小企業は自社のデータを外部へ公表する意図はない
・個々の中小企業を分析することは困難，上場会社で用いる経営指標が妥当かどうかも要検討

5．中小企業のデータを公表するメリット

・中小企業観の変化　"弱者"から"活力ある多数"へ
・成長志向の中小企業＝積極的に財務データを公開する中小企業
　⇒　投資家に情報を開示し私募債を発行することで資金調達が可能
・「隠す経営」から「見せる経営」の実践による成長可能性

1 中小企業の定義

　本講では，中小企業を経営分析する場合の特異性について検討する。これまで議論をしてきた会社や企業は，大会社，大企業，上場会社を対象としていた。ここでは，中小企業とは何か，また中小企業を経営分析する際の限界について学ぶ。

　中小企業とは中小企業基本法に定義された基準に該当する企業のことを指す。中小企業基本法は1963年に制定され，1999年に大幅改正，さらに2013年にも改正された。同法は，企業間格差の存在と中小企業の存立基盤の変化に対応するため，中小企業や中小企業政策の方向づけを行うことを目的とした法律である。第2条にその範囲が規定されており，基準に該当する企業のことを中小企業と呼ぶ。たとえば，製造業では従業員数が300人以下もしくは資本金または出資の額が3億円以下のどちらかの要件を満たす会社および個人は中小企業となり，中小企業基本法の適用範囲，政策の対象となる[1]。そして，同法は中小企業の定義よりも小規模な企業を特に小規模企業者として規定している[2]。

　また，中小企業という用語に類似した用語に中小会社が用いられる場合がある。会社法では，資本金の額が5億円以上または負債の合計額が200億円以上の会社を大会社と規定している。大会社に対しての中小会社という用語は会社法では規定していないが，大会社ではない会社を中小会社と便宜上一般的に用いることもある。

　本講では中小企業を対象とした経営分析について議論を行う。しかし，法律の規定上，上場会社であったとしても中小企業基本法の範囲に入ってしまう企業が実際に存在している。このような上場会社は会社法だけではなく金融商品取引法も関係しており，中小企業の定義の範囲内の会社ではあるが，それよりも公開会社としての側面が強く，経営分析を行うにもデータの入手は比較的容易である。また，これとは逆に大会社であっても上場会社ではないため，金融商品取引法の適用外の会社も存在している。本講ではこういった事例は，今回は除外し，いわゆる一般的な中小企業を対象とする。そして，経営分析を実施するにあたって何らかの限界があるのではないかということについて議論を進

めたい。そこで本講では，会社法の区分ではなく，未上場会社（金融商品取引法の範囲外の会社）でありかつ中小企業基本法の定義内の株式会社を中小企業として扱うことにする（図表29-1）。

●図表29-1　法律による区分と目的

法　律	区分の目的	区　分
中小企業基本法	政策の範囲としての中小企業を規定し，中小企業振興，育成の対象を限定する。	中小企業 ⇒本講で扱う企業
会社法	資本金の額や負債の額が大きく社会に影響がある大会社を規定し，投資家保護などの観点から規制をする。	大会社とその他 （中小会社）
金融商品取引法	投資家保護や公正な市場を維持するため金融商品（有価証券の募集など）の発行・売買などの取引について規定した法律。上場会社はこの法律の適用。	上場会社とその他 （未上場会社）

2　中小企業のデータの特徴

　規模の大小にかかわらず中小企業は会社法の規定に準拠しなくてはならず，よって会社法第435条第2項の規定により貸借対照表，損益計算書，株主資本等変動計算書，個別注記表からなる計算書類を作成しなくてはならない。経営者が自社の財政状態や経営成績を把握するため内部分析を行う際には，これらの計算書類が利用される。また，中小企業が資金を調達するために，金融機関にこれら計算書類を提出し，金融機関が融資の可否を判断する際に用いられることもある。この場合，中小企業が金融機関に計算書類を提出するからこそ利用できるのである。たとえば，金融機関以外の取引先や投資家が，ある特定の中小企業の分析をしたい場合，その中小企業の計算書類を入手することはできるのであろうか。

　会社法第440条では，会社は定時株主総会終了後遅滞なく会社が定めた定款に記載されている方法で財務情報の開示をしなくてはならない。これを決算公

告という。決算公告は官報や日刊新聞，Web サイトによって貸借対照表もしくは貸借対照表の要旨を公告しなくてはならない[3]。すなわち，われわれはすべての中小企業の貸借対照表もしくはその要旨を入手することが可能である。

　だが，中小企業の全てが決算公告をしているわけではないのが現状である。会社法第976条2号では，公告を行わなかった，もしくは不正な公告を行った場合，会社の代表者に100万円以下の過料が科せられることになっている。それにも関わらず，多くの中小企業は決算公告を行っていないため，第三者が財務データを入手することは難しい。そして，たとえ決算公告を行っていたとしても，貸借対照表もしくはその要旨だけでは十分な分析はできない。よって，現段階では中小企業の財務諸表は入手困難であり，財務諸表を閲覧できるのは，経営者や融資審査の条件として中小企業から提出される金融機関など，その利用は限定されている。

3　信用調査会社を利用した中小企業のデータの入手方法

　上記でみたように，中小企業の個別の情報をわれわれが入手することは困難である。しかし，信用情報調査会社の㈱帝国データバンクと㈱東京商工リサーチが出版するデータを用いれば，一部ではあるが中小企業のデータを入手することができる。

　信用調査会社とは，企業情報について調査員を使って調べ，その会社の信用度を顧客に提供する会社である。調査員は企業調査表などを用いて会社の概要，取引先，株主等を調べ，信用調査会社がそのデータを集計し格付けやランキングなどを付けて出版物として出版する。また，倒産速報などを報告する業務も行っている。われわれは信用調査会社の出版物などを利用することで会社の概要や評価などが入手できる[4]。

　㈱帝国データバンク『会社年鑑』と㈱東京商工リサーチ『東商信用録』を比較してみよう（図表29-2）。どちらも上場会社に限らず中小企業を掲載しているが，すべての全国の企業を網羅しているわけではなく，調査可能な企業，もしくは公表可能な企業のみを扱っている。記載項目は，会社の所在地や設立年，株主，経営者を含む役員，取引銀行，取引先などの定性的データがある。また，

● 図表29−2　信用調査会社の出版物の会社データ比較

信用調査会社と出版物	㈱帝国データバンク『会社年鑑』	㈱東京商工リサーチ『東商信用録』
記載項目	会社名	会社名
	所在地	所在地
	電話番号	電話番号
	設立年月	設立年月
	—	創業年月
	HPのURL	—
	登記	—
	事業内容	営業種目
	資本金	資本金
	役員	役員（代表者含）
	株主数	—
	株主	大株主
	従業員数	従業員数
	取引銀行	取引銀行
	事業所	事業所
	仕入先	仕入先
	販売先	販売先
	系列	—
	業績3期（売上高・純利益）	業績3期（売上・利益・配当総額）
	業種内ランキング	
	—	格付概況

（注）『会社年鑑』と『東商信用録』をもとに作成。会社によっては記載されていない項目もある。

資本金の額，売上，利益などの定量的データも記載されている。ただし，売上や利益などは詳細な数字ではなく大まかな数値を掲載している場合が多い。さらに，財務諸表等に記載される項目すべてではなく，売上および利益の2項目（『東商信用録』については配当総額）だけしか入手できず，詳細を分析する

ことは不可能である。これは，信用調査会社がデータを入手する際に既に限定的な数値しか知りえないのか，もしくは取材する時に公表する際の条件になっているのか定かではないが，限定的な制限されたデータしか入手できないことが中小企業のデータを入手する際の実態と言える。われわれは大まかな評価を信用調査会社の出版物に記載されている最後の項目である「業種内ランキング」や「格付」によって判断せざるを得ない。

4 中小企業の経営分析の限界

これまで見てきたように，中小企業のデータ収集は困難であり，またその入手項目も極めて限定的である。これは中小企業の経営者が自社の経営状況を公にすることに対して消極的なためである。中小企業にとって計算書類を作成する目的は，外部の者に分析をさせるためではない。その目的は，①税務計算への計算書類の転用，②資金調達の際の金融機関へ提出する審査用の書類，以上の2点に集約できよう。

中小企業の経営者の多くは，計算書類の作成は税金の計算のために行っているという考えを持っている。経営者がこのような考えを持っていると，自ずと税金対策的な経営方針，税金負担の軽減，すなわち利益の最小化という方向性を持つことになる。経営学では「企業の目的は利益の最大化」であると従来から言われているが，中小企業経営の現場においてはこの原理が当てはまらないことがある。よって，利益を少なくし税金を軽減しようとするのであるから，利益率やROE，ROAなどの経営指標が中小企業を分析する上で意味を持つのかどうか議論しなくてはならない。

また，中小企業は間接金融による資金調達が主流であり，その担い手は金融機関である。融資を受ける際，金融機関の審査資料の一つとして提出するのが貸借対照表や損益計算書などの計算書類であって，取引先や投資家に公表する等とは中小企業の経営者は全く考えていない。よって，自社の経営状況を公表する決算公告はたとえ罰則があったとしても実施する必要性がないと考えている場合が多い。

以上のように，計算書類は税務的な側面と資金調達をする際の書類という位

置づけであり，中小企業が自社のデータを公表するような動機がない点が現状である。そのため，われわれが中小企業の経営分析を行おうとする場合，会社の個別データの入手が困難であるという障壁にぶつかり，結果として中小企業総体としてのマクロデータを代用するしかないというジレンマに陥るのである。また，このような特徴があるため，データを入手できたとしても上場会社と同じような経営指標を用いることが果たして妥当性があるのか検討を要する。

5 中小企業がデータを公表するメリット

上記のように，現段階では中小企業のデータを入手することは困難である。しかし，積極的に財務データなどを公開している中小企業も実在している。

たとえば，金融機関からの借入ではなく私募債を用いている中小企業は，積極的に財務データを公開し，計画通りの資金調達を行っている。私募債を購入してくれる投資家は従業員や地域住民であり，彼らに対しての説明責任の一環として自社のデータを公開し，納得してもらわなければならない。そのため，公表できるだけの内容にするために経営努力をする上，データを公表することによりモニタリングされている意識が中小企業の経営者に芽生え，業績だけではなく従業員のモチベーションも従来以上に増す効果も期待できるのである[5]。

企業の目的が利益の最大化，キャッシュフローの最大化，ステークホルダー重視へと変遷している中で，一般的に中小企業の多くは依然として前近代的な経営を行っていることが多い。たとえば，利益を確保し適正な税金を納付することも社会貢献，地域貢献の一つと考えられる中で，中小企業にはいかに利益を圧縮し税金の支払いを少なくしようとする動きがある。

しかし，政策的には中小企業への評価や認識が変化している。かつては中小企業を大企業に対して「弱者」として捉えていたが，時代の変化とともにそれは「活力ある多数」として認識され，さらには経済発展の担い手として中小企業の持つ成長性が注目されている。すなわち，積極的に自主的な努力を継続している企業を政策対象とするようになったのである。前述したように中小企業基本法の改正に伴い，中小企業への認識も変化し，法の対象となる中小企業も変化している。「救う」から「支援」へと発想が転換しており，意欲ある中小

企業こそ支援の対象とする姿勢へと動いているのである。

　このように，成長志向，意欲ある経営を行う中小企業こそ育成対象となっている現在，中小企業は経営方針を検討する必要がある。積極的に財務内容や会社の内容を開示し，従来の「隠す経営」から脱却し，「見せる経営」を実践することは，中小企業が成長するための方向性の一つなのである。

【注】
1) 製造業以外では，卸売業は資本金または出資の総額が1億円以下もしくは従業員数が100人以下の会社および個人，小売業では資本金または出資の総額が5000万円以下もしくは従業員数が50人以下の会社および個人，サービス業では資本金または出資の総額が5000万円以下もしくは従業員の数が100人以下の会社および個人を中小企業としている。従業員数に関しては，正社員と正社員に準じた労働形態の従業員（労働基準法第20条の「予め解雇の予告を必要とする者」を合算した数となる。
2) 中小企業基本法による小規模企業者の定義は，製造業は従業員20人以下，商業・サービス業は従業員5人以下である。
3) 大会社は貸借対照表と損益計算書の公告が必要である。
4) 4講で学んだ『会社年鑑』や『東商信用録』である。信用調査会社のホームページでは，有料で各会社の調査レポートも入手可能である。下記のＵＲＬを参照しアクセス可能である。
　　帝国データバンク　http://www.tdb.co.jp/index.html
　　東京商工リサーチ　http://www.tsr-net.co.jp/
5) 鯨井・坂本・林編著，pp.171-173参照。

【参考文献】
鯨井基司・坂本恒夫・林幸治編著『スモールビジネスハンドブック』Bkc, 2010年。
帝国データバンク『会社年鑑　西日本』帝国データバンク，2012年。
東京商工リサーチ『東商信用録　近畿北陸版』東京商工リサーチ，2012年。

（林　幸治）

企業のリスク分析

1．多くのリスクに囲まれている企業

① 規模拡大経営期（1950～1990年）：リスクを冒してでも売上やシェアの拡大を目指した。リスクは保険などで十分対応可能と考えられていた。
② 株主価値経営期（1990～2007年）：企業経営に全てのリスクを織り込むことが求められ，なるべくリスクを避ける傾向が強まり，この時期から特にリスク分析，リスクマネジメントが重視されるようになった。
③ 調和型・共通価値経営期（2008～）：長期的な視点でリスクを分析し，予期せぬリスクにも対応できるリスクマネジメントが求められるようになった。

2．企業のリスク分析プロセス

① リスクの調査，分類
　リスク調査は業務ごとに合理的な方法でリスク情報を調査，分類する。
② リスクの評価
　・定量評価：リスクの大きさを金額で表現する方法
　・定性評価：金額で評価できないリスクを，リスクの大まかなレベルで表現する方法
　・リスクコントロールマトリックスの作成をする。
③ リスク行動基準
　リスク評価による損害金額を予測したのち，それぞれのリスクに対してどんな行動を起こすかを規定する行動基準を策定する。保険，引当金，金融デリバティブなど財務的手段でリスクを補填する仕組みも考慮する。

3．想定外のリスクに対応するために

① 組織力
　想定しないリスクに直面したとき，第一に機動性を発揮できるのは，組織のチームワーク（組織力）である。
② 技術力
　研究開発（R＆D）は，教育と同様に未来投資であるとともに，リスクに直面した際に，事業の継続や再開のための鍵となる。
③ 資金力
　実際に自由になる現金が手元にどれくらいあるかによって，事業を継続できるかどうかが決まってくる（第8講　流動性分析参照）。

1 多くのリスクに囲まれている企業

　各種の経営分析手法によって，その目的に合わせて企業の現在の状況を知ることができる。しかし，財務数値分析では，あくまで過去の数値を使って企業の実態を分析するだけであって，企業の将来リスクを予測することはできない。第27講のバランススコアカードは，これまでの財務数値に依存する経営分析だけでなく，企業の将来までも評価しようとする大胆な試みである。しかし，最近の企業は予測すら難しい多くのリスクに囲まれている（図表30-1）。こうしたリスクを分析し，その影響度を評価することは，企業にとって重大な課題である。これまでの財務分析手法やバランススコアカードでも，こうした課題を克服することはできない。

　企業経営のコンセプトを歴史的に辿り，多様なリスクをどのように経営に取り込んできたかを見てみると，1950年から1980年代までの規模拡大経営期は，売上やシェアを拡大すれば，あらゆる経営目標が実現できた時代だった。この時代は，リスクを取ってでも売上やシェア拡大を狙う「リスク選好的」な傾向があり，リスクマネジメントは財務的なコントロールが中心であった。

　1992年にバブルが崩壊し，株主価値経営期に入ると売上は低迷し，右肩上がりのビジネスは期待できなくなった。売上やシェアの拡大に替わって，「集中と選択」により赤字事業からの撤退や効率経営が中心となり，ＲＯＥ（株主資本利益率）が主な経営目標となった。

　株主価値の評価には，株価をベースにした株価方式や将来キャッシュフローを現在価値にしたディスカウントキャッシュフロー（ＤＣＦ法）などの方法がある。しかし，株価は変動が激しく，ＤＣＦ法は将来キャッシュフローを予測しなければならない。したがって，株主価値経営では，経営方針や投資にあらゆるリスクを織り込むことが求められ，リスク分析やリスクマネジメントが重要なテーマとなった。

　リーマンショックの2008年以降の調和型・共通価値経営期になると，グローバルビジネス展開，事業構造改革，低炭素社会の実現，事業継続など，長期的な戦略でなければ実現できない問題に直面するようになる。短期的な株価の上

第30講　企業のリスク分析

● 図表30−1　企業を取り巻く様々なリスク

要因	リスク	保険など財務的手段に解決できるリスク	財務的手段では解決できないリスク
社外要因	事業環境	・一部の原材料高騰（先物取引） ・電気・通信・インフラ停止（損害賠償）	・景気変動，経済変動 ・原材料高騰・供給不足・途絶 ・海外の政情不安，紛争，テロ ・強力な競合企業の参入 ・風評被害 ・電気・通信・インフラなど停止
	災害	・地震，台風，水害，雪害，落雷（保険） ・火災，爆発（保険）	・伝染病，感染症，インフルエンザ ・交通機関の事故
社内の経営戦略・方針関係方針	戦略	・企業買収（企業買収防衛策）	・マーケティングの失敗 ・新商品の開発失敗 ・人材不足，人材流失
	財務	・資金不足（コミットメントラインなど） ・為替，金利などの変動 　（為替予約／オプション取引など） ・投資などによる損失 　（金融デリバティブ） ・取引先倒産による貸倒 　（引当金，信用保険）	・投資などによる損失 ・不渡り手形
	労務	・職業病，過労死（労災保険）	・労働争議，ストライキ，訴訟 ・セクハラ，差別行為，スキャンダル ・労基法違反
社内の事件・事故・不法行為	法務		・違法行為，規制違反 ・知的財産権の侵害 ・関係者による不正行為（背任，横領） ・虚偽申告，虚偽発表
	故意・犯罪	・盗難（保険） ・情報漏洩（保険）	・破壊，爆破 ・脅迫，盗聴，盗撮 ・情報流用，持ち出し，改ざん ・風説流布
	過失		・機器の誤操作 ・データ誤入力 ・情報システムの誤処理， ・誤送付，誤配布，ファックス・メール誤送信 ・誤廃棄，紛失
	事故・故障	・設備・施設の故障（保守契約） ・情報システム障害（損害賠償，保守契約）	

（出所）喜入博［2006］「企業にとってのリスクと事業影響度分析」をもとに筆者作成。

昇を求める株主価値経営では，これらの課題を克服することができない。企業経営者は，事業リスクを事前に分析，予測し，多様なリスクに対応できる事業展開や投資を行うとともに，環境問題や社会問題への対応など企業の社会的責任を果たさなければならなくなった。長期的な視点でリスクを分析し，予期せぬリスクにも対応できるリスクマネジメントが求められるようになった

経営者自身がリスクの及ぼす影響や損失を知ることが大切である。このために，リスクの種類，リスク損失の大きさ，経営に与える影響，これらを正確に調査・分析することがリスク分析の役割である。しかし，リスクの発生を事前に予測し，その費用を合理的に見積もることは困難である。リスク分析で予測された損失額と，実際に発生した損失額は必ずしも一致しないことが多い。それでも企業経営者が，リスクの存在を認め，実際にリスクが起こったときにどんな状況になるのかを事前に認識しておくだけでも，大いに役立つはずである。

リスク分析は，一般的に次のようなプロセスで行われるので，それぞれのケースで具体例を参考にしながら説明する。

① リスクの分類：企業リスクを調査し，分類する。
② リスクの分析と評価：分類されたリスクが企業活動にどの程度の損失をもたらすかを分析し，そのリスクを評価する。
③ リスク行動基準：リスクが発生した場合の行動基準を作成する。

2 企業のリスク分析のプロセス

1 リスクの調査と分類

リスク調査は業務ごとに行う。事務所，店舗，工場ではリスクの種類や損失が異なるからである。また，同じ事務所でも，人事部と経理部で発生するリスクの種類も場所も異なるので，リスク調査は極力小さい単位で行うことが望ましい。小単位すぎると手数がかかるので，企業の規模や業務の種類にもよるが，部や課などの職制単位度で調査することが望ましい。ここでは，どの業務で，どんなリスクが発生する可能性があるのかを調査する。リスク調査では，業務フローチャートを利用すると便利である。図表30-2は，ある小企業（A社）

第30講 企業のリスク分析

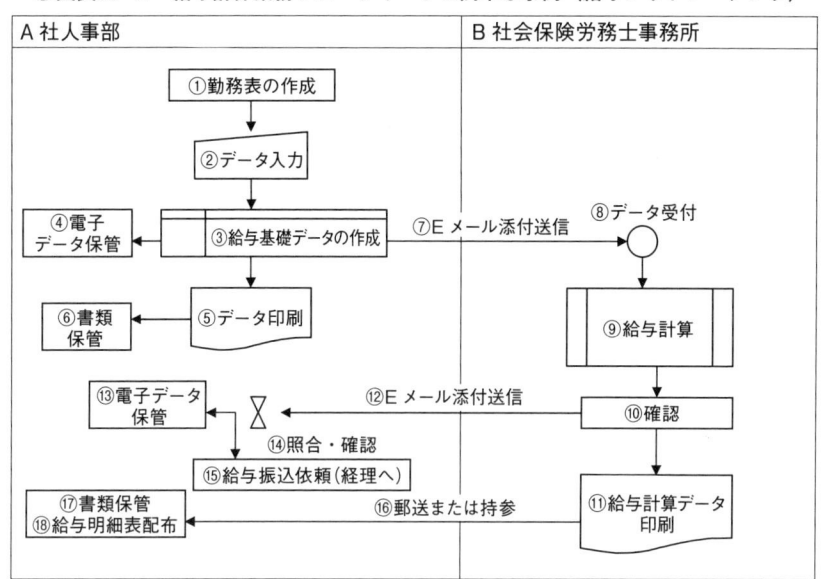

●図表30-2　給与計算業務フローチャートの簡単な事例（給与アウトソーシング）

A社人事部	B社会保険労務士事務所
①勤務表の作成 → ②データ入力 → ③給与基礎データの作成 → ④電子データ保管／⑤データ印刷 → ⑥書類保管	⑦Eメール添付送信 → ⑧データ受付 → ⑨給与計算 → ⑩確認 → ⑪給与計算データ印刷
⑬電子データ保管／⑭照合・確認／⑮給与振込依頼(経理へ)／⑰書類保管／⑱給与明細表配布	⑫Eメール添付送信／⑯郵送または持参

の給与計算業務のフローチャートである。A社は小企業なので，給与計算業務をB社会保険労務士事務所に業務委託している。A社の事例でいえば，①～⑱までの業務でどのようなリスクが生じるかを把握しておき，これを後述するリスクコントールマトリクスに展開する。

2 リスクの評価

次に，リスクの種類，大きさ，損害金額を予測する。リスクによってもたらされる損害の大きさを評価することは，リスク分析で最も重要である。リスク評価は，過去に発生した事故データに基づき損失を計算する方法が一般的に用いられている。過去の類似の事故情報により，その事故で発生した損害を当てはめていく。しかし，企業を取り巻く環境は常に変化しており，過去の事故を参考にして損害額を計算する方法では正確なリスク評価にはならない。それでも，リスクを数値で表わしておき，どの程度の損害が起きるのかを想定し，そのリスクの大きさを認識しておくことは，企業経営にとって最低限必要なことである。これはある意味で企業経営のコンティンジェンシープランになる。理

論的には，次のような計算式によって，リスクを定量的に評価することができる。

　　　リスク＝事故発生確率×損害予測金額

　リスク分析とリスク評価を一覧表にまとめ，リスクコントロールマトリックスを作成する。図表30-3は，小企業における給与計算業務の簡単なリスクコントロールマトリックスの事例である。ここでは，業務フローチャート（図表30-2）の業務（①〜⑱）作業の中で発生が予測される部分を抽出し，該当する業務ごとに，どんなリスクがあるか（リスクの内容），リスクの重要度はどの程度か（リスクレベル），リスクで生じる損害金額はどれほどか（リスク評価）をまとめ，それぞれにリスクの発生を未然に防ぐためにリスクコントロールを記述する。

　このようにリスクコントロールマトリックスを業務ごとに準備することにより，業務のどの点でリスクが発生するか明確にわかるので，リスクの発生を未然に防止することにも役立つ。また，例えリスクが発生したとしても，どんな影響が出るのか，損害はどの程度なのかを直ぐに知ることができる。

　この事例の中で最もリスクの高いのは，情報漏えい（紛失）の問題である。

●図表30-3　給与計算業務のリスクコントロールマトリクス事例

No. (注1)	業務内容	リスクの内容	リスク レベル (注2)	損失 金額 (千円)	リスクコントロール
②	データ入力	給与基礎データの誤り	B	500	印刷データと入力情報の照合
④	データ保管	保管忘れ，データ毀損	A	1,000	バックアップ保存の確認
⑦⑫	Eメール送信	添付忘れ，情報漏えい	A	1,500	送付確認および添付データの暗号化
⑨	給与計算	給与計算誤り	A	500	給与計算結果と基礎データの照合，確認
⑬	給与振込依頼	給与振込依頼漏れ	A	100	経理へ確認リストの送付による照合
⑯	郵送／持参	給与計算書類の紛失	S	1,500	書留郵便による郵送

（注1）　図表30-2の業務番号に対応
（注2）　リスクレベルS：企業経営に深刻な影響を及ぼす。
　　　　　リスクレベルA：回復に1日以上かかる。
　　　　　リスクレベルB：1日以内で回復できる。

給与計算書類には個人情報が多く含まれており，情報漏えいが生じた場合は，すみやかに対策を講じる必要が出てくる。個人の口座情報などもあり，情報の漏えいは2次災害（不正な現金送金など）を引き起こすリスクもある。情報漏えいの事実の公表や個人への通知，場合によっては，新聞などメディアによる情報の公開やお詫びの広告など，多くの対策が短時間で実施されなければならない。企業の信用問題にも波及する恐れもあり，企業経営を揺るがす重大な問題に発展する場合もある。リスクの実態を事前に認識することは，企業経営にとって極めて重要なことがらになっている。

　リスク評価は，全てリスクの大きさを数値で表現する定量評価で行うことが望ましいが，図30-4に示すように自然災害や政治，国家的なリスクで損害をこうむる「ハザードリスク」や，風評などによる売上の激減，格付けの変更などの「リピュテーションリスク」があり，また想定すらできないリスクも多く存在する。その場合には，図30-3のリスクコントロールマトリックスの「リスクレベル」を用いて定性的な評価で対応する。損失金額を正確に見積もることは難しいので，ある程度損害金額を見積もることができる項目でも，リスクレベルを併記しておくほうが便利である。リスクレベルは企業の実情に応じて設定する。

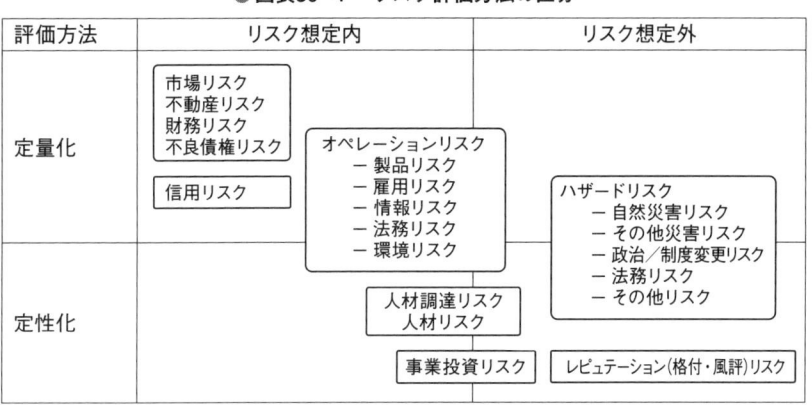

●図表30-4　リスク評価方法の区分

評価方法	リスク想定内	リスク想定外
定量化	市場リスク 不動産リスク 財務リスク 不良債権リスク 信用リスク オペレーションリスク 　- 製品リスク 　- 雇用リスク 　- 情報リスク 　- 法務リスク 　- 環境リスク	ハザードリスク 　- 自然災害リスク 　- その他災害リスク 　- 政治／制度変更リスク 　- 法務リスク 　- その他リスク
定性化	人材調達リスク 人材リスク 事業投資リスク	レピュテーション（格付・風評）リスク

（出所）　Ox Standard Ltd「リスクの定量化とは」をもとに筆者作成。

③ リスク行動基準の策定

リスク評価による損害金額を予測した後,それぞれのリスクに対してどんな行動を起こすかを規定する行動基準を策定する。保険,引当金,金融デリバティブなどでリスクの損害を補填する仕組みがあるので,その場合には,どんなリスクにどのような保険をかけるか,保険以外の方法があるのかを考慮しなければならない。

リスクの損害を補償する代表的なものは損害保険であり,自然災害や火災などに備える財産保険,売掛金の貸倒損失を補填する信用保険,盗難保険,製品保証保険,船荷保険など伝統的な保険に加えて,生産物賠償責任保険(ＰＬ),情報漏洩やシステムトラブルに対応するＩＴ損害賠償責任保険など多くの保険がある。さらに,海外に再保険子会社を設立し,自社保険を行うキャプティブという保険もある。これらは,保険会社に保険料を払うことで,リスク被害を金銭的に補償しもらう方法なので,保険料とリスク損害とを比較して,リスクの損害が大きくなければ,保険をかける必要はない。例えば,優良企業へ販売した売掛金については,貸倒リスクがほとんどないので信用保険は不要で,コスト比較によって判断する。

保険に頼らずに,リスクを予測し,企業が自ら引当金として積み立てておく方法もある。会計上の各種引当金がこれに該当する。不良債権に備える「貸倒引当金」などがその代表である。また,類似のものに,準備金(価格変動準備金など)や任意積立金,別途積立金がある。しかし,引当金の場合は損金参入ができないケースも多く,税負担を考慮して,保険(ほどんど損金参入が認められる)にするか引当金にするかを判断しなければならない。また,為替変動や原材料価格の変動,金融リスクに備えるためには,為替予約,オプション取引,先物取引,証券化,金融デリバティブの手法を用いて,リスクを軽減する方法もとられる。

保険,引当金,金融デリバティブなどのリスク対応情報も,図30-3のリスクコントロールマトリクスの1項目として付け加えておけば,経営管理の面からも有効に活用できる。また,このリスクコントロールマトリクスは,財務の正確性を担保することもできるので,内部統制システムの1つの資料としても

共用できる。図30-2業務フローチャートとともに内部統制の3点セットとしての位置づけにもなる。

このようにして，企業は，事前にリスクの規模と範囲を調査・分析し，さまざまな手段を用いて，リスクに対応し，将来の損害に経営的な側面から備えることが大切である。しかし，既に述べたように，こうしたリスクの中には，企業が以前から想定し，コントロールしてきたリスクばかりでなく，認識すらできていないリスクもある。

3 想定外のリスクに対応するために

こうした想定外のリスクが発生すれば，その企業はもちろん，それを取り巻く関係者や環境にも大きな損害を与える。一度発生した損害の回復には多くの年月を要する。最近では，自然災害などの予期せぬ災害リスクや環境リスクに加えて，システムトラブルや個人情報漏洩などＩＴ技術の進歩によってもたらされた新たなリスクも生まれている。さらに，法令違反，スキャンダル，セクハラなどの信用の失墜，戦争やテロなどのカントリーリスクなど，企業の存亡すら左右する大きな問題になっている。

現代企業は，予測できないリスクにも対応し，事業を継続していかなければならないが，どのような想定外のリスクにも十分対応でき，事業を継続するためのリスク対策はあるのだろうか。そのヒントは，日本の中小企業の中に見出すことができる。それは，「組織力」「資金力」「技術力」である。

「日本の中小企業（岐阜県）に未来工業という会社がある。この会社は，住設部材の製造・販売を行っており，一般的には決して業績の良い業界には属していないが，創業以来，黒字経営を続け，過去10年間で経常利益率が5％以上を維持し，自己資本比率81％，無借金の優良企業である。この企業の社員の処遇を見ると，創業以来リストラなし，全員が正社員，8時30分から4時45分までの勤務，年間休日が140日，定年70歳，年齢序列（年功ではない）を採用しており，離職率は極めて少ないという。実は，こうした中小企業は全国各地に多くある。共通しているのは，リストラがなく，離職率が極めて低く，60歳以上も働くことができ，年齢序列であるという点にある」[1]。

想定しないリスクに直面したとき，第一に機動性を発揮できるのは，組織のチームワーク（「組織力」）である。成果主義の弱点である「社員の足の引っ張り合い」がある会社では，リスクを乗り越えることができない。また社員教育も「組織力」を強化する重要な要素である。事業を継続するためには「複合的な人材」が必要で，一つの業務だけでなく，複数の業務を代替できる人材を日ごろから育成しておかなければならない。

次に「技術力」である。研究開発（R＆D）は，教育と同様に未来投資であるとともに，リスクに直面した際に，事業の継続や再開のための鍵となる。自然災害によって建屋や機械が破壊されても，「技術力」さえあれば，復活できる。R＆D投資は，業績が低迷しても一定の規模を維持することがリスクマネジメントから見ても重要である。

最後に「資金力」である。リスクに際して最も重要となるのは手元資金である。危機の中では，実際に自由になる現金が手元にどれくらいあるかによって，事業を継続できるかどうかが決まってくる（第8講参照）。

2008年のリーマンショック以降，「株主価値経営」から「共通価値経営」あるいは「調和（循環）型経営」に移行しているといわれる時代にあって，これまでのようなリスクマネジメントだけでは対応できなくなっている。新たな時代のリスクマネジメントは，組織力（人材の多様性）を強化し，技術力を高め，手元資金を潤沢にすることである。これは新たな時代における経営原理でもある。

【注】
1) 坂本光司（著）［2巻2010］「1巻2008］「日本でいちばん大切にしたい会社1，2」（あさ出版）を参考に筆者がまとめた。同書には，未来工業（2巻165～188ページ）のほか，樹研工業（愛知県）「社員は先着順で採用。給料は年齢序列の不思議な会社」（2巻138～164ページ），伊那食品工業（伊那市）「社員の幸せのための経営，戦わない経営を貫き，48年間増収増益」（1巻79～112ページ），ジョンソン・アンド・ジョンソン（米国）「75年間連続増収企業は，社員がハッピーなら会社もハッピー」（1巻コラム113～114ページ）など，ステークホルダーの中で社員を最も大切にする会社が数多く紹介されている。

（正田　繁）

索　引

〔A～Z〕

CAPM（Capital Assets Pricing Model）……… 177
CSR ……………………………… 160
CSRレポート ……………………… 14
CVP（Cost Volume Profit）分析 ……… 56
D／Eレシオ ……………………… 189
DCE法 …………………………… 240
DCF法 …………………………… 241
Economic Value Added …………… 177
EDINET ………………………… 41
Enterprise Value ………………… 242
EPS ……………………… 168, 169
EV／EBITDA ………………… 242
EVA ……………………… 12, 74, 177
EVA管理 ………………………… 10
GRI（Global Report Initiative）……… 260
LBO ……………………………… 188
M&A ……………………………… 239
NOPAT（Net Operating Profits After Taxes）…………………… 177
PBR ……………………… 167, 242
PCFR …………………………… 242
PER ……………………… 167, 242
ROA ……………………… 71, 167
ROE ……………… 9, 72, 92, 150, 167
β ………………………………… 180

〔あ行〕

預かり資産 ……………………… 18
安全余裕率 ……………………… 62
アンダープライシング ……………… 229
安定配当政策 …………………… 111
委員会設置会社 ………………… 165
インカム・アプローチ ……………… 240

ウォール・ストリート・ルール ……… 147
売上債権回転期間 ………………… 313
売上債権回転率 …………………… 313
売上高営業利益率 ………………… 121
売上高成長率 …………………… 51, 122
売上高利益率 …………………… 73
運転資金 ………………………… 99
運転資本 ………………………… 213
営業活動からのキャッシュフロー ……… 198
営業活動によるキャッシュフロー …… 91, 211
営業キャッシュフロー …………… 12, 189
営業利益成長率 ………………… 122
英米機関投資家 ………………… 24
エンロン ………………………… 253
オペレーティング・リース調整 ……… 178
オペレーティング・レバレッジ ……… 63
オペレーティング・レバレッジ係数 …… 63
親会社説に基づくROE …………… 136
温室効果ガス …………………… 259

〔か行〕

外貨換算調整額 ………………… 135
外国人株主・投資家 ……………… 17
外国人機関投資家 ………………… 5, 8
外国人投資家 …………………… 70
額面配当率基準 ………………… 113
貸倒引当金 ……………………… 178
加重平均資本コスト率（Weighted Average Cost of Capital）：WACC … 179
株価収益率 ……………………… 180
株式時価総額 …………………… 179
株式市場評価力 ………………… 10
株主価値 ………………………… 250
株主価値経営 …………………… 70, 281
株主価値経営期 ………………… 277
株主資本 ………………………… 93, 169

335

株主資本コスト率	179	経営力	4, 16
株主資本比率	137	経済的単一説に基づくROE	136
株主資本利益率	150	経済的付加価値	177
株主資本利益率（ROE）	282	経済的利益	177
株主持ち合い	4, 24	系列融資	4
借入依存度	310	決算公告	319
カルロス・ゴーン	283	決算短信	41
為替の影響を除いた株主資本比率	137	限界利益	56
環境会計	259, 260	研究開発費の資本化	178
環境会計ガイドライン	259	現金主義	201
環境経営	50	現代的貧困	280
環境保全効果	260	公開価格	229
環境保全コスト	260	効率性比率	9, 286
間接金融	80	コーポレート・ガバナンス	156
間接法	196	顧客貢献指標	14
起業家（Entrepreneur）	220	国籍別ステークホルダー分配比率	17
企業会計基準	92	個人情報漏洩	333
企業価値	211, 250, 287	固定費	56
企業間信用	102	個別財務諸表	134
企業集団	4	雇用比率	15, 289
企業総価値	242	コンプライアンス	160
規模拡大経営	5		
キャッシュ・コンバージョン・サイクル（CCC）	101	〔さ行〕	
キャッシュフロー	239, 240	財務安全性	89
キャッシュフロー管理	10	財務目標	299
キャッシュフロー計算書	42, 196	財務流動性	87
キャッシュフロー計算書の作成方法	198	サイレント・パートナー	146
業績連動型配当政策	115	酸性試験比率	88
業績連動型報酬	295	残余配当政策	111
協調融資	192	残余利益	184
共通価値経営	76, 157	仕入債権回転期間	313
近似的フリーキャッシュフロー（近似的FCF）	122	仕入債権回転率	313
金融費用負担率	310	時価純資産法	242
繰延税金資産	75	事業家（アーリーステージ）	222
グローバルな視点	17	事業証券化	191
経営分析	4	事業の種類別セグメント情報	121
経営者報酬制度	160	事業の種類別セグメントのキャッシュフロー分析	122
経営目標	73	事業の種類別セグメントの収益性分析	121
		事業の種類別セグメントの成長性分析	122

索　引

事業利益 …………………………………… 178
資金区分 …………………………………… 198
資金調達 ……………………………………90
自己資本 ……………………………………93
自己資本営業利益率（ＲＯＥ） ………… 9
自己資本比率 ……………………… 83, 189
自己資本利益率 ………………… 150, 286
資産営業利益率 ………………………… 121
資産回転率 ……………………………… 121
市場株価法 ……………………………… 241
市場支配 ……………………………………49
市場での評価力 ……………………………16
市場ポートフォリオの期待収益率 …… 180
システムトラブル ……………………… 333
失業率 …………………………………… 280
実数分析 ……………………………31, 312
支払可能期間 …………………………… 270
支払能力 ……………………………79, 87
支払能力評価 …………………………… 202
私募債 …………………………………… 323
資本コスト …………………………………99
資本市場 ……………………………………49
社会企業 ………………………………… 239
社会的価値 ……………………………… 288
社会的支援収入比率 …………………… 271
社会的評価指標 ……………………………14
社外取締役 …………………………10, 158
社会評価力 …………………………………16
ジャック・ウェルチ …………………… 281
収益性分析 …………………………………69
修正雇用比率 ………………………15, 289
集中と選択 ……………………………… 326
収入多様性比率 ………………………… 271
主要成功要因 …………………………… 297
純資産 ………………………………………93
純資産アプローチ ……………………… 242
純資産比率 ……………………………… 137
証券化 ………………………………10, 190
情報効果 ………………………………… 111
情報の非対称性 ……………………………36

正味財産・収入比率 …………………… 270
新規株式公開（Initial Public Offerings：
　ＩＰＯs） …………………………… 225
信用調査会社 …………………………… 320
信用分析 ……………………………………22
垂直統合 ……………………………………52
スターン　スチュワート …………………12
ステークホルダー …………………………25
ステークホルダー分析比率 ………………16
生産性 ………………………………………53
成長初期（エクスパンション，ミドル
　ステージ） …………………………… 224
成長ビジネス ………………………………19
成長率・シェア拡大 ……………………… 6
成長力 …………………………………7, 16
税引後営業利益（ＮＯＰＡＴ） …………74
税引前・金利・減価償却費控除前利益
　（ＥＢＩＴＤＡ） …………………………74
責任投資原則（ＰＲＩ：Principles for
　Responsible Investment） ………… 154
責任投資原則―ＰＲＩ：Principles for
　Responsible Invesestment ………… 261
潜在株式 ………………………………… 169
選択と集中 ……………………………… 239
戦略マップ ……………………………… 297
創業（シーズステージ・スタートアップ
　ステージ） …………………………… 221
総合商社 …………………………………… 5
損益分岐点（Break-Even Point） ………56
損益分岐点売上高 …………………………60
損益分岐点図表 ……………………………58
損益分岐点比率 …………………… 62, 63

〔た行〕

第4段階　後期（レイターステージ） … 224
多面的な評価方法 ……………………… 256
チームワーク …………………………… 334
中小会社 ………………………………… 318
中小企業 ………………………………… 318
中小企業基本法 ………………………… 318

337

長期投資	94	比較分析	28, 31
長寿企業	82	非財務資料分析	32
調整前投下資本	178	非財務的指標	50
調和（循環）型経営	157	非支配持分	136
調和型・共通価値経営	287	非支配持分帰属損益	135
調和型・共通価値経営期	277	非支配持分控除前当期純利益	212
直接金融	80	１株当たり配当金	113
直接法	196	比率分析	313
ディスクロージャー制度	39	貧困	280
定性的データ	36	ファンド	10
定量的データ	36	付加価値	52
手元資金	82	ブライアン・ピットマン	283
デュポン・システム	150	フリーキャッシュフロー	211
統合報告書	261	フリーキャッシュフロー（ＦＣＦ）	12
投資活動によるキャッシュフロー	211	変動費	56
投資分析	24	包括利益	74

〔ま行〕

東証株価指数（ＴＯＰＩＸ）	179	マーケット・アプローチ	241
投資リターン	8	マイケル・ポーター	288
独立取締役	158	マネジメント・アプローチ	121
都市銀行	5	目標利益額を得るための売上高	61
トリプルボトムライン	260	目標利益率を得るための売上高	62
		持分法による投資損益	212

〔な行〕

〔や行〕

内部分析	23	役員報酬	252, 285, 287, 295
日経平均株価	179	有価証券報告書	39
		有利子負債	179

〔は行〕

〔ら行〕

ハーフィンダール・ハーシュマン指数	272	利益の種類	74
買収ファンド	239	利益率中心の指標	12
配当	107	利害関係者	13, 287
配当性向	113	リスク行動基準	328
配当性向基準	114	リスクコントロールマトリックス	330
配当政策	107	リスクの分析と評価	328
配当割引モデル	108	リスクの分類	328
倍率法	241	リスクプレミアム	179
ハザードリスク	331	リバイバル・プラン	283
発生主義	201		
バブル崩壊	6		
バランススコアカード	255		
バリュエーション	240		

索　引

リピュテーションリスク……………… 331	連結財務諸表……………………………… 134
理論株価………………………………… 211	連結損益計算書…………………………… 134
理論上の株主価値……………………… 211	連結貸借対照表…………………………… 134
類似会社比較法………………………… 241	連単倍率…………………………………… 136
連結キャッシュフロー計算書………… 211	

執筆者紹介・担当講

坂本 恒夫 (さかもと つねお)	明治大学 経営学部 教授	はしがき，第1講，第26講	
鳥居 陽介 (とりい ようすけ)	諏訪東京理科大学 経営情報学部 専任講師	はしがき，第2講，第3講	
林 幸治 (はやし こうじ)	大阪商業大学 総合経営学部 専任講師	第4講，第29講	
大坂 良宏 (おおさか よしひろ)	石巻専修大学 経営学部 教授	第5講	
飯島 康道 (いいじま やすみち)	愛知学院大学 経営学部 教授	第6講	
森谷 智子 (もりや ともこ)	嘉悦大学 経営経済学部 准教授	第7講，第18講	
正田 繁 (しょうだ しげる)	明治大学 経営学部 客員教授，マルチナショナルズ経営研究所 代表	第7講，第8講，第10講，第23講，第27講，第30講	
齋藤 幹朗 (さいとう みきろう)	中京学院大学 経営学部 教授	第9講	
落合 孝彦 (おちあい たかひこ)	青森公立大学 経営経済学部 教授	第11講	
平岡 秀福 (ひらおか しゅうふく)	創価大学 経営学部 教授	第12講，第13講，第17講，第20講	
澤田 茂雄 (さわだ しげお)	常磐大学 国際学部 准教授	第14講	
境 睦 (さかい むつみ)	桜美林大学 経済・経営学系 教授	第15講	
上野 雄史 (うえの たけふみ)	静岡県立大学 経営情報学部 専任講師	第16講	
古山 徹 (ふるやま とおる)	日経メディアマーケティング株式会社 Needs サポートグループ	第19講	
鵜崎 清貴 (うざき きよたか)	大分大学 経済学部 教授	第21講	
文堂 弘之 (ぶんどう ひろゆき)	常磐大学 国際学部 教授	第22講	
野村佐智代 (のむら さちよ)	創価大学 経営学部 准教授	第24講	
趙 丹 (ちょう だん)	朝鮮大学校 経営学部 准教授	第25講	
佐藤 渉 (さとう わたる)	佐藤渉税理士事務所 所長	第28講	

〔編者紹介〕

坂本 恒夫（さかもと つねお）
明治大学教授，経営学博士。
日本経営財務研究学会および日本経営分析学会の元会長，証券経済学会常務理事，日本中小企業・ベンチャービジネスコンソーシアム会長。
単著『企業集団財務論』泉文堂，1990年。『企業集団経営論』同文舘出版，1993年。『戦後経営財務史―成長財務の軌跡』Ｔ＆Ｓビジネス研究所，2000年。『イギリス４大銀行の経営行動 1985-2010』中央経済社，2012年。編著『ベンチャービジネスの創り方・運び方』税務経理協会，2001年。『現代コーポレートファイナンス論』税務経理協会，2002年。『図解Ｍ＆Ａのすべて』税務経理協会，2006年。『ベンチャービジネスハンドブック』税務経理協会，2008年。『ＮＰＯ経営の仕組みと実践』税務経理協会，2009年。

鳥居 陽介（とりい ようすけ）
諏訪東京理科大学専任講師，経営学博士。
日本中小企業・ベンチャービジネスコンソーシアム理事，日本経営財務研究学会，日本経営分析学会，証券経済学会会員。
共著『図解Ｍ＆Ａのすべて』税務経理協会，2006年。『ベンチャービジネスハンドブック』税務経理協会，2008年。『日本的財務経営』中央経済社，2009年。『テキスト財務管理論（第4版）』中央経済社，2011年。『テキスト現代企業論（第3版）』同文舘出版，2012年。

編者との契約により検印省略

平成26年4月30日　初版第1刷発行

テキスト経営分析

編　　者	坂　本　恒　夫
	鳥　居　陽　介
著　　者	現代財務管理論研究会
発　行　者	大　坪　嘉　春
製　版　所	株式会社ムサシプロセス
印　刷　所	税経印刷株式会社
製　本　所	牧製本印刷株式会社

発　行　所　東京都新宿区下落合2丁目5番13号　株式会社　税　務　経　理　協　会

郵便番号　161-0033　振替 00190-2-187408　電話 (03) 3953-3301 (編集部)
FAX (03) 3565-3391　(03) 3953-3325 (営業部)
URL http://www.zeikei.co.jp/
乱丁・落丁の場合はお取替えいたします。

Ⓒ　坂本恒夫・鳥居陽介　2014　　　　　　Printed in Japan

本書を無断で複写複製（コピー）することは，著作権法上の例外を除き，禁じられています。本書をコピーされる場合は，事前に日本複製権センター（JRRC）の許諾を受けてください。
JRRC (http://www.jrrc.or.jp　eメール:info@jrrc.or.jp　電話:03-3401-2382)

ISBN978-4-419-06075-6　C3034